Baedeker

Allianz Reiseführer

Bodensee

www.baedeker.com
Verlag Karl Baedeker

TOP-REISEZIELE ★★

Die Liste der Sehenswürdigkeiten ist lang, doch wo liegen die Highlights am Bodensee? Egal, ob malerische Städtchen, bedeutende Kirchen und interessante Museen – wir haben Ihnen zusammengestellt, was sie auf keinen Fall versäumen dürfen!

1 ★★ Konstanz
Konstanz, die größte Stadt des Bodensees, gefällt den Besuchern wegen der malerischen Altstadt mit viel Atmosphäre.

► **Seite 151**

2 ★★ Mainau
Das Blumenparadies der Insel Mainau lässt von Frühjahr bis Herbst Blütenträume wahr werden.

► **Seite 193**

3 ★★ Uhldingen-Mühlhofen
Ein Besuchermagnet ersten Ranges ist das hochinteressante Pfahlbaumuseum, in dem auf sehr lebendige Weise das Leben der Menschen der Vorzeit veranschaulicht wird.

Die Wallfahrtskirche Birnau bei Uhldingen-Mühlhofen ist nicht nur die schönste Barockkirche am Bodensee, sondern beeindruckt auch durch eine schöne Lage mit weitem Blick über den See.

► **Seite 253**

Auf dem Seena fest in Konstan

Der Marktplatz von Meersburg lädt mit seinen gemütlichen Gasthäusern zum Einkehren ein.

4 ✶✶ Meersburg

Mit ihrer idyllischen Altstadt gehört Meersburg zu den meistbesuchten Städten am Bodensee. Die Meersburg, wo die Dichterin Annette von Droste-Hülshoff ihre letzten Lebensjahre verbracht hat, gibt einen anschaulichen Einblick in mittelalterliches Leben.

▸ **Seite 199**

5 ✶✶ Friedrichshafen

Die Hauptattraktion der »Zeppelinstadt« ist das schön gestaltete und interessante Zeppelin Museum, in dem sogar der Nachbau eines Luftschiffs zu sehen ist.

▸ **Seite 132**

Die prächtige Stiftsbibliothek in St. Gallen

6 ✶✶ Lindau

Das »Bayerische Venedig« mit seiner pittoresken Altstadt zeichnet sich durch eine herrliche Lage auf einer Insel im Bodensee aus.

▸ **Seite 186**

7 ✶✶ St. Gallen

Bücher von unschätzbarem Wert enthält die prächtige barocke Bibliothek der ehemaligen bedeutenden Benediktinerabtei, die ebenfalls in die Liste des Weltkulturerbes der UNESCO aufgenommen wurde.

▸ **Seite 229**

8 ✶✶ Reichenau

Eine kunsthistorische Kostbarkeit sind die romanischen Wandmalereien der Kirche St. Georg auf der Insel Reichenau, die zum Weltkulturerbe der UNESCO gehört.

▸ **Seite 210**

DIE BESTEN BAEDEKER TIPPS

Von allen Baedeker Tipps in diesem Buch haben wir hier die interessantesten für Sie zusammengestellt! Erleben und genießen Sie den Bodensee von seiner schönsten Seite.

! Alltag in der Steinzeit
Einblick in den Alltag der Menschen der Vorzeit erhält man besonders an den Aktionstagen im Pfahlbaumuseum Unteruhldingen.
► **Seite 29**

Nicht versäumen sollte man das hochinteressante Pfahlbaumuseum in Unteruhldingen.

! Trinkwasser für Millionen
Spannend für Technikfreunde dürfte die Besichtigung der Bodenseewasserversorgung bei Sipplingen sein. Hier wird Trinkwasser für Millionen Menschen aufbereitet.
► **Seite 121**

! Höhenweg
Eine der schönsten Wanderungen im Hegau: Höhenweg zwischen Engen und Singen.
► **Seite 142**

! Hsitorischer Segler
Eine Sonnenuntergangsfahrt mit der Lädine St. Jodok in Immenstaad ist schon ein besonderes Erlebnis.
► **Seite 150**

! Köstliche Tropfen
Die ökologisch ausgerichtete Spitalkellerei in Konstanz, eine der ältesten deutschen Weinkellereien, empfiehlt sich für eine Weinprobe ihrer guten Einzellagen.
► **Seite 163**

! »Hopfenerlebnis«
Auf dem Hopfen-Erlebnispfad in Tettnang erfährt man einiges über die Pflanze, die auch zum Bierbrauen verwendet wird.
► **Seite 171**

! Besondere Lichtgestalten
Arenenberg, das schönste Schloss am Bodensee, bei Ermatingen in der Schweiz, bietet eine besondere Ton- und Lichtschau.
► **Seite 176**

Die Meersburg in Meersburg: ein Touristenziel ersten Ranges.

Fürstliches Café
Eine herrliche Aussicht genießt man auf der Terrasse des Cafés in der Meersburg in Meersburg bei Kaffee und Kuchen.
▸ **Seite 203**

Nostalgische Bahnfahrt
Mit der einzigen Zahnradbahn am Bodensee, der Rorschach-Heiden-Bahn, kann man eine nostalgische Bahnfahrt zum hübschen Biedermeierdorf Heiden unternehmen. ▸ **Seite 222**

Vollmondfahrt
Eine Vollmondfahrt auf den imposanten Gipfel des Säntis – ein grandioses Erlebnis.
▸ **Seite 236**

Hörgenuss
Ein kulturelles Highlight ist der Überlinger Orgelsommer, wenn namhafte Interpreten auf den hervorragenden Orgeln des Münsters spielen.
▸ **Seite 250**

Mit der Sonne fahren
Wie wär's mit einer stimmungsvollen Abendfahrt mit derm Solarschiff von Unteruhldingen auf die Mainau?
▸ **Seite 254**

Begnung der besonderen Art auf dem stimmungsvollen abendlichen See.

Zur Fasnachtszeit treiben vielerorts die Hexen ihr Unwesen.
▸ **Seite 78**

HINTERGRUND

PRAKTISCHE INFORMATIONEN VON A bis Z

PREISKATEGORIEN

▸ **Hotels**
Luxus: über 120 €
Komfortabel: ab 120 €
Günstig: ab 30 €
Für eine Übernachtung im Doppelzimmer

▸ **Restaurants**
Fein und Teuer: über 120 €
Erschwinglich: 10 – 20 €
Preiswert: bis 10 €

Touristisches Herz von Überlingen ist der Landungsplatz.
► Seite 246

TOUREN

REISEZIELE VON A bis Z

Der Luftschifferfinder Graf Zeppelin

Hintergrund

KURZ UND KNAPP, VERSTÄNDLICH GESCHRIEBEN UND SCHNELL NACHZUSCHLAGEN. WISSENSWERTES ÜBER IHRE REISEREGION, ÜBER LAND UND LEUTE, WIRTSCHAFT UND ALLTAGSLEBEN.

SEEZAUBER • BAROCKHIMMEL

Ob im glitzernden Sonnenschein oder bei aufsteigenden Nebelschwaden, der Bodensee ist als drittgrößtes Binnengewässer Europas zu jeder Jahreszeit faszinierend. Segeln, Radfahren und Bergwandern können Sie zu Wasser und zu Lande, aber das Lustwandeln im Paradies ist nur den Kirchenbesuchern mit Blick für die fantasiereichen Barockinszenierungen vergönnt.

Für welchen Teil der Europa-Trilogie Deutschland, Österreich oder Schweiz sich der Besucher auch entscheidet, Horizont erweiternd ist der Aufenthalt am Bodensee mit seiner Uferlinie von 273 km allemal. International bedeutsam ist der Bodensee schon seit Römerzeiten, als er Lacus Brigantinus hieß, den man seit der Karolingerzeit als Bodamer See, nach der Pfalz Potoma in Bodman, bezeichnete, aus dem sich schließlich um 1200 Bodemsé ableitete. Den auswärtigen Teilnehmern des Konstanzer Konzils (1414 – 1418) war der Name unaussprechlich, so dass er in der englischen, französischen und italienischen Sprache nach dem Konzilsort Lake Constance, Lac de Constance und Lago di Costanza heißt. Vor mehr als 150 Jahren schrieb die Münsteranerin Annette von Droste-Hülshoff auf der Meersburg hoch überm See die Verse: »mir ist er gar ein trauter Freund / Der mit mir lächelt, mit mir weint / Ist wenn er grünlich golden ruht / Mir eine sanfte Zauberfluth ...« Sehr viel stürmischer dagegen empfindet Martin Walser den See von seinem Domizil Wasserburg aus, wie in seiner Erzählung »Ein fliehendes Pferd« nachzulesen ist. Hermann Hesse, der seine ersten Dichterjahre auf der Höri verlebte, Otto Dix als Maler des kritischen Realismus, der nach Hemmenhofen ins Exil ging, Henri Dunant, der Gründer des Roten Kreuzes, der in Heiden seinen Lebensabend verbrachte sowie Graf Zeppelin und Claude Dornier, die die Luftschifffahrt revolutionierten, stehen für die kulturelle Vielfalt der Region.Auch der Freizeitspaß kommt nicht zu kurz. Das Badevergnügen im See findet neuerdings seine Entsprechung in den Wellnessangeboten der Thermen in Meersburg und Überlingen. Nicht nur die Waldgebiete auf dem Bodanrück mit der steilen Marienschlucht oder die alten Bäume und Blumenrabatten

Sipplingen
Wunderbare Abendstimmung verzaubert den See.

Segeln
Malerisches Bild am Bodensee: weißes Segelboot auf blauem Wasser

Malerische Altstädte
gibt es viele rund um den Bodensee – hier der Obermarkt in Konstanz.

Barocke Juwelen
Auch die Schlosskirche auf der Insel Mainau gehört zu den barocken Kostbarkeiten der Bodenseeregion.

Knackige Äpfel
Der Bodensee ist bekannt für gutes Obst. Im Frühjahr verwandeln die zahllosen Obstbäume die Landschaft in ein Blütenmeer.

Schiffsverkehr
Wichtige Verkehrsmittel am Bodensee sind die Schiffe der Weißen Flotte, die alle größeren Orte am See anlaufen.

Baumeisterfamilie Thumb
Die barocke Schlosskirche von Friedrichshafen ist ein Werk der bekannten Baumeister – hier ein Detail des reichgeschnitzten Chorgestühls.

der sinnenfreudigen Insel Mainau, sondern auch die gepflegten Uferpartien laden zum Spazierengehen oder Radwandern ein. Wie wär's mit einem Segeltörn vor Lindau? Abheben kann man mit dem neuen Zeppelin oder geruhsam mit einem Ausflugsdampfer das wunderschöne Panorama genießen. Arien vor nächtlicher Seekulisse bieten die Bregenzer Festspiele, und beim Konstanzer Seenachtfest erhellt prachtvoller Feuerzauber den Nachthimmel. Ungestüm, scheppernd und prasselnd ziehen Eckhexe, Blätzlesnarr und Hansele während der schwäbisch-alemannischen Fasnet durch die Altstadtgassen.

Nicht nur Natur

Für Kulturbegeisterte gibt's Entdeckungsreisen in die Stein- und Bronzezeit im Pfahlbaumuseum Unteruhldingen, zu den Mönchen ins Mittelalter in den ehemaligen Klöstern der Insel Reichenau mit ihren wertvollen Wandmalereien, zu den kostbaren Handschriften der Stiftsbibliothek St. Gallen, zur Zisterzienserbaukunst in Salem sowie nach Konstanz als imposanter mittelalterlicher Bischofssitz, Konzilsort und Papstwahlstätte. Von der trutzigen Meersburg über Deutschlands größte Festungsruine auf dem Hohentwiel bis zu den pittoresken Altstadtzentren von Stein am Rhein und Lindau spannt sich der regionalgeschichtliche Bogen. Himmelan gerissen wird das Herz durch die zahlreichen barocken Rauminszenierungen, die die Vorarlberger Baumeisterfamilien Thumb und Beer kreierten. Alte Kunst und neue Technik begegnen sich auf spannende Weise im Zeppelin Museum in Friedrichshafen. Moderne Bauschöpfungen am See verdanken wir u. a. Peter Zumthor mit dem strengen Glaskubus in Bregenz und Friedensreich Hundertwasser mit der fantasievollen Markthalle in Altenrhein. Apropos Markt, die landwirtschafrlichen Produkte der Bodenseeregion sind weithin geschätzt. Im See tummeln sich allerlei Fische, Rinder und Schafe finden saftiges Weideland vor, die Rebhänge liefern qualitätsvolle Seeweine, Gemüsefelder reihen sich dicht an dicht auf der Reichenau, Obstplantagen liefern knackige Äpfel und Tettnanger Hopfen veredelt das Bier. Lassen Sie sich von den Erzeugnissen der Region in den zahlreichen historischen Gasthäusern verwöhnen, von Kretzer, Felchen, Knöpfle und Reichenauer Gemüse bei einem guten Tropfen aus dem Staatsweingut Meersburg als Prosit auf den Bodensee!

Hafenpromenade
Auch in Lindau ist die Hafenpromenade eine beliebte Anlaufstelle für Besucher.

Fakten

Wie groß und tief ist der Bodensee? Welche Regionen werden mit Wasser aus dem See versorgt? Was geschah auf dem Konstanzer Konzil? Welche Spuren der Vorzeit fand man am Bodensee?

Naturraum

Bodenseeraum

Der Bodenseeraum ist Teil des nördlichen Alpenvorlands, das vom Genfer See im Westen bis zum Wiener Becken im Osten reicht. Die Entwicklungsgeschichte dieses Großraums ist aufs Engste mit jener der Alpen verbunden, die nicht nur das Werden der Landschaft, das Klima und die Vegetation des Alpenvorlands beeinflusst haben, sondern auch dessen Besiedlung und wirtschaftliche Entwicklung. Die Nordgrenze des Bodenseeraumes markiert die Donau, die Ostgrenze der Donauzufluss Iller. Die Südgrenze bildet eine Linie, die den Flussläufen der Thur und der Sitter bis zum Alpenrhein folgt. Die Westgrenze schließlich markieren der Rheinfall von Schaffhausen und die Hegau-Vulkankegel. Herausragender Eckpunkt des Bodenseeraums im Norden ist der 767 m hohe **Bussen** bei Riedlingen, Oberschwabens »heiliger Berg«. Im Südosten, bei Isny, ist die Adelegg mit dem 1118 m hohen **Schwarzen Grat** eine nach Norden weit vorgeschobene Bastion der Voralpen. Im Süden des Bodenseeraums erhebt sich das Alpstein-Massiv mit dem 2502 m hohen **Säntis** als prägnante Felsenburg, und ganz im Westen gewahrt man die Hegau-Vulkane als »des Herrgotts Kegelspiel«.

Erdgeschichte

Während der Tertiärzeit, die vor etwa 70 Mio. Jahren begann und vor rund 2 Mio. Jahren endete, wurden die Alpen aufgefaltet. Gesteinsschichten, die zuvor mehr oder weniger flach lagerten, wurden infolge plattentektonischer Bewegungen zusammengeschoben und emporgehoben. Während sich die Alpen heraushoben, entstand weiter nördlich, d. h. zwischen Schwäbischer Alb und Alpen, ein tiefer Trog, der zeitweise ein Randmeer des damaligen Mittelmeers und zeitweise ein riesiger Süßwassersee war. Dieser Trog wurde wechselweise mit Meeresablagerungen sowie Fluss- und Seeablagerungen aufgefüllt. Im Spättertiär kam es nördlich und nordwestlich des heutigen Bodensees zu heftigem Vulkanismus, an den heute noch die Vulkanberge des Hegaus erinnern.
Ebenfalls im späten Tertiär schlugen größere Steinmeteoriten auf die Erdoberfläche. Dabei wurde nicht nur der Krater des Nördlinger Rieses ausgesprengt, sondern wahrscheinlich auch das eigentliche Bodenseebecken, wie entsprechende geologische Befunde im Raum St. Gallen nahe legen. Auf jeden Fall erfolgte am Ende der Tertiärzeit eine tektonische Absenkung im Bodenseeraum. Während des letzten Eiszeitalters, das vor ca. 720 000 Jahren begann und erst vor rund 10 000 Jahren zu Ende ging, stießen mehrmals mächtige Gletscherströme von den Alpen kommend mehr oder weniger weit nach Nor-

← *Im Fühjahr verwandeln die Schwertlilien die Wiesen im Eriskircher Ried in eine violettes Blütenmeer.*

den vor. Im süddeutschen Alpenvorland unterscheidet man vier Eiszeiten, die nach den Flüssen Günz, Mindel, Riß und Würm benannt sind. Das heutige Landschaftsbild des Bodenseeraums haben vor allem die beiden letzten Kaltzeiten, die Riß- und die Würmeiszeit, nachhaltig geprägt. In der **Rißeiszeit** stieß der Rheingletscher gar bis zum Südrand der Schwäbischen Alb vor, wie man an mehreren Stellen sehen kann. Auf seinem Weg von den Alpen zur Alb lagerte der rißeiszeitliche Rheingletscher enorme Mengen Schutt, Geröll, Sand und Lehm ab, die man als Moränen bezeichnet. Nach dem Abtauen des Eises der Rißkaltzeit blieben diese Moränen als Höhenzüge liegen. Nicht mehr ganz so weit nach Norden ist der würmeiszeitliche Rheingletscher vorgestoßen. Allerdings hat er zumindest bis zu einer Linie Pfullendorf – Bad Schussenried – Bad Waldsee die rißeiszeitliche Moränenlandschaft überformt.

Der Vorläufer des heutigen Bodensees war wesentlich größer. Nach Norden erstreckte er sich ins Schussental bis zum Moränenwall nördlich von Ravensburg, und im Süden nahm er wie ein Fjord das Tal des Alpenrheins bis in den Raum Chur ein. Mit einem Seitenarm hatte er Verbindung mit dem Walensee und dem Zürichsee.

Landschaftliche Gliederung

Bodensee

Der Bodenesee liegt in einer klimatisch begünstigten und wohl durch Meteoriteneinschlag vorgezeichneten tektonischen Senke. Die eiszeitlichen Gletscher haben ein bis zu 400 m tiefes Zungenbecken ausgehobelt, das später jedoch von den Zuflüssen wieder mit Schutt, Kies, Sand und Lehm teilweise aufgefüllt worden ist. Der 46 km lange, bis 14,8 km breite und bis 252 m tiefe **Obersee** reicht von Bregenz bis Konstanz. Zwischen Konstanz und Meersburg zweigt westlich der schmälere, geradezu fjordähnliche **Überlinger See** ab, der etwa 20 km lang, 2 bis 4 km breit und bis zu 147 m tief ist. Durch eine bei Konstanz vom Rhein durchschnittene Landbrücke ist der reich gegliederte **Untersee** vom Hauptbecken getrennt.

Der Untersee wird durch den Schiener Berg, die Halbinsel Höri und die schmale Landzunge der Mettnau bei Radolfzell fingerförmig in den Gnadensee, den Zeller See und den eigentlichen Untersee gegliedert. Der Spiegel des Bodensees liegt bei mittlerem **Wasserstand** bei 395 m ü. d. M. Der Wasserstand schwankt zwischen sommerlichem Höchststand und spätwinterlichem Niedrigststand um rund 2 m. Auf Grund der Erdwölbung ist natürlich auch der Seespiegel gewölbt. Aus diesem Grund kann man auch nicht von Lindau nach Konstanz sehen, denn der »Wasserberg« erreicht auf dieser ca. 45 km langen Distanz eine Höhe von rund 41 m. Die mit 254 m tiefste Stelle des Sees liegt zwischen Fischbach und Uttwil.

? WUSSTEN SIE SCHON ...?

- dass der Bodensee der größte Binnensee Deutschlands und nach dem Plattensee und dem Genfer See der ausgedehnteste See Mitteleuropas ist?

Zahlen und Fakten Bodensee

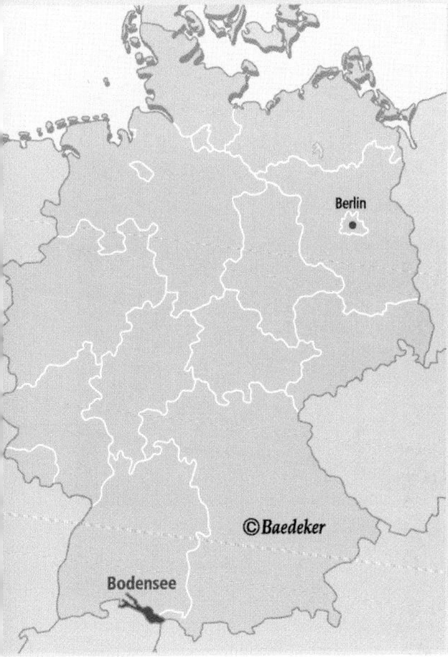

Lage
- ► Süddeutschland
- ► Anrainerstaaten:
  Deutschland, Schweiz, Österreich

Einwohnerzahl
- ► Ca. 2 Mio.

Fläche und Ausdehnung
- ► 572 km²
- ► Länge: 60 km
- ► Breite: 15 km
- ► Umfang: 273 km
- ► Tiefe: 254 m

Wirtschaft
- ► Wichtige Wirtschaftszweige:
  Landwirtschaft (Hauptanbauprodukte: Obst, Gemüse, Wein)
  Tourismus
  Fischerei
  Schifffahrt

Pro Sekunde fließen durchschnittlich 320 bis 380 m³ Wasser in den See, etwa zwei Drittel dieser Menge führt allein der Alpenrhein zu. Mit einem Volumen von fast 50 km³; ist er **Mitteleuropas größter Trinkwasserspeicher**. Bodenseewasser wird heute zur Versorgung der Bevölkerung bis in den Raum Stuttgart gepumpt. In allen drei Becken des Bodensees gibt es je eine Insel: Lindau am östlichen Ende des Obersees, die Blumeninsel Mainau am Eingang zum Überlinger See und die Gemüseinsel Reichenau inmitten des Untersees.

Hegau

Das westliche Hinterland des Bodensees ist der Hegau, dessen Landschaftsbild von tertiärzeitlichen Vulkankegeln geprägt ist. Die beiden bekanntesten sind der 688 m hohe Hohentwiel bei Singen und der weiter nördlich 644 m aufragende Hohenkrähen. Der Hegau vermittelt zwischen dem Bodenseeraum, dem Hochrheingebiet, dem Schwarzwald, der Baar und der Südwestalb. Im östlichen Hegau befindet sich Deutschlands stärkste Quelle, der Aachtopf. In jeder Sekunde dringen aus dieser Quelle durchschnittlich 8500 l (bei Hochwasser bis 24 000 l) Wasser aus dem stark verkarsteten Untergrund und Einzugsbereich der jungen Donau an die Oberfläche.

Bregenzer Wald

Südöstlich vom Bodensee erheben sich die hohen Berge des Bregenzer Waldes, dessen nordwestlichste Bastion der 1064 m hohe Pfänder

Der eiszeitliche Rheingletscher hat das Landschaftsbild des Bodenseeraums entscheidend geprägt.

bei Bregenz ist. Hier befindet man sich bereits mitten in der stark gefalteten Vorbergzone der Alpen.

Rheintal Zwischen den Bergen des Bregenzer Waldes im Osten und dem schweizerischen Alpsteinmassiv im Westen weitet sich das breite und relativ dicht besiedelte Tal des Alpenrheins, durch das einstmals der eiszeitliche Rheingletscher nach Norden vorstieß. Mit ungeheuren Mengen Sand und Schotter hat der Rhein inzwischen sein Tal aufgefüllt und ist im Begriff, ein mächtiges Delta in den südöstlichen Bodensee vorzuschieben.

Appenzeller Land Westlich des Alpenrheins erheben sich die landschaftlich mit dem Allgäu vergleichbaren Balkone des auch heute noch stark von der Weidewirtschaft geprägten Appenzeller Landes. Beherrscht wird diese Landschaft von der mächtigen Felsenburg des Alpsteinmassivs mit dem 2502 m hohen **Säntis** als dem höchsten und imposantesten Aussichtsberg des gesamten Bodenseeraumes.

St. Galler Land, Thurgau Nordwestlich vom Rorschacherberg erstreckt sich das Alpenvorland der Nordostschweiz mit dem stark industrialisierten städtischen Verdichtungsraum St. Gallen – Rorschach – Arbon. Im klimatisch begünstigten Hinterland des Thurgauer Bodenseeufers wird noch viel Obstbau, vereinzelt sogar Weinbau betrieben, was der Gegend zu dem Beinamen »Mostindien« verholfen hat.

Zwischen dem Tal der Thur und dem Untersee wölbt sich der als Wander- und Radlerrevier geschätzte Seerücken bis 612 m auf. Im Gegensatz zum nahen Bodenseeufer ist es hier oben oftmals recht kühl. Auch breiten sich hier noch einige größere Waldungen aus.

Seerücken

Kurz vor dem schweizerischen Bilderbuchstädtchen Stein am Rhein fließt der Rhein wieder aus dem Bodensee und in einem geologisch noch recht jungen Tal in nordwestlicher Richtung. Bei Schaffhausen stürzt er – quasi an der Nahtstelle von Schweizer und Schwäbischem Jura – über eine recht widerständige Kalksteintreppe in die Tiefe, um daraufhin als Hochrhein am Südrand von Hotzenwald und Schwarzwald weiterzufließen.

Seerhein

Pflanzen und Tiere

Ebenso vielgestaltig wie der Naturraum ist auch die Pflanzen- und Tierwelt rund um den Bodensee. Trotz der relativ dichten Besiedlung und der starken Nutzung der Landschaft durch Gartenbau, Land- und Forstwirtschaft gibt es noch zahlreiche Naturrefugien, in denen man eine ausgesprochen artenreiche Flora und Fauna sehen kann.

Vielfältige Pflanzen- und Tierwelt

Flora

Direkt am Seeufer gibt es Röhricht mit Schilfrohr, Seegras, Seggen bzw. Riedgräsern und Pfeifengras. Im Frühling blüht hier viel Vergissmeinnicht. Landeinwärts steht Feuchtigkeit liebender Bruchwald mit Weiden (auch Silberweiden), Pappeln (besonders Schwarz- und Silberpappeln), Birken, Erlen (vor allem Schwarzerlen) und sogar Kreuzdorn. In den ufernahen Riedbereichen, so z. B. im Wollmatinger Ried, findet man auch Lungenenzian und Knabenkraut. Das Eriskircher Ried ist bekannt für seine Irisblüte, die von Mitte Mai bis Mitte Juni dauert.

Seeufer

Im Gebirge gedeihen vielerlei Laub- und Nadelbäume, darunter vor allem Buchen, Eichen, Erlen, Eschen, Fichten und Kiefern. Je höher man kommt, desto kleinwüchsiger werden die Bäume und desto eher treten Nadelhölzer in den Vordergrund. Typische Gebirgsblütenpflanzen sind Anemone, Aurikel, Mehlprimel, Gelber und Blauer Enzian, Eisenhut, Alpenrose, Silberdistel und Türkenbund. Ferner findet man hier oben auch

! *Baedeker* TIPP

»Naturschifffahrt«

Naurfreunde sollten eine naturkundliche Schifffahrt auf dem Untersee unternehmen. Auf der halbtägigen Rundtour mit einem Linienschiff und der Bodensee-S-Bahn »seehas« erhält man durch naturkundliche Erläuterungen Einblicke in Flora und Faun des Gebiets (Information beim NABU-Naturschutzzentrum Wollmatinger Ried, Tel. 075 31/788 70).

vielerlei Orchideen und Sonnentau. Vereinzelt kommen Felsnelken, Küchenschellen und Schwalbenwurz vor.

Wirtschaftspflanzen Die Bodenseeregion ist ein wahrer Obst- und Gemüsegarten. In geschützten Hanglagen am See wird Wein angebaut. Landeinwärts breiten sich Erdbeerfelder sowie Apfel-, Birnen- und Kirschplantagen aus. Wichtige Sonderkulturen sind die Gemüsefelder auf der Insel Reichenau sowie die Hopfengärten im Raum Friedrichshafen – Tettnang.

Fauna

Gewässer Im Bodensee sowie in Flüssen und Bächen sind etliche Fischarten heimisch, die heute allerdings zumeist in Fischbrutanstalten herangezogen und dann in den Gewässern ausgesetzt werden. Am bekanntesten und als Speisefisch sehr beliebt sind die **Felchen**, die am bayerischen Bodenseeufer auch »Renken« genannt werden. Auf Platz 2 der Hitliste stehen die Barsche, die am deutschen Seeufer **»Kretzer«** und auf der Schweizer Seite »Egli« heißen. In den Seen des Bodenseehinterlands, so beispielsweise im Mindelsee, hat man schon bis zu 2 m lange und bis zu 60 kg schwere Welse (Waller) gefangen. Begehrte Speisefische sind ferner Seeforelle, Lachsforelle, Bachforelle, Saibling (Röteli), Brasse, Barbe, Trüsche und Hecht.

Es gibt immer mehr Störche am See.

In den **Feuchtgebieten** am Bodensee brüten vielerlei Wasser- und Watvögel. Hier sieht man Brachvögel, Kolbenenten, Haubentaucher, Singschwäne und Seeschwalben. Weißkopf- und Lachmöwen folgen den Ausflugsschiffen. Auch Kiebitze und Schnepfen trifft man hier an. Im Schilf »schimpfen« die Rohrspatzen (Schilf- und Rohrsänger). Immer mehr Graureiher und Kormorane konkurrieren mit Hobbyanglern und Berufsfischern.

Auch in den landeinwärts gelegenen **Moor- und Riedflächen** kann man Rohrsänger, Haubentaucher, Schwäne, Enten und Brachvögel sehen. Dazu gesellen sich noch Ammern, Meisen und Rallen. Auf Frösche macht eine allmählich wieder wachsende Zahl von Weißstörchen Jagd. Spitzmäuse und andere Kleinsäuger werden oft von Weihe, Milan und Waldohreule erbeutet. Im Gestrüpp kommen relativ zahlreiche Ringelnattern und manchmal giftige Kreuzottern vor. Auf den Feldern und in den Wäldern des Bodensee-Hinterlandes sind alle »gängigen« Säugetiere heimisch, darunter natürlich auch Reh, Hase, Kaninchen, Igel, Haselmaus, Waldmaus, außerdem sogar der Siebenschläfer. Diese Kleinsäuger werden nicht nur an Land von Fuchs und Dachs dezimiert, sondern auch aus der Luft von Bussard, Habicht, Turm- und Wanderfalke, Milan, Waldohreule und Uhu gejagt. Fleißige Sänger sind Ammern, Meisen und Rotkehlchen, die gelegentlich allerdings vom Geschrei der Eichelhäher übertönt werden.

Gebirge

In den schwerer zugänglichen Berggebieten lebt noch viel Rot- und Schwarzwild. Recht häufig sieht man Rehe. Örtlich bereiten Wildschweine den Landwirten viel Ungemach. In abgelegenen Bereichen gibt es auch noch Auerwild. Mit etwas Glück kann der Wanderer in der Matten- und Felsregion der Voralpen auch Gämsen und Murmeltiere beobachten. Krächzende Dohlen haben es auf die Brotkrümel und sonstigen Essensreste der Bergwanderer abgesehen. Und hoch in den Lüften zieht der eine oder andere Steinadler seine Kreise.

Bevölkerung · Politik · Wirtschaft

Bevölkerungsentwicklung

Der Bodenseeraum ist durch die geschichtliche Entwicklung vom alemannischen Kernraum zur grenzdurchzogenen Peripheriezone geraten. Doch auch wenn der hier beschriebene Raum drei verschiedenen Staaten angehört – Bundesrepublik Deutschland, Schweizerische Eidgenossenschaft, Republik Österreich – so ist er doch als Ganzes Teil des ursprünglich **schwäbisch-alemannischen Siedlungsgebiets**. Fern der politischen Machtzentren verharrte das Gebiet als Bauernland. Erst um 1900 setzte an nur wenigen Stellen eine zaghafte Industrialisierung ein.

Das damit einhergehende Bevölkerungswachstum war in der schweizerischen Bodenseeregion weniger stark als am deutschen Bodenseeufer, wo die Gründung einzelner Industriebetriebe schon vor dem Ersten Weltkrieg und in der Zwischenkriegszeit erfolgte. Betrug das Wachstum der Bevölkerung in rund 80 Jahren zwischen 1871 und 1950 am schweizerischen Bodenseeufer um 50 %, so verdoppelte sich die Bevölkerungszahl in der deutschen Bodenseeregion. In der Zeit nach dem Zweiten Weltkrieg erfuhr der deutsche Bodenseeraum, verstärkt durch die zunehmende Wertschätzung als Freizeitregion, ein überdurchschnittlich starkes Siedlungs- und Bevölkerungswachstum: Die Werte lagen in den Jahren zwischen 1950 und 1985 im deutschen und österreichischen Bodenseegebiet durchweg zwischen 60 und 90 %.

Bevölkerungsstand Derzeit leben in dem in diesem Reiseführer beschriebenen Raum ca. 1,1 Mio. Menschen, wovon rund 800 000 Bewohner auf den deutschen Teil, etwa 180 000 auf den schweizerischen Teil, etwa 100 000 auf Österreich und 32 000 auf das Fürstentum Liechtenstein entfallen. Die deutsche und österreichische Bodenseeregion weisen mit bis über 500 Einwohnern pro Quadratkilometer eine hohe Bevölkerungskonzentration auf. Besonders die größeren Städte wie St. Gallen, Konstanz, Friedrichshafen, Singen, Dornbirn, Bregenz und Lindau sind wirtschaftliche und kulturelle Mittelpunkte der Region sowie Kernzonen für Verstädterungsvorgänge.

Konfessionen Mit Ausnahme jenes Teiles der schweizerischen Bodenseeregion, der zum Kanton Appenzell gehört, bekennt sich die einheimische Bevölkerung des Bodenseeraumes mehrheitlich zur römisch-katholischen Kirche. Die geschichtlich begründete Konfessionsverteilung hat in der Zeit nach dem Zweiten Weltkrieg durch den Zuzug von Heimatvertriebenen und ausländischen Arbeitskräften eine gewisse Veränderung erfahren.

Politik

Staatsgrenzen im Bodensee Der Verlauf der Staatsgrenzen im Bodensee zwischen den drei Anrainern Bundesrepublik Deutschland, Schweiz und Österreich ist weithin unbestimmt. Nach unverbindlichen Schätzungen gehören 55 % der Wasserflächenanteile zu Deutschland, 34 % zur Schweiz und 11 % zu Österreich. Im Sinn einer Realteilung wurde lediglich für den Untersee in einem 1854 zwischen dem Großherzogtum Baden und dem Kanton Thurgau geschlossenen Vertrag die Grenze auf der Längsmittellinie dieses Seebeckens festgelegt.

Der auf drei Seiten von deutschem Territorium begrenzte Überlinger See gehört bis zur Linie Meersburg – Eichhorn (Konstanz) zum deutschen Bundesland Baden-Württemberg. Im Obersee ist der Grenzverlauf nur für den Bereich des Konstanzer Trichters etwa in der Längsmitte der Konstanzer Bucht durch eine badisch-schweizerische Vereinbarung fixiert.

Realteilung oder Kondominium Für den gesamten restlichen Obersee fehlt ein völkerrechtlich verbindliches Abkommen über die **Gebietshoheit**. Die Frage, ob er ein internationales Gewässer (Kondominium) darstelle oder auf die Uferstaaten aufgeteilt sei (Realteilung), ist offen. Baden-Württemberg und die Schweiz plädieren für die Realteilung, der Freistaat Bayern hingegen für das Kondominium. Österreich vertritt die Haldentheorie, wobei die Halde (ein ufernaher Streifen mit maximal 25 m Wassertiefe bei mittlerem Wasserstand) als Staatsgebiet des Anrainers gilt, der Rest als Kondominium aller Seeuferstaaten. Seit dem Ende des Ersten Weltkrieges wird jedoch meist in allseitig stillschweigender Duldung ein aus der Praxis erwachsener Grenzverlauf angenommen, wie er z. B. im Schifffahrtsübereinkommen geregelt ist.

Landwirtschaft

Betriebsstrukturen

Unmittelbar um den Bodensee ist das Eigentum der einzelnen Landwirte kleinflächig und über die gesamte Markung verteilt. Um Schäden, z. B. durch Hagelschlag oder Parasitenbefall, im einst dominanten Weinbau einzugrenzen, waren die Bauern daran interessiert, eine möglichst große Verteilung ihrer Felder zu erreichen. Dies, verbunden mit einer ohnehin sehr begrenzten Betriebsgröße von durchschnittlich 5 ha, ergab eine Zersplitterung der einzelnen Flurstücke, die der heutigen modernen Bewirtschaftung eher hinderlich ist, allerdings eine Nutzlandschaft ergibt, die sich durch Vielfalt und Abwechslungsreichtum auszeichnet.

In Bodenseenähe begünstigt das milde Klima den Anbau von Sonderkulturen. Auf beiden Breitseiten des Sees erstrecken sich vom Uferbereich bis weit ins Hinterland hinein ausgedehnte **Obstkulturen**. Das Bodenseeobst wird auf deutscher Seite vorwiegend über große Genossenschaften vermarktet. In der Schweiz geht ein beträchtlicher Teil der Obsternten in Großmostereien oder Fruchtkonservenfabriken. Augenfällig für den Touristen ist jedoch der Obstverkauf unmittelbar an den Straßen oder beim Erzeuger.

Der Bodensee ist bekannt für gutes Obst.

Besondere Bedeutung besitzt der **Gemüsebau** auf der Bodenseeinsel Reichenau, wenngleich häufig in Gewächshäusern, sowie im vorarlbergischen Rheintal um Lustenau. Um Tettnang wird neben Spargel auf einem ausgedehnten Areal **Hopfen** angebaut.

Weinbau

Die Wildrebe war vermutlich schon in vorgeschichtlicher Zeit am Bodensee heimisch. Die Römer brachten die Gutedel- und die Elblingtraube, Karl der Große die Tiroler und die Orléanstraube an die Seeufer, wo die Klöster die Weinkultur förderten. Zu Beginn des 19. Jh.s waren hier über 3000 ha Land mit Weinreben bepflanzt. Heute bestehen größere **Weinbaugebiete** (bis 400 m) nur noch im westlichen Teil: in Baden-Württemberg bei Meersburg (Staatsweingut), Hagnau (1881 Gründung des ersten badischen Winzervereins), Markdorf, Bermatingen, Überlingen (Städtisches Rebgut), Bodman,

Konstanz (Spitalkellerei), Allensbach, auf der Insel Reichenau sowie über den Ufern der Halbinsel Höri, ferner bei Kressbronn. Kleinere Rebareale finden sich darüber hinaus auch am schweizerischen Rand des Alpenrheintales zwischen St. Margrethen und Altstätten, wobei hier der häufige Föhn ein wesentlicher klimatischer Gunstfaktor für den Weinbau ist.

Torkel ► Aus der Zeit des intensiven Weinbaus der vergangenen Jahrhunderte rings um den Bodensee sind noch ein gutes Dutzend großer alter Baumpressen erhalten, die man zur Gewinnung des Rebensaftes benutzte. Früher hat es in der Region vermutlich einige Hundert solcher Baumkeltern gegeben, die gemeinhin »Torkel« genannt werden. Diese Bezeichnung leitet sich ab von dem lateinischen Verb »torquere« (»drehen«, »winden«) bzw. von dem Substantiv »torculum« (»Drehpresse«).

Die Hauptteile eines Torkels waren überwiegend aus Eichenholz, die stärkerer Abnutzung ausgesetzte Spindel aus härterem Holz, z. B. Hainbuche oder Birnbaum, gefertigt. Die Ausmaße dieser Pressanlagen waren beträchtlich: Die Länge betrug 8 bis 14 m, die Breite bis zu 4,50 m und die Höhe bis zu 5,50 m. Je nach Größe, Druckbaumzahl und Unterbau lag das Gesamtgewicht des Torkels zwischen 10 und 20 Tonnen. Dementsprechend unterschiedlich war auch die Aufschüttmenge der Traubenmaische: Sie belief sich auf etwa 2500 bis 5000 kg Weintrauben. Der gesamte Pressvorgang dauerte rund acht Stunden. Im Schnitt wurden aus 1000 kg Weintrauben ungefähr 750 l Most gepresst.

Fischerei

Die ersten Menschen, die am Bodensee lebten, waren Jäger und Fischer. Demnach dürfen die wenigen noch verbliebenen Berufsfischer ihre Tätigkeit als ältestes Gewerbe am See verstehen. Nachdem im 19. Jh. die Überfischung fast zum Erliegen der Fischerei geführt hatte, bewirkten die Gründung von Fischzuchtanstalten sowie die Einführung von Regelungen für den Fischfang und der Fangmethoden eine erneute Zunahme des Bestands. Die Zahl der Patentinhaber als Berufsfischer dagegen hat rapide abgenommen, von rund 400 (1975) auf etwa 220 (1990) und heute gerade einmal 160, wobei davon lediglich 10 % als **Berufsfischer** gelten, während die Mehrzahl einen weiteren Beruf ausübt. Die Fangerträge unterliegen starken Schwankungen; im Durchschnitt kommen sie auf mehrere hundert Tonnen Fisch im Jahr.

Tourismus

Unter den Dienstleistungsgewerben genießt der Fremdenverkehr im Bodenseeraum eine Vorzugsstellung. Sein Umfang hat in den vergangenen Jahrzehnten stark zugenommen. Zu dem herkömmlichen Ferienbetrieb mit längeren Aufenthalten gesellt sich der Ausflugsver-

Frisch gefangen schmecken die Bodenseefische einfach am Besten.

kehr an den Wochenenden, so dass der Bodensee wie auch Oberschwaben zu beliebten Naherholungsgebieten geworden sind, was sich allerdings in einer starken Belastung der Bodenseeuferstraßen in der Hochsaison niederschlägt.

Industrie

Schwerpunkte

Wenngleich der Bodenseeraum gewiss nicht zu den industriell überformten Wirtschaftsräumen Mitteleuropas zählt, sondern in ihm traditionell die vielfältigen landwirtschaftlichen Kulturen das Landschaftsbild bestimmen, in Seenähe ergänzt um zahlreiche Fremdenverkehrs- und Freizeiteinrichtungen, so haben sich doch einzelne Städte zu wirtschaftlichen Schwerpunkten mit bemerkenswerter Industrie entwickelt. Unmittelbar am Bodenseeufer sind dies in Deutschland Friedrichshafen, Konstanz, Radolfzell und Überlingen, in der Schweiz Romanshorn, Arbon und Rorschach, in Österreich Bregenz.

Textilindustrie

Die Textil- und Bekleidungsindustrie geht auf die schon im Mittelalter überregionale Bedeutung besitzende Leinenweberei im Bodenseeraum zurück, die zunächst in Konstanz, später in Ravensburg und St. Gallen blühte. Wichtige Standorte der Textilmanufakturen blieben seit dem 19. Jh. mit dem Schwerpunkt auf der **Baumwollverarbeitung** im nordostschweizerischen Raum und im Vorarlberger Alpenrheintal. Rund ein Drittel der gesamten Schweizer Textilindustrie ist im östlichen Teil des Kantons St. Gallen mit der gleichnamigen Stadt als Wirtschaftsmittelpunkt der schweizerischen Bodenseeregion konzentriert. Die Vorarlberger Textilindustrie ist ihrerseits führend in ganz Österreich.

Metallindustrie

Die Maschinenbau- und Metallindustrie hat sich im Bodenseeraum teilweise aus der Textilindustrie heraus entwickelt. In und um Friedrichshafen markiert die um die Wende vom 19. zum 20. Jh. erfolgte Gründung der **Zeppelinwerke** Anfang und Aufschwung der Industrie. Heute sind ihre Nachfolgebetriebe, die Motoren- und Turbinen-Union (mtu), die Zahnradfabrik Friedrichshafen (ZF) zur Getriebeherstellung und die Zeppelin-Metallwerke sowie die Unternehmensgruppe Dornier für Luft- und Raumfahrt, die wichtigsten Arbeitgeber der Region.

Weitere Industriezweige

Etliche Industriebetriebe im westlichen Bodenseeraum gehen z. T. auf schon im 19. Jh. erfolgte Filialgründungen Schweizer Unternehmen zurück. Als weit über die Grenzen dieser Gegend hinaus bekanntes Beispiel sei die Firma Maggi in Singen erwähnt. Der weit verbreitete Obstbau und die Milchwirtschaft liefern die Grundstoffe für Betriebe der Nahrungsmittelindustrie wie Fruchtkonservenfabriken und Getränkehersteller. Eher dezentral liegen die Standorte der Grundstoffindustrie wie Kieswerke und Ziegeleien, welche die Sand-, Kies- und Tonlager ausbeuten.

Wasserwirtschaft

Trinkwasserreservoir Bodensee

Als geradezu unerschöpfliches Wasserreservoir mit ca. 54 Mrd. m³ hat der Bodensee eminente Bedeutung für die Trinkwasserversorgung sowohl der Uferbereiche und des Hinterlands, in denen es an Quell- oder geeignetem Grundwasser mangelt, als auch weiter entfernter Siedlungsräume. Insgesamt ist der See Trinkwasserlieferant für schätzungsweise 4,5 Mio. Menschen vor allem im deutschen Bundesland Baden-Württemberg sowie in der schweizerischen Bodenseeregion. Schon 1894 war bei Rorschach ein erstes Seewasserpumpwerk für die Stadt St. Gallen errichtet worden, später bei Romanshorn eines für Amriswil. Die 1958 in Betrieb genommene Entnahmeanlage des 1954 gegründeten Zweckverbandes **Bodensee-Wasserversorgung (BWV)** bei Sipplingen am Überlinger See beliefert in einem 1700 km langen Leitungsnetz die Bodenseeregion und den Mittleren Neckarraum bis zum Odenwald mit Trinkwasser.

Qualität des Bodenseewassers

Nachdem sich die Qualität des Bodenseewassers in der Nachkriegszeit in erschreckendem Maß verschlechtert hatte, sahen sich die Anrainerstaaten veranlasst, dieser Entwicklung wirksam Einhalt zu gebieten. Seit 1959 bemüht sich eine in St. Gallen ins Leben gerufene **internationale Gewässerschutzkommission** um die Reinhaltung des Sees. Inzwischen konnte die Wasserqualität durch die Einrichtung diverser Abwasserkläranlagen rings um den See erheblich verbessert werden. Die hohen Investitionen haben die Schadstoffbelastung so weit verringert, dass mittlerweile das Bodenseewasser sauber ist wie seit Jahrzehnten nicht mehr. Problematisch bleiben jedoch nach wie vor die hohen Rückstände aus Landwirtschaft, Obst- und Gartenbau durch Dünge- und Pflanzenschutzmittel und die fortschreitende Uferverbauung.

? WUSSTEN SIE SCHON ...?

- ... dass so viel Bodenseewasser verdunstet wie durchschnittlich entnommen wird: 4000 l pro Sekunde?

Schifffahrt

Schifffahrtszentrum

Auf keinem anderen europäischen Binnensee ist die Schifffahrt so stark entwickelt wie auf dem Bodensee, wo mittlerweile jedes Jahr mehr als 4 Mio. Gäste mit der Weißen Flotte über den See schippern. Rund 60 000 Privatboote sind am Bodensee registriert, zuzüglich der 35 Motor- und Fährschiffe, die im Verkehrsverbund die meisten Uferorte während der Saisonmonate miteinander verbinden. Große Schiffswerften bestehen in Kressbronn, Friedrichshafen und Romanshorn; Bootswerften sind vielerorts ansässig, am deutschen Ufer konzentriert in Radolfzell und Bodman-Ludwigshafen.

Entwicklung

Regelmäßiger Dampfschiffsverkehr begann 1824 mit dem in Friedrichshafen gebauten Raddampfer »Wilhelm«. Die erste **Dampfschifffahrtsgesellschaft** für Bodensee und Rhein wurde 1830 gegründet. Im Jahr 1869 überquerte erstmals ein Eisenbahntrajekt den See von Friedrichshafen nach Romanshorn; 1876 gab es rund 20 Dampfschiffe auf dem See. Im Zug des technischen Fortschritts des 20. Jh.s wurde der Antrieb der Schiffe von den Schaufelrädern auf Schrauben umgestellt. Der letzte Schaufelraddampfer versah noch bis 1963 seinen Dienst; die 1913 vom Stapel gelaufene »Hohentwiel« befährt nach kompletter Restaurierung als Museumsschiff seit 1990 wieder den See.

Ab 1925 wurden die Dampfmaschinen durch Dieselmotoren ersetzt. Im Jahr 1928 erfolgte die Eröffnung des Fährbetriebs zwischen Konstanz und Meersburg. Der Eisenbahnfährverkehr zwischen Friedrichshafen und Romanshorn wurde dagegen 1976 eingestellt. Heute wird der Schiffsverkehr auf dem Bodensee von den Vereinigten Schiffahrtsunternehmen für den Bodensee und Rhein (VSU) Vereinigte Schiffahrtsunternehmen für den Bodensee und Rhein (VSU) mit 32 Schiffen betrieben. Das Unternehmen besteht aus der Bodensee-Schiffsbetriebe GmbH (BSB)Bodensee-Schiffsbetriebe GmbH (BSB), aus der Bodenseeschifffahrt der Österreichischen Bundesbahnen (ÖBB)Bodenseeschifffahrt der Österreichischen Bundesbahnen (ÖBB), der Schweizerischen Bodensee-Schifffahrtsgesellschaft AG und der Schweizerischen Schifffahrtsgesellschaft Untersee und Rhein (URh).

Geschichte

Von den Jägern, Fischern und Sammlern vor etwa 20 000 Jahren bis zu einer der beliebtesten Ferienregionen Deutschlands: Eine sehr lange Geschichte prägt die Bodenseelandschaft. Diese bis in prähistorische Zeiten zurückreichende Geschichte ist durch zahlreiche Siedlungsspuren belegt.

Vorgeschichte

Vor 20 000 Jahren	Erste Siedlungsspuren
Ab 5000 v. Chr.	Errichtung von Pfahlbaudörfern
Um 500 v. Chr.	Kelten dringen in den Bodenseeraum ein.

Steinzeit

Von Jagd, Fischfang und gesammelten Beeren lebten vor rund 20 000 Jahren Menschen in der vom Eis geformten Seenlandschaft in einem arktisch rauen Klima, vor dem sie zeitweilig in Höhlen Schutz suchten. Aus den Höhlen bei Thayngen im Schweizer Kanton Schaffhausen, besonders aus dem Kesslerloch, wurden zahlreiche kunstvoll bearbeitete prähistorische Werkstücke der späten Altsteinzeit (ca. 10 000 v. Chr.) geborgen. Nach dem Ende der vierten Eiszeit besserte sich das Klima von 8000 bis 5000 vor Christus. Die Menschen zogen mit Harpunen und Netzen zum Fischfang aus, fällten mit der Steinaxt Bäume zum Hüttenbau, schufen Geräte aus Tierknochen und Geweihen, lernten mit Bogen, Pfeilschaft, Paddel und Schlingen zum Vogelfang umzugehen. In der Jungsteinzeit (ca. 5000 – 2000 v. Chr.) brachten Bandkeramiker, die vermutlich aus dem unteren Donauraum (Pannonien) kamen, die Ackerbaukultur nach Südwestdeutschland. Ein Siedlungsstreifen zog sich vom Hochrhein durch den Hegau bis zur Donau. Weniger am Obersee, sondern schwerpunktmäßig am Unter- und am Überlinger See entstanden **Pfahlbaudörfer**.

! *Baedeker* TIPP

Alltag in der Steinzeit

Wer sich für die Pfahlbaukultur interessiert, der sollte sich unbedingt das sehr anschauliche Pfahlbaumuseum in Unteruhldingen ansehen, in dem Pfahlbauten aus der Stein- und Bronzezeit rekonstruiert sind. Einen noch tieferen Eindruck vom Alltagsleben der damaligen Menschen erhält man bei den Aktionstagen, an denen prähistorische Techniken wie Bronzeguss und vorzeitliches Kochen vorgeführt werden (Informaitonen: Tel. 075 56/85 43, 65 37, www.pfahlbauten.de).

Bronzezeit

In der Bronzezeit (ca. 1800 – 700 v. Chr.), der Epoche der **Hügelgräberkultur** und der **Urnenfelderkultur**, machten sich erneut Einflüsse aus dem südosteuropäischen (pannonischen) Raum bemerkbar, von wo die ersten bronzenen Gegenstände in den Bodenseeraum gelangten. Eine befestigte Inselsiedlung (1100 – 800 v. Chr.) grub man zusammen mit Einbäumen, Herdstätten, Waffen und Gebrauchskeramik in Buchau am Federsee aus.

Mit Beginn der **Eisenzeit** verschwanden die Pfahlbaudörfer, die Menschen siedelten häufiger im Landesinnern. Der **Hallstatt-Kultur** der älteren Eisenzeit (ca. 750 – 450 v. Chr.) werden Fürstengräber etwa

← *So könnten die Pfahlbauten am Bodensee ausgesehen haben.*

auf dem Ottenberg oder im Eugensberg bei Salenstein mit reichen Grabbeigaben wie Lanzenspitzen, Dolchen, Armreifen und Gürtelschließen zugerechnet. Um das Jahr 500 v. Chr. drangen **keltische Stämme** in den Bodenseeraum und nach Oberschwaben ein. Die Kelten der La-Tène-Kultur (jüngere Eisenzeit; ca. 450 – 1. Jh. v. Chr.) bauten stadtähnliche Anlagen (oppida) sowie kleinere Befestigungswerke und betrieben erste Eisenschmelzen.

Römerzeit (1. Jh. v. Chr. – 4. Jh. n. Chr.)

15 v. Chr.	Der Bodensee wird der römischen Provinz Brigantium einverleibt.
335 n. Chr.	Kaiser Constantius besiegt die Alemannen.
Nach 400	Die Alemannen nehmen die Region in Besitz.

Im Verlauf des ersten vorchristlichen Jahrhunderts drangen die Römer über die Alpen in den keltischen Kulturraum des nördlichen Alpenvorlands vor, besiegten die Helvetier bei Bibracte und unterwarfen bis 15 v. Chr. die keltischen Vindeliker sowie die vermutlich illyrischen Räter.
Der Bodensee, der lateinisch Lacus Brigantinus, hieß gehörte fortan von Brigantium (Bregenz) bis Tasgaetium (Stein am Rhein) zum Grenzgebiet der römischen **Provinz Raetien**. Weitere größere römische Gründungen am Seeufer waren Arbor Felix (Arbon) und Constantia (Konstanz). Ferner entstanden an strategisch wichtigen Punkten unter der Herrschaft Kaiser Domitians Militärlager entlang dem obergermanisch-rätischen Limes.

Alemannen Im Jahr 259 brachen die Alemannen, ursprünglich zwischen Havel und Elbe beheimatet, zum ersten Mal diesen Grenzriegel auf und drangen sengend und mordend bis Augusta Raurica (Kaiseraugst) vor. In der Folgezeit konnten die römischen Garnisonen am See noch den wichtigen Heerweg von Ost nach West schützen. Der römische Kaiser Constantius besiegte 335 die Alemannen am Bodensee. Um 400 fielen dann die Westgoten über die Alpen in die Poebene ein und besiegelten damit das Ende der Römerherrschaft nördlich der Alpen.
Die nachdrängenden Alemannen nahmen daraufhin das Land um den Bodensee in ihren Besitz, lebten als Ackerbauern und Viehzüchter, nutzten den Boden gemeinsam als Allmend und siedelten mit ihren Sippen in Weilern, die meist auf »-ingen« endeten wie im Fall von Wollmatingen, was so viel bedeutet wie Ort der Leute des Walmuot.

Frühmittelalter (5. – 10. Jh.)

Um 750	Das alemannische Herzogtum wird in das Frankenreich eingegliedert.
Um 610	Beginn der Christianisierung.
10. Jh.	Aufstieg der Welfen.

Herrschaftsbildung

Im Verlauf des 5. Jh.s prägten Sprache, Lebens- und Siedlungsformen der Alemannen den Bodenseeraum und die Nordschweiz, ohne dass daraus eine großräumige Herrschaftstruktur mit eigener Verwaltung entstand. Die Alemannen akzeptierten zwar einen Herzog, ließen sich aber gleichzeitig von verschiedenen Adelssippen und Kleinkönigen regieren. Um 500 wurden sie den mächtigeren Merowingerkönigen tributpflichtig und teilten fortan die politischen Geschicke des Merowingerreichs. Als die Franken im 8. Jh. die Vorherrschaft errangen, wurde das alemannische Herzogtum um 750 in das **Frankenreich** eingegliedert, in Grafschaften geteilt und von fränkischen Adeligen verwaltet. Am Westende des Überlinger Sees bei Bodman wurde unter den karolingischen Herrschern eine Königspfalz errichtet.

Christianisierung

Die Christianisierung erfolgte durch iro-schottische Wandermönche wie Columban und seinen Schüler **Gallus**, die um 610 am Bodensee als Missionar tätig waren. Etwa zur gleichen Zeit wurde Konstanz Bischofssitz und damit zur wichtigsten Stadt im Bodenseeraum. Das Bistum Konstanz reichte in der Folgezeit von Ludwigsburg bei Stuttgart bis zum Gotthardmassiv in der Schweiz, von Breisach am Oberrhein bis nach Kempten im Allgäu und war das größte im Reich.
Aus der Einsiedelei des Gallus von 612 entstand um 720 das große Benediktinerkloster St. Gallen, und auf der Reichenau entwickelte sich seit der ersten Klostergründung 724 durch Pirmin ebenfalls ein geistliches und kulturelles Zentrum. Diese Reichsklöster waren für Jahrhunderte tragende Säulen der Ordnung und des Rechts, bildeten Geistliche aus und berieten die Großen im Reich. Außerdem betrieben die privilegierten Äbte wie auch der Bischof von Konstanz eine eigene Politik, wozu die schwach ausgeprägte fränkische Zentralgewalt vor allem im 9. Jh. reichlich Spielraum ließ.

Territoriale Zersplitterung

Im 10. Jh. zerfiel die Herrschaft der Karolinger. Das entstehende Deutsche Reich litt unter den sächsischen Königen Heinrich I., Otto I. bis Otto III. unter politischen Anfangsschwierigkeiten. In dieser Zeit rivalisierten die Grafengeschlechter der Welfen, der Heiligenberger und Nellenburger, die Grafen von Bregenz, der Bischof von Konstanz und die Klöster von St. Gallen und Reichenau um Macht und Einfluss. Dank der besseren Verbindungen zum Königs- und Kaiserhaus stiegen die Welfen zu den mächtigsten Lehnsherren im Bodenseegebiet auf. Die Eheverbindungen der Töchter Welfs I., Judith (gest. 843) mit Kaiser Ludwig I., dem Frommen, und Emma (gest. 876) mit König Ludwig dem Deutschen, trugen wesentlich zum Aufstieg dieses fränkischen Adelsgeschlechts bei, das umfangreichen Besitz in Schwaben, Rätien und Bayern erwarb.

Welfen, Staufer und Habsburger (11.–14. Jh.)

12. Jh.	Die Rivalität zwischen Staufern und Welfen endet mit deren Entmachtung.
1273	Die Habsburger übernehmen die Macht im Reich.

Welfen Mit Welf III. starb 1055 die ältere, männliche Linie der Welfen aus, und das Erbe ging auf seinen Neffen Welf IV. (gest. 1101) über. Trotz großen Ehrgeizes gelang den Welfen der Aufstieg zum Königtum nicht, denn nach dem Tod ihres Verwandten, Kaiser Lothars III., 1138 wurde mit Konrad III., dem Herzog von Schwaben, ein Staufer zum deutschen König gewählt.

Staufer Bereits 1079 hatte Friedrich I. den Herzogstitel von Schwaben erhalten, sich mit Agnes, der Tochter Kaiser Heinrichs IV. vermählt und seiner Familie die Burg auf dem Hohenstaufen errichtet, wonach sich die Dynastie fortan nannte. Im 12. Jh. rivalisierten Welfen und Staufer um die Vormacht im Reich und gelangten kurzfristig seit 1156 unter König Friedrich I. Barbarossa (Staufer) und Herzog Heinrich der Löwe von Sachsen und Bayern (Welfe) zum Ausgleich. Politische Konflikte führten schließlich 1180 zur Entmachtung Heinrichs und zur Zerschlagung des welfischen Herrschaftsbesitzes. **Kaiser Friedrich Barbarossa** erwarb große Besitzungen am Bodensee, um von dort im Rahmen seiner Italienpolitik die Alpenpässe wirksamer kontrollieren zu können.

Im Konflikt mit den oberitalienischen Städten wurden 1153 und 1183 in Konstanz Friedensschlüsse vereinbart, ohneauf Dauer die Reichseinheit zwischen Deutschland und Italien festigen zu können. Immerhin profitierte der Bodenseeraum fortan als Drehscheibe des transalpinen Handels von der Politik der Staufer. Vor allem unter Kaiser Friedrich II. war die Gründung von Reichsstädten ein Mittel, die eigene Macht zu stärken und die feudale Agrarordnung zurückzudrängen zugunsten einträglicher Handels- und Markttätigkeiten der Bürger in den Städten.

Habsburger Mit der Wahl Rudolfs I. zum deutschen König übernahmen nach den Staufern 1273 die Habsburger von der aargauischen Habichtsburg die Herrschaft im Reich. Der Bodensee wurde nun zur Ausgangsbasis für die habsburgische Eroberung Österreichs und der Steiermark. Nach dem Tod Rudolfs I. schlossen die schweizerischen Waldstätten Uri, Schwyz und Unterwalden 1291 den Ewigen Bund, in dem die Schweizerische Eidgenossenschaft ihren Ursprung hat. Mit dem **Rütli-Schwur** versprachen sie sich gegenseitige Hilfe bei der Wahrung ihrer überlieferten Rechte gegen die habsburgische Machtpolitik. Zwischen 1296 und 1337 mussten zudem die mächtigen Grafen von Monfort immer mehr Herrschaftsrechte in Vorarlberg an die Habsburger abtreten und schlossen einen »Ewigen Bund« mit Österreich. 1391 vereinigten sich die Vorarlberger Landstände zu einer Eidgenossenschaft.

Im Verlauf des 14. Jh.s verloren die Habsburger allerdings fast ihren gesamten schweizerischen Besitz. Am Bodensee konnte sich durch das Fehlen einer starken Zentralmacht der niedere Adel mit Namen wie Waldburg, Zeil, Wolfegg, Trauchburg, Kißlegg und Waldsee profilieren und durch Vererbung, Heirat und Kauf beträchtlichen Besitz und Einfluss gewinnen. Die Insel Mainau war von 1272 bis 1805 Deutschordenskommende. Die Habsburger setzten wie schon die Staufer auf die Förderung der Städte. Eigene Gerichtsbarkeit und Verwaltung, Münzrecht und Zollprivilegien ermöglichten einzelnen Städten die Erlangung der Reichsfreiheit und den schnellen Aufstieg zu Handelsmetropolen in Verbindung mit der aufblühenden Leinen- und Barchentweberei. Als Reichsstädte hatten Überlingen, Lindau und Konstanz wirtschaftliches und politisches Gewicht. Tettnang war dagegen eine Gründung der Grafen von Montfort.

Seit dem frühen 14. Jh. gingen die großen Bodenseestädte untereinander Bündnisse ein, um den handelswichtigen Landfrieden zu wahren und ihre Freiheiten gegenüber dem Adel besser verteidigen zu können. Um 1380 entstand die erste Handelsgemeinschaft von Kaufleuten hauptsächlich aus Ravensburg, Konstanz und Lindau, die sich als Große Ravensburger Handelsgesellschaft bezeichnete. Wiederholt kam es in den Städten zu **Unruhen**, denn die Handwerkszünfte wollten die Alleinherrschaft des Kaufmannspatriziats nicht dulden. In Lindau erzwangen 1345 die Zünfte eine gleichberechtigte Stadtregierung aus Handwerkern und Handelsherren.

Spätmittelalter (15./16. Jh.)

1414–1418	Das Konstanzer Konzil beendet das Große Schisma.
1499	Die Schweiz scheidet aus dem Deutschen Reich aus.
Ab 1521	Die Reformation führt zu religiösen Auseinandersetzungen und zu Bauernaufständen.

Appenzeller Krieg

Im Appenzeller Krieg (1401–1408) entlud sich der Zorn der Appenzeller Bürger und Bauern gegen den Abt von St. Gallen, der über seine Grundherrschaft und Vogteirechte eine volle Landesherrschaft durchsetzen wollte. Große Teile Vorarlbergs und die Stadt St. Gallen unterstützten die Appenzeller, während der Bund der Bodenseestädte, der schwäbische Adel und ein österreichisches Heer dem Abt von St. Gallen zur Seite standen. Trotz Niederschlagung des Aufstandes schloss Appenzell 1411 ein Bündnis mit der Eidgenossenschaft. Dank geschickter Politik gewann der Schweizer Bund weitere Territorien hinzu, z. T. als »zugewandte Orte«, die seinen Schutz genossen, aber zunächst nicht in die Eidgenossenschaft aufgenommen wurden wie Thurgau und Appenzell, Schaffhausen und die Stadt St. Gallen.

Konstanzer Konzil

Eine Glanzzeit erlebte Konstanz mit dem 16. Ökumenischen Konzil von 1414 bis 1418, als sich ca. 50 000 Teilnehmer aus ganz Europa versammelten, um das Große Schisma von 1378 zu beenden. Zu Beginn des Konzils wurde der böhmische Kritiker der Papstkirche, **Jan Hus**, 1415 in Konstanz als Ketzer verbrannt. Nach Absetzung bzw. Rücktritt der drei in Avignon, Rom und Pisa gewählten Päpste wurde Martin V. 1417 gewählt und kehrte als allgemein anerkannter Papst endgültig nach Rom zurück. Im selben Jahr belehnte der deutsche König Sigismund den Nürnberger Burggrafen Friedrich VI. von Hohenzollern mit der Mark Brandenburg, so dass die Geburtsstunde Preußens am Bodensee schlug.

Konflikte Schweiz – Deutsches Reich

Als das Haus Habsburg 1439 die Schweiz wieder Österreich unterwerfen wollte, löste sich die Eidgenossenschaft formal vom Reich. In der Folgezeit betrieben die Stadt und die Abtei St. Gallen, Schaffhausen und Stein am Rhein die Aufnahme in die Schweizer Eidgenossenschaft, die ihrerseits 1460 den Thurgau eroberte. Zur Wahrung ihrer Interessen schlossen deshalb 1488 der württembergische Graf Eberhard im Bart, Herzog Sigmund von Tirol und die schwäbischen Reichsstädte den Schwäbischen Bund. 1495 wurde Graf Eberhard von Kaiser Maximilian zum Herzog von Württemberg ernannt, bevor es 1498/1499 zum Schwabenkrieg kam, der mit einer Niederlage für Kaiser und Reich endete, denn die Schweizer Eidgenossenschaft schied aus dem Deutschen Reich aus. Im **Frieden zu Basel** wurden die bis heute noch gültigen Staatsgrenzen zwischen Deutschland und der Schweiz im Bodenseegebiet festgelegt. Konstanz, das sich dem Schwäbischen Bund angeschlossen hatte, verlor dabei alle Hoheitsrechte im Thurgau und wurde Grenzstadt ohne eigenes Territorium. 1516, im Friedensschluss mit Frankreich, verzichte-

? WUSSTEN SIE SCHON …?

- dass sich der Name des Bodensees von der karolingischen Königspfalz Potoma = Bodema bzw. Bodman ableitet? Der erste bekannte Beleg für den Namen »Bodensee« stammt aus einer St. Gallener Urkunde von 1438. Den auswärtigen Teilnehmern des Konstanzer Konzils waren diese Bezeichnungen zu kompliziert. In der englischen, französischen und italienischen Sprache heißt der Bodensee deshalb bis heute nach dem Konzilsort Lake Constance, Lac de Constance und Lago di Costanza.

ten die Schweizer auf die Rolle einer Krieg führenden Macht und proklamierten für die Zukunft vollkommene Neutralität. 1523 fiel die Nordhälfte der Herrschaft Bregenz an Habsburg, so dass Vorarlberg mit Ausnahme von Hohenems und Blumenegg unter österreichischer Herrschaft stand.

Reformation

Die Reformation, 1521 in Konstanz durch **Ambrosius Blarer** eingeführt, brachte erneut Unruhe in die Bodenseeregion. Der Konstanzer Bischof musste nach Meersburg fliehen. Die Schweizer Städte Schaffhausen und St. Gallen nahmen die Lehre Zwinglis an. Im Friedensschluss 1531 nach dem Zweiten Kappeler Krieg, der mit der Niederlage und dem Tod Zwinglis endete, erhielten die Schweizer »Orte« das Recht, über ihr Glaubensbekenntnis selbst zu entscheiden. Das Herzogtum Württemberg wurde nach der Vertreibung Herzog Ulrichs von der Österreichischen Zwischenregierung unter Zwangsverwaltung (1520 – 1534) gestellt. Als der Herzog 1534 zurückkehrte, führte er die Reformation in seinem Land ein. Konstanz, das sich als Reichsstadt dem protestantischen Schmalkaldischen Bund angeschlossen hatte, geriet nach dessen Niederlage 1547 im Krieg gegen Kaiser Karl V. in Reichsacht, wurde 1548 zur österreichischen Landstadt degradiert und rekatholisiert.

So zeichnete man den Bodenseeraum im Jahr 1540.

Bauernaufstände Wie andernorts wehrten sich im Zug der Reformation auch im südlichen Oberschwaben die Bauern gegen die immer drückender werdenden Lasten und schlossen sich 1525 zum »Seehaufen« zusammen, um ihre in den so genannten Zwölf Artikeln aufgelisteten politisch-religiösen Forderungen durchzusetzen. Die Landbesitzer waren anfangs schlecht gerüstet und wollten durch Verhandlungen Zeit gewinnen. Dann aber schickte der Schwäbische Bund **Georg III., Truchsess von Waldburg**, später Bauernjörg genannt, mit einem Heer gegen die Aufständischen. Diese brachten daraufhin Buchhorn (heute Friedrichshafen), Meersburg, Kloster Salem, das Schloss der Grafen von Monfort in Tettnang und die Dörfer am Überlinger See kurzfristig in ihre Gewalt. Eine blutige Entscheidungsschlacht bei Weingarten, wo sich rund 20 000 Bauern gegen eine Minderzahl von Truppen unter dem Truchsess von Waldburg versammelt hatten, konnte jedoch verhindert werden, weil sich die Parteien auf die Einsetzung von Schiedsgerichten zur rechtlichen Klärung der bäuerlichen Forderungen bei gleichzeitiger Straffreiheit für die Aufständischen einigten. Dieser Vertrag wurde allerdings nie Realität, zumal andernorts de Bauernaufstände blutig niedergeschlagen wurden und das schwere Los der Bauern für lange Zeit unverändert blieb.

Wirtschaft Nach der Entdeckung Amerikas 1492 änderte sich die Wirtschaft Europas grundlegend durch den Überseehandel mit erheblichen Nachteilen für den Wirtschaftsraum Bodensee, der vom einst bedeutenden Umschlagplatz zur Durchgangsstation für den Güterverkehr auf den wichtigen europäischen Handelsrouten herabsank. Die Textilherstellung blieb zwar noch ein herausragender Wirtschaftssektor, verlagerte sich aber auf das Schweizer Bodenseeufer, vor allem nach St. Gallen, wo technisch bessere und qualitätsvollere Tuch- und Stickereiwaren produziert wurden. Auf der deutschen Seite hatte Konstanz seine Wirtschaftskraft eingebüßt, lediglich die Reichsstadt Lindau profitierte weiterhin vom Salzhandel und die Reichsstadt Überlingen vom Getreidehandel.

Vom Dreißigjährigen Krieg zum Wiener Kongress (1618 – 1815)

1618 – 1648	Im Dreißigjährigen Krieg erobern die Kaiserlichen das protestantische Herzogtum Württemberg.
1806	Napoleon teilt das deutsche Bodenseegebiet unter den mit ihm verbündeten Großherzogtum Baden sowie den Königreichen Württemberg und Bayern auf.

Dreißigjähriger Krieg Im Dreißigjährigen Krieg eroberten die Kaiserlichen das protestantische Herzogtum Württemberg, das sich Gustav Adolf von Schweden angeschlossen hatte. Die Schweden besetzten Buchhorn (heute Friedrichshafen), Bregenz und die Insel Mainau, belagerten jedoch Konstanz, Überlingen und Lindau vergeblich. Im **Westfälischen Frieden** von 1648 wurde die im Krieg neutral gebliebene Schweiz als souveräner Staat anerkannt, allerdings versäumte man, die politischen Grenzen im Bodensee festzulegen. Die wieder hergestellte feudale Ordnung und der Absolutismus ermöglichten in der zweiten Hälfte des 17. Jh.s Adel und Geistlichkeit in Oberschwaben und am Bodensee unter Ausnutzung aller Ressourcen eine nie zuvor gesehene Prachtentfaltung im Stil des Barock.

18. Jahrhundert

Zu Beginn des 18. Jh.s verteidigten die Vorarlberger im **Spanischen Erbfolgekrieg** ihr Land gegen Frankreich, und auch in den Napoleonischen Kriegen trug der Vorarlberger Landsturm 1799 bei Feldkirch einen Sieg über die Franzosen davon. 1798 war bereits die gesamte Schweiz von den französischen Truppen besetzt worden. Die alte Eidgenossenschaft wurde in die Helvetische Republik umgewandelt, einem künstlichen Einheitsstaat nach französischem Vorbild. Gegen Ende des 18. Jh.s gründeten Genfer Emigranten in Konstanz Textilmanufakturen, deren Nachfolger noch heute existieren. Schon im Vorfeld der Bauernbefreiung kam es zu den so genannten Vereinödungen, bei denen zerstückelte Feldflächen zu einheitlichen Arealen zusammengelegt wurden. Die Zahl der Höfe schrumpfte, viele verarmte Landbewohner wanderten aus oder wurden Tagelöhner an den Webstühlen.

Ende des römisch-deutschen Kaiserreichs

1803 führte der **Reichsdeputationshauptschluss** zur Auflösung der geistlichen Fürstentümer, wovon das Kloster Salem als größter Grundbesitzer am härtesten betroffen war. Mit diesen Ländereien wurde der deutsche Adel für seine an Frankreich abgetretenen linksrheinischen Gebiete entschädigt. Die Mediatisierung hatte die Eingliederung kleinerer Einheiten in größere politische Gebilde zur Folge und bedeutete den Verlust der Reichsfreiheit für die meisten Städte. Der römisch-deutsche Kaiser Franz II. proklamierte 1804 ein eigenes alle habsburgischen Erblande umfassendes österreichisches Kaiserreich und legte nach Gründung des Rheinbunds auf Druck Napoleons 1806 den römisch-deutschen Kaisertitel ab. Napoleon teilte schließlich das deutsche Bodenseegebiet unter den mit ihm verbündeten Großherzogtum Baden, Königreich Württemberg und Königreich Bayern auf, dem auch Vorarlberg zugeschlagen wurde, das sich 1813 jedoch wieder Österreich anschloss.
1815 trafen sich in Wien die europäischen Staatsmänner, um die Neuordnung Europas nach dem Sturz Napoleons zu beschließen, und restaurierten die alte Fürstenherrlichkeit. Im gleichen Jahr regelte der Schweizer Bundesvertrag die politischen Angelegenheiten von nunmehr 22 Kantonen. Im **Frieden von Paris** wurde der Schweiz von der gegen Napoleon verbündeten Staatenwelt immerwährende Neutralität zugesichert.

19./20. Jahrhundert

1848	Revolution: Ausrufung der deutschen Republik
1900	Flug des ersten Zeppelins
1933 – 1945	Im Zweiten Weltkrieg bleibt der Bodensee weitgehend von Zerstörunge verschont.

Dampfschifffahrt Nach einer langen Periode der Bedeutungslosigkeit begann 1824 mit der Einrichtung der Liniendampfschifffahrt eine neue Ära am Bodensee, die auch das Entstehen des Fremdenverkehrs begünstigte.

Freiheitsbewegung Im Jahr 1848 rief **Friedrich Hecker** auf dem Konstanzer Stephansplatz die erste Deutsche Republik aus. Die Bewegung wurde jedoch im Keim erstickt, und die letzten Freischärler flüchteten in die Schweiz. Nach dem Scheitern der 1848er-Revolution auch andernorts hatten die Fürsten wieder das Sagen.

Kapital und Arbeit Um 1860 war die Mechanisierung bei Webereien und Spinnereien so weit vorangeschritten, dass man Teile Vorarlbergs und des Schweizer Seeufers mit der Textilproduktion im englischen Manchester verglich. Vor allem Schweizer Kapital wurde investiert, z. B. im wichtigen Eisenbahnknotenpunkt Singen am Hohentwiel, wo die Nahrungsmittelfabrik Maggi ihren Standort hatte. 1867/1868 verabschiedeten die Bodenseeanrainerstaaten in Bregenz eine Internationale Schiffahrts- und Hafenordnung (ISHO) für den Obersee und den Überlinger See und eine ähnliche Verordnung für die Schifffahrt auf dem Untersee und Rhein. Von 1879 an überquerte die Eisenbahnfähre den Bodensee von Friedrichshafen nach Romanshorn. Um 1900 machte eine technische Großleistung den Bodenseewieder interessant durch den Bau von lenkbaren Luftschiffen durch **Ferdinand Graf von Zeppelin** (►Berühmte Persönlichkeiten). Der Erstaufstieg des »LZ 1« fand im Jahr 1900 in Manzell bei Friedrichshafen statt.

Erster Weltkrieg (1914 – 1918) Während des Erstes Weltkrieges, in dem die Schweiz neutral blieb, wurden im Rahmen der Kriegsproduktion in den Zeppelinwerken in Friedrichshafen etwa ein Drittel der deutschen Flugzeuge gebaut. Kriegsmüdigkeit und soziale Not führten im letzten Kriegsjahr 1918 zu Großdemonstrationen der Arbeiterschaft in Friedrichshafen und Lindau.

Weimarer Republik (1919 – 1933) Nach dem Zusammenbruch des deutschen Kaiserreichs waren die Anfangsjahre der Weimarer Republik zunächst von sozialer Not geprägt, erst allmählich wuchs wieder Vertrauen in den grenzüberschreitenden Bodenseehandel und Tourismus. **Claude Dornier** (►Berühmte Persönlichkeiten) entwickelte in seiner Manzeller Flugzeugwerft bei Friedrichshafen eine Reihe von Großflugbooten.

Berühmt wurde der Bodensee durch die Zeppeline – hier »Graf Zeppelin« 1929.

National-sozialistische Herrschaft (1933 – 1945)

Nach dem »Anschluss« Österreichs an das Deutsche Reich wurde Vorarlberg 1939 dem Reichsgau Tirol zugeschlagen. Von den Verheerungen des Zweiten Weltkrieges (1939 – 1945), in dem die Schweiz ihre traditionelle Neutralität wahren konnte, blieben die Ufer des Bodensees – mit Ausnahme der Industriestadt Friedrichshafen und ihrer Rüstungsbetriebe – weitgehend verschont.

Nach 1945

Am Ende des Zweiten Weltkriegs wurden die Gebiete am Bodensee von alliierten Truppen besetzt und den französischen Besatzungszonen in Deutschland und Österreich zugeordnet. In der Nachkriegszeit entwickelte sich der deutsche Bodenseeraum allmählich zu einem Ferien- und Erholungsgebiet. In der Bundesrepublik Deutschland wurden nach heftigen Auseinandersetzungen die Länder Baden, Württemberg-Baden und Württemberg-Hohenzollern zum Bundesland Baden-Württemberg durch die Volksabstimmung von 1951 zusammengefasst. Elisabeth Noelle-Neumann gründete 1947 in Allensbach das **Institut für Demoskopie**, um den Wiederaufbau Deutschlands durch kritische Meinungsumfragen zu begleiten.
1963 wurde die einzige **Seegfrörne** des 20. Jh.s wie ein Volksfest gefeiert. Die legendären Zeppeline erstanden mit dem neuen **Zeppelin NT** wieder auf. Dieser startete 1997 zu seinem Jungfernflug und führt heute Rundflüge über den Bodensee durch. 1999 wurde der Bodensee von einem schweren Hochwasser heimgesucht. Eine der schwersten Katastrophen in der europäischen Luftfahrt ereignete sich 2002 in der Nähe von Überlingen bei einem Zusammenstoß einer russischen Passagiermaschine der Baskirian Airlines mit einer deutschen Frachtmaschine des Paketdienstes DHL, bei dem 71 Passagiere, überwiegend Kinder und Jugendliche, ums Leben kamen.

Kunst und Kultur

Warum gehören die romanischen Wandmalereien in der Kirche St. Georg auf der Reichenau zum UNESCO-Weltkulturerbe? Wie errichteten die Zisterzienser ihr gotisches Kloster Salem? Wie sieht das Vorarlberger Bauschema aus?

Kunstgeschichte

Römische Antike

Der Bodenseeraum gelangte erst seit der Regierungszeit von Kaiser Augustus unter römischen Kultureinfluss, der überwiegend von den an der römischen Reichsgrenze stationierten Soldaten vermittelt wurde. Eine provinzialrömische Kultur entfaltete sich von der Mitte des 1. bis zur Mitte des 3. Jh.s n. Chr. in den größeren Orten Raetiens wie Brigantium (Bregenz), Constantia (Konstanz), Arbor Felix (Arbon) und Tasgaetium (Burg bei Stein am Rhein). Kastelle, Heerstraßen, Wasserleitungen, Thermenanlagen, Foren mit öffentlichen Gebäuden, Mietskasernen und vornehme Atriumhäuser sowie stattliche Gutshöfe auf dem Land gehörten zum Erscheinungsbild der römischen Zivilisation.
Auf dem Gebiet der Skulptur übernahmen die Römer meist in Form von Kopien griechische Statuen, schufen aber selbst meisterhafte Porträtbüsten und Reliefszenen auf Sarkophagen. Farb- und formreiche Mosaike sowie Wandmalereien, Glaskunst, Kleinbronzen, Gemmen, Kameen, Medaillen und Silbergeschirre zählen ebenfalls zu den kunsthandwerklichen Leistungen der Römer. Einblicke in die provinzialrömische Kultur vermitteln die Funde im Archäologischen Landesmuseum in Konstanz und im Vorarlberger Landesmuseum in Bregenz.

Romanik

Karolingische Kunst

Nach den Wirren der Völkerwanderungszeit und dem Untergang des Weströmischen Reichs vollzog sich vom Ende des 8. bis zum frühen 10. Jh. eine Erneuerung der christlichen Kunst durch das Erbe der Antike, vor allem durch die Übernahme spätantiker-byzantinischer Vorbilder, die sich mit germanischen Formen im Frankenreich durchdrangen. Großartigstes Beispiel spätkarolingischer Baukunst ist die Stiftskirche **St. Georg von Oberzell** auf der Reichenau. Über der frühen Form einer Hallenkrypta mit vier Säulen erhebt sich die von 896 bis 913 erbaute flach gedeckte Säulenbasilka als doppelchörige Anlage. Das Querhaus ist zellenartig angelegt mit abgeteilter Vierung, über der ein gedrungener Turm emporwächst.
Von der einst bedeutenden karolingischen Pfalz **Potoma** als königlicher Verwaltungs- und Aufenthaltsort, die nahe der heutigen Pfarrkirche von Bodman stand und von der sich als Bodamersee der Bodenseename herleitet, ist nichts mehr erhalten. Auch von der großartigen Buchmalerei in den Klöstern der Reichenau ist bis auf ein Evangelistar des späten 10. Jh.s in der Schatzkammer von Mittelzell vor Ort nichts mehr zu finden. Nur die Klosterbibliothek von

← *Ein Meisterwerk ist der Zürnaltar im Überlinger Münster.*

St. Gallen bewahrt noch kostbare illuminierte Handschriften vom Früh- bis zum Hochmittelalter. Vermittelt durch die Hofschule Karls des Großen, wandten sich die anfangs noch vom Ornament und Tierstil geprägten Illuminatoren der Handschriften immer mehr der ausdrucksvollen Darstellung der menschlichen Gestalt zu. Auch die Schmuck- und Elfenbeinschnitzkunst, vornehmlich bei Buchdeckeln, erlebte einen Aufschwung. In der kleinen **Sylvesterkapelle in Überlingen-Goldbach** befinden sich karolingische Wandmalereien des 9. Jh.s mit Wundertaten Christi im saalartigen Langhaus sowie einer Reihe von auf einer Bank sitzenden, ins Gespräch vertieften Aposteln im rechteckigen Chorraum.

Ottonische Kunst

Die sich aus den Namen dreier römisch-deutscher Kaiser (Otto I. bis Otto III.) herleitende Stilstufe der frühen Romanik in Nachfolge und Fortsetzung der karolingischen Kunst von der 2. Hälfte des 10. Jh.s bis ins erste Viertel des 11. Jh.s zeichnet sich durch den Bau monumentaler doppelchöriger Basiliken aus, die im Innern zum Teil mit Emporen und Stützenwechseln zwischen Säule und Pfeiler ausgestattet sind. Das gebundene System nach der Maßeinheit des Vierungsgrundrisses führt zu einer harmonischen Ordnung der blockhaften Bauteile. Trotz einiger baulicher Veränderungen wie der Einfügung eines gotischen Chors bietet das **Münster St. Maria und St. Markus in Mittelzell auf der Reichenau** als dreischiffige doppelchörige Basilika mit östlichem und westlichem Querhaus einen guten Raumeindruck vom frühromanischen Kirchenbau des 10./11. Jh.s.

Im Konstanzer Münster bildet die Krypta des 10. Jh.s einen dreischiffigen Raum mit sechs Säulen. Zeitgleich erreicht die Buch- und Wandmalerei in den Klöstern St. Gallen und auf der Reichenau eine zuvor unbekannte Vergeistigung und Monumentalisierung des Menschenbildes (► Baedeker Special S. 44/45). Einmalig sind die monumentalen Wandmalereien (um 1000) in **St. Georg in Reichenau-Oberzell** mit Darstellungen der Wundertaten Christi. Der Erzählstil fasst die zeitlich nacheinander folgenden Geschehnisse nach byzantinischer Art in einem Bildraum zusammen.

Salische Kunst

Während der hochromanischen Epoche von 1050 bis 1150 unter der Herrschaft der römisch-deutschen Kaiser aus dem Geschlecht der Salier, die neben der Geistlichkeit und dem Hochadel Stifter und Träger der meisten Großbauten waren, entstand in **Konstanz** in der zweiten Hälfte des 11. Jh.s der hochromanische Langbau der **Münsterkirche** mit seiner eindrucksvollen Säulenarkadenreihe im Mittelschiff. Auf der Reichenau bietet trotz teilweiser Barockisierung die ehemalige Stiftskirche **St. Peter und Paul in Niederzell** als Säulenbasilika mit formschönen Kapitellen und ursprünglichem Dreiapsidenchor einschließlich der Zentralapsisausmalung mit dem thronenden Christus inmitten der Evangelistensymbole und den beiden Kirchenpatronen ein gutes Raumbild des ausgehenden 11. Jh.s, in das sich auch noch die zwei übereinander geordneten Bogenreihen mit Propheten und

Aposteln (um 1100) einreihen. Die Klosterkirche **St. Georgen** (um 1060) in **Stein am Rhein** bildet den Bautypus einer flach gedeckten Säulenbasilika ohne Querschiff. In **Schienen** hat sich mit der Kirche **St. Genesius** eine schlichte flach gedeckte Pfeilerbasilika des 11. Jh.s erhalten. Vereinzelt finden sich in den Kirchenschätzen noch romanische Ausstattungsstücke wie Weihwasserkessel, Reliquienbehälter und Kruzifixe, z. B. in der Schatzkammer des Münsters von Reichenau-Mittelzell.

Romanische Wandmalereien der Kirche St. Peter und Paul in Reichenau-Niederzell

Staufische Kunst

Die spätromanische Epoche von 1150 bis 1250, in etwa zeitgleich mit der Herrschaft der Stauferkaiser, gibt dem Profanbau neue Impulse, beispielsweise durch den Pfalz- und Burgenbau und nicht zuletzt durch den Rathaus- und Wohnbau vor allem in den von den Stauferkaisern begünstigten Reichsstädten. Blockhafte Bauformen, mit Rundbogenportalen und Zwillingsfenstern mit Überfangbögen verziert, herrschten vor. Durch vielfache Überbauung sind jedoch nur wenige Reste staufischer Baukunst in den Bodenseestädten erhalten. Die **Meersburg** in Meersburg ist im Kern ein imposanter stauferzeitlicher Burgbau. Der Rheintorturm in Konstanz vermittelt noch einen Eindruck der Stadtbefestigung um 1200, auch Teile des Mauerrings von Lindau wie die Heidenmauer oder der Mangturm gehören ins ausgehende 12. und frühe 13. Jahrhundert. In Arbon entstand in dieser Zeit ebenfalls der Turm des Schlosses. In der Krypta des Konstanzer Münsters hängen die wohl Anfang des 13. Jh.s als Bauzier gestalteten Holzscheiben mit kupfervergoldeten Darstellungen der hll. Konrad und Pelagius sowie eines Adlers als Johannessymbol.

Gotik

Sakralbau

Von Frankreich her hält der gotische Baustil im Verlauf des späten 13. und 14. Jh.s Einzug in den Bodenseeraum. Der extreme Vertikalismus der französischen Gotik findet aber keine unmittelbare Nachahmung. Fein gegliederte Türme, figurenverzierte Portale, Spitzbogen und buntfarbige Maßwerkfenster, äußeres Strebewerk zur Stüt-

Der prächtige Folchart-Psalter entstand um 870 in St. Gallen.

MALENDE MÖNCHE

Vom 8. bis zum 11. Jh. waren die Klöster in St. Gallen und auf der Insel Reichenau bedeutende Zentren der Buchmalerei, in denen die prachtvollsten Bilderhandschriften Europas gefertigt wurden.

Es waren irische Wandermönche, die in den noch jungen Benediktinerklöstern im Bodenseeraum der traditionsreichen Buchmalerei im 7. und 8. Jh. neue Impulse gaben und besonders dem Kloster St. Gallen zur ersten Blüte der illuminierten Bücher verhalfen. Vor der Erfindung des Buchdrucks mussten in den von Mönchen betriebenen Skriptorien, den Schreibwerkstätten der Klöster, Abschriften für die Verbreitung von Büchern hergestellt werden. Diese Atelierbetriebe waren in der Lage, die Gesamtherstellung von Büchern – von der Zubereitung des Pergaments bis zur Illumination und Bindung – durch entsprechende Fachkräfte zu übernehmen.

Im Skriptorium

Der St. Gallener Klosterplan wies das Skriptorium als ein geräumiges Gebäude aus, und man vermutet, dass dort mindestens sieben Schreiber ständig tätig waren, die an Stehpulten kostbare Handschriften bearbeiteten. Die Schreiber sorgten für die kunstvolle Schrift, dem Miniator oblagen die Bildumrandungen und Initialen, die Anfangsbuchstaben sowie die farbigen Kapitelüberschriften. Die zum Teil ganzseitigen illustrativen Bildszenen dagen schuf der Illuminator. Geschrieben und gemalt wurde auf Pergament, auf geglätteter Tierhaut also, wobei die Ausschmückung der Seiten durch Rohrfeder mit Tusche über Pinselzeichnungen mit Wasserfarben bis zu aufwändiger Deckfarben- und Goldmalerei reichte. Zum Schluss wurde das Schreibwerk in einen prachtvollen Einband mit kunstvollen Beschlägen und Schließen gebunden. Hauptsächlich dienten die Abschriften der Nutzung der eigenen Klosterbibliothek zu Studienzwecken. Vielfach gab es aber auch auswärtige Auftraggeber für die klösterlichen Skriptorien, häufig Geistliche, aber auch Fürsten und königlich-kaiserliche Familienmitglieder, die die Bilderhandschriften zur Ehre Gottes, für ihr eigenes Seelenheil und für Kirchen und Klöster stifteten.

St. Gallener Psalter

Das lebhafte Interesse nicht zuletzt der karolingischen Herrscher führte bereits unter Abt Hatrmut zur Auf-

Kostbares Evangelistar (9. Jh.) aus der Reichenauer Malschule

wertung der Buchmalerei in St. Gallen, und so entstand der ihm gewidmete Folchart-Psalter um 870 als Prachthandschrift. Der Psalter war als liturgisches Buch eine Sammlung der 150 Psalmen des Alten Testaments für das Stundengebet. Unter dem von 890 bis 919 regierenden Abt Salomon III. gewann das St. Gallener Skriptorium europaweiten Ruf durch den Schreiber und Maler Sintram und den Dichter Notker Balbulus. Sintrams und seiner Mitarbeiter Meisterwerk ist das **Psalterium Aureum**, der Goldene Psalter, benannt nach der goldenen Schrift und der reichen Goldornamentik, die zum Teil auf ganzseitigen Minaturen zum Ausdruck kommt. Die St. Gallener Schule entwickelte einen eigentümlichen dekorativen Linienstil mit Rahmenleisten und bewegtem Umriss der Figuren, die auf dem prupurnen Hintergrund ausgespart waren.

Reichenauer Schule

Unter der Herrschaft Kaiser Ottos I. (962–973) verstärkte sich die staatskirchliche Tendenz. Die Schaffung von mächtigen Reichsklösten war die Folge, verbunden mit einem starken Aufschwung regionaler Buchmalereizentren durch kaiserliche Förderung. Unter den sächsischen Kaisern profitierte am meisten davon das Kloster Reichenau, wo im 10./11. Jh. die kostbarsten und prächtigsten Handschriften des Reiches geschaffen wurden. Das Reichenauer Skriptorium stand zwar stilistisch in der Nachfolge St. Gallens, erwarb sich aber durch seinen neuartigen zeichnerischen Realismus und das plastische Formverständnis eigene Verdienste. Berühmte Meisterleistungen sind der **Egbert-Psalter** (um 980) mit vielen Heiligen- und Bischofsdarstellungen sowie das **Evangeliar Ottos III.** (um 1000) und das **Perikopenbuch Heinrichs II.** (1002–1013). Ihre Vollendung findet die Reichenauer Schule in der Monumentalmalerei der neun Wundertaten Christi (985–997) auf den Mittelschiffwänden der St-.Georg-Klosterkirche in Oberzell. Dieser Zyklus zählt weltweit zu den bedeutendsten romanischen Wandmalereien. Der ins Langhaus eintretende Betrachter nimmt das Wundergeschehen in Teilszenen wahr, wobei die großen Rechteckbildfelder durch hervorragende Komposition und Farbabstufungen ebenso bestechen wie die quasiperspektivische Sichtweise in der Landschafts- und Architekturdarstellung. Nach 1050 schwindet die führende Rolle der Reichenauer Schule in der Buchmalerei, doch ihre kostbaren Werke zeugen noch heute vom mönchischen Leben, eingebunden in Gebet, Arbeit und Kunstschaffen.

zung der Hochschiffwände und mehrteilige Wandgliederungen im Innern sind Eigenarten des gotischen Kirchenbaus. Kreuzgewölbe bilden die Raumabschlüsse, deren Rippen vor allem in der Spätgotik immer dekorativer zu Stern- und Netzgewölben gestaltet werden. Vom ehemaligen **Dominikanerkloster in Konstanz** hat sich der Kreuzgang (um 1260 – 1270) mit seinen schönen frühgotischen Spitzbogenarkaden erhalten.

Das Heilige Grab im Konstanzer Münster

Als kleiner zwölfeckiger Sandsteinbau wurde um 1280 das Heilige Grab in frühgotischen Maßwerkformen mit Figuren aus der Jugend Christi sowie der Zwölf Apostel in der Mauritiusrotunde des Konstanzer Münsters errichtet. Bedeutendster Sakralbau der Hochgotik ist die **Kirche der ehemaligen Zisterzienserabtei Salem**, die in sparsamer Bauornamentik ab 1297 als kreuzförmige Basilika errichtet wurde. Die nach den Ordensbaugewohnheiten turmlose, aber nunmehr stark durchfensterte Westfassade erhielt einen schmuckreichen Dreiecksgiebel und das nördliche Querhaus ein großes Maßwerkfenster als Abschluss. Im Konstanzer Münster wurden im Übergangsstil von der Hoch- zur Spätgotik die Seitenschiffe, der Kreuzgang, der Kapitelsaal und die Turmanlage umgestaltet. Virtuos gemeißelt wurde im nördlichen Querhaus des Konstanzer Münsters die »Schnegg« genannte Spindeltreppe (um 1438) mit Brüstungsreliefs. Das Überlinger Münster St. Nikolaus bietet ein gutes spätgotisches Raumbild des 15./16. Jh.s mit Laubwerkkapitellen an den Rundstützen und einem Netzrippengewölbe mit Rankenmalerei.

Profanbau

Im Profanbau schmückte ein offener Laubengang das Erdgeschoss, Spitzbogenportal und Kreuzstockfenster gliederten die Fassaden, und die Giebelseiten wurden getreppt oder gestuft. Die Altstadtgassen und Plätze von Konstanz, Meersburg und Lindau bilden zum Teil noch recht ansehnliche Ensembles meist spätgotischer Bürger- und Zunftbauten. Eindrucksvoll ist in Konstanz das so genannte Konzilsgebäude, das 1388 als wuchtiges Korn- und Lagerhaus mit markantem Speicherdach am Seeufer entstand.

Skulptur

Die anmutige, im typisch gotischen S-Schwung in reichem Faltenwurf gearbeitete Muttergottes aus Sandstein in Reichenau-Mittelzell, der thronende hl. Nikolaus in Röhrenfalten am Choreingang des Überlinger Münsters und die majestätische Sitzmadonna im Konstanzer Rosgartenmuseum sind Höhepunkte der Skulptur des 14. Jh.s.

Bedeutende Gold- und Silberschmiedearbeiten des 14. und 15. Jh.s waren Schreine in Treib- und Gravurtechnik wie der Markusschrein (um 1303) und der Johannes- und Paulusschrein (1310 – 1320) in Reichenau-Mittelzell sowie der Hausherrenschrein (1412 / 1540) im Überlinger Münster. Ab 1489 wurde das **Rathaus** in der Reichsstadt **Überlingen** erweitert und erhielt dabei einen durch Jacob Ruß getäfelten Ratssaal (1490 – 1494) mit Stabwerk, Kielbögen, Rankengeflecht sowie Figuren zur Reichs- und Stadtgeschichte.

Die 1348 datierte Kreuzigungsdarstellung in der Oberen Sakristei des Konstanzer Münsters ist ein ausdrucksvolles Beispiel des feinlinigen Stils der internationalen Gotik, der sich in mehreren Kapellenausmalungen im 15. Jh. fortsetzt. Der einfache Rechtecksaal der Leonhardskapelle in Landschlacht ist fast vollständig ausgemalt mit Fresken der Passion (um 1350) und einem Leonhardszyklus (um 1432). In der Kirche Unserer Lieben Frau in Eriskirch schildern die Chorfresken (um 1400 – 1410) Ereignisse aus dem Alten Testament und die Langhausfresken (bis 1430) aus dem Neuen Testament. **Malerei**

Unter dem Eindruck des Konstanzer Konzils entstanden um 1417 die Fresken in der Konstanzer Augustinerkirche mit Anspielungen auf die damaligen programmatischen Auseinandersetzungen. Ein hervorragendes Werk der Glasmalerei ist das in leuchtenden Farben gehaltene Stifterfenster (1412 – 1427) des Grafen Heinrich von Monfort in der Eriskircher Kirche. Selten frühe Beispiele der Profanmalerei sind die Darstellungen der Leinen- und Seidenherstellung im Haus zur Kunkel (um 1312) in Konstanz.

Renaissance und Manierismus

Die in Italien zwischen 1420 und 1520 vollzogene Ablösung der Gotik durch die Renaissance erfolgte im Bodenseeraum erst ab Mitte des 16. Jh.s. und durchmischte sich mit den Formen der Spätgotik zum Manierismus. Vor dem Hintergrund tiefgreifender Erschütterungen des traditionellen Weltbilds durch Entdeckungsfahrten, Reformation, Bauernkriege, Türkengefahr verlor die klassisch-antike Kunst ihre Vorbildfunktion und wurde durch einen manierierten, d. h. sehr künstlichen und unnatürlichen, Formwillen verdrängt.

Baukunst Auffallend ist der spielerische Umgang mit konstruktiven Elementen und die Ornamentfülle in der Baukunst. Schweifwerk, gesprengte Tor- und Fenstergiebel, Figurennischen, Roll- und Beschlagwerk sowie illusionistische Fassadenmalereien schmücken vor allem Bürgerbauten und Rathäuser in Konstanz, Meersburg, Lindau und Stein am Rhein. **Schloss Heiligenberg** ist ein eindrucksvolles Stilbeispiel für den Manierismus mit einem um 1600 prächtig gestalteten Rittersaal, dessen überreich geschnitzte Kassettendecke Jörg Schwartzenberger aus Meßkirch schuf. Für die Grafen von Hohenems baute Martino Longhi ab 1562 einen Renaissancepalast italienischer Prägung mit antikisierenden Blendbögen, Nischen und Gesimsbändern.

Malerei Die perspektivische Erschließung des Raums in Verbindung mit der Entdeckung der Landschaft und die humanistische Sicht auf den Menschen bestimmen die Renaissancemalerei. Der Festsaal des Abtes David von Winkelheim im **Kloster St. Georgen von Stein am Rhein** wurde bis 1516 u. a. mit römischen Geschichtsthemen und einer anschaulichen Schilderung der Zurzacher Messe von Thomas Schmid und seinem Gehilfen Ambrosius Holbein höchst lebendig ausgemalt.

Detail des meisterhaften Zürn-Altars im Überlinger Münster

Die Skulptur des Manierismus im Bodenseeraum wurde geprägt von Hans Morinck, der seit 1578 in Konstanz im Münster und in St. Stephan Grabdenkmäler, eine ausdrucksvolle Annengruppe, Passionsreliefs und ein elegantes Sakramentshäuschen gestaltete. Von den Händen **Jörg Zürns und seiner Brüder** stammen ab 1606 die bedeutendsten und zugleich größten vielszenigen Schnitzaltäre hauptsächlich im Überlinger Münster. Die hoch getürmten Aufbauten präsentieren eine Fülle figürlicher und ornamentaler Plastik.

Barock und Rokoko

Weniger die Bürger, sondern Fürsten und katholische Geistlichkeit sind die Auftraggeber für die sinnenfrohe Prachtentfaltung nach dem Elend des Dreißigjährigen Kriegs. Die Baumeister des Barock ab Mitte des 17. Jh.s und seiner als Rokoko bezeichneten Spätphase ab etwa 1730 neigen zu zentralisierenden Raumkonzeptionen. Kuppeln und gestufte Türme, vor- und zurückspringende Glieder verleihen den Baukörpern der Kirchen und Schlösser Schwung und Bewegung. Aufwändige Innenausstattungen in farbigem Stuckmarmor mit verspieltem Dekor, Figuren von verzücktem Ausdruck und großartige Illusionsmalerei steigern das Raumerlebnis, wobei vielfach die Auflösung der Grenzen zwischen Architektur, Malerei und Plastik im Sinn eines Gesamtkunstwerks angestrebt wird.

Sakralbau

Vorarlberger Bauschema ►

Eine Besonderheit im barocken Sakralbau Süddeutschlands und der Schweiz war um 1700 die Abkehr vom italienischen Vorbild zugunsten der Durchsetzung des so genannten Vorarlberger Bauschemas durch eine Gruppe von Baumeistern und Handwerkern überwiegend aus Au im Vorarlberg wie den Familien **Thumb und Beer** sowie Caspar Moosbrugger. Sie errichteten Wandpfeilerkirchen als einschiffige tonnengewölbte Räume, die anstelle von Seitenschiffen kräftige in das Schiff hineinragende Wandpfeiler erhalten, die Kapellennischen ausbilden, über denen Emporen liegen. Das Querschiff ist schmaler als das Mittelschiff und nur wenig ausladend. Der eingezogene lang

gestreckte Altarraum führt zur Verbreiterung der Chorseitenräume, so dass der Eindruck einer Emporenhalle entsteht, da die Pfeiler von der Basis als Freipfeiler hochgezogen werden. Von 1695 bis 1701 entstand die doppeltürmige **Schlosskirche von Friedrichshafen** unter der Bauleitung von Christian Thumb als Wandpfeilerhalle mit geraden, aber nicht durchlaufenden Emporen.
Die Klosterkirche **St. Remigius** (1711 – 1716) **in Münsterlingen** ist ein kleines Meisterwerk von Franz Beer in der Zusammenfügung von einem durch Wandpfeiler gegliederten und tonnengewölbten Langhaus mit querschiffartigem Ovalkuppelbau und Rechteckchor mit Tambourkuppel. Die **Kathedrale von St. Gallen** (1755 – 1766) ist die gemeinsame Schöpfung von Peter Thumb, der Langhaus und Rotunde schuf, und Johann Michael Beer, der den Chor mit Doppelturmfassade errichtete. Hier glückte die im Barock stets angestrebte harmonische Durchdringung von Zentralbau und Längsrichtungsbau. Der kreisrunde Mittelbau korrespondiert nach Osten und Westen mit gleichen Längsbauten, alle begleitet von zwei Seitenschiffen.
Glanzvoller Höhepunkt des Rokoko ist die Wallfahrtskirche **Birnau** (1746 – 1750) von Peter Thumb, der sie nicht im Vorarlberger Bauschema errichtete, sondern als Saalkirche, die durch drei kleiner werdende Räume gestaffelt ist. Das Langhaus schwingt leicht aus, Chorraum und Apsis werden mit Bogendurchgängen schmaler angegliedert. Der Emporenumgang passt sich den ebenfalls ausschwingenden Wandformen harmonisch an. Die zweigeschossige Wandgliederung leitet über in das mit Stichkappen versehene Spiegelgewölbe im Langhaus sowie in die Kuppeln von Chor und Apsis.

Profanbau

◄ Schlossbau

Der barocke Schlossbau im Bodenseegebiet war zunächst dem französischen Vorbild als symmetrischer Flügelbau mit vorderem Ehrenhof und rückwärtiger Parkanlage verpflichtet. Das **Mainauschloss** (1739 – 1746) ist eine Schöpfung von Giovanni Gaspare Bagnato als Dreiflügelanlage mit betontem Mitteltrakt. Die Konstanzer Fürstbischöfe ließen sich von 1712 bis 1741 das **Neue Schloss in Meersburg** errichten mit Planungsbeigaben von Christoph Gessinger, Balthasar Neumann und Franz Anton Bagnato. Im vorgezogenen Mitteltrakt befindet sich das repräsentative Treppenhaus, von dem man im ersten Geschoss den prächtigen Festsaal erreicht. Christoph Gessinger war der Schöpfer des Schlosses von Tettnang (1712 – 1725), das nach einem Brand durch Jakob Emele von 1755 bis 1770 als viertürmiger, würfelförmiger Bau mit mittenbetonten dreigeschossigen Flügeln wiederhergestellt wurde.

◄ Bibliotheksbau

Da die Klöster und Bischofskirchen auch Stätten der Bildung waren, sollten für die kostbaren Handschriften und Drucke benutzerfreundliche und repräsentative Bibliotheksbauten entstehen. Der Büchersaal der **Stiftsbibliothek** (1758 - 1767) in **St. Gallen** ist ein bewegter, in seinen Maßen ausgewogener und festlich gezierter Raum.

◄ Wohnbau

Vielfach wurden die älteren Fachwerkhäuser im späten 17./18. Jh. in den Städten durch mehrgeschossige Steinhäuser mit ausgebautem

Mansardendach ersetzt. Die Fassaden wurden mit Bandel- und Laubwerk oder Lüftlmalerei fantasievoll geschmückt. Das erste Geschoss wurde in der Regel mit vornehmen Wohnräumen wie im Schlossbau zur Beletage ausgebaut. Barocke Ensembles findet man u. a. in den historischen Zentren von Meersburg, Lindau und St. Gallen. In **Lindau** ist das **Haus zum Cavazzen** ein imposanter Barockbau (1728/1729) mit Bemalung und geschwungenem Dach und das **Neue Rathaus** ein dekorativer schlossartig breiter Bau (1706 – 1717).

Malerei Der Barockmalerei, die wie kaum zuvor funktionell an die Architektur gebunden war, wuchs die Aufgabe zu, den Raum durch Wand- und Deckengemälde illusionistisch zu erweitern. Damit trennte sich die Entwicklung des Freskos, das beispielsweise in der Deckenausmalung raumsprengend den Himmel auf Erden sichtbar machen sollte, von der Tafelmalerei, die in den Formaten und Möglichkeiten der Illusionisierung zurückblieb, wenngleich Bewegungsdramatik und Helldunkelkontraste als Neuerungen aufgegriffen wurden. Wie die Architektur war auch die Malerei Repräsentationskunst der Epoche des Absolutismus und diente der Bestätigung und Verherrlichung des Machtanspruchs ihrer Auftraggeber aus dem Hochadel und der hohen Geistlichkeit.

Im kirchlich-religiösen Bereich stand die »ecclesia triumphans« (»triumphierende Kirche«) im Mittelpunkt mit den Hauptthemen der Dreifaltigkeit, der Glorifizierung Jesu, der Verherrlichung Mariens, der Ausbreitung des christlichen Glaubens in den vier damals bekannten Erdteilen sowie den Legenden und Visionen der Heiligen. In den Schlössern und Rathäusern kamen weltliche Programme zur Ausführung, die den Malern allerdings auch keine größere Freiheit erlaubten.

Nach einem strengen ikonografisch-allegorischen Schema wurden die triumphalen Verherrlichungen regierender Häuser und politische Allegorien gemalt. Die Darstellung des guten Regiments und die Wiedergabe herrscherlicher Tugenden waren weitere Themen. Giuseppe Appiani freskierte von 1761 bis 1764 die Gewölbedecke des Treppenhauses und des spiegelgezierten Festsaals im Meersburger Neuen Schloss. Im Treppenhaus gleitet der Blick über die griechischen Götterpaare Zeus und Hera, Poseidon und Demeter zum Regenten Kardinal von Rodt, der ganz oben als Friedensbewahrer und Förderer der Künste erscheint.

Vor allem die **Stuckateure** erhielten ein weites Aufgabenfeld bei der Ausschmückung von Kirchen und Schlössern. Die Schlosskirche von Friedrichshafen dekorierte Johann Schmuzer von 1698 bis 1700 mit weißen Blumengirlanden, Weinranken, Früchtegehängen und Muscheln.

Ein Meisterwerk der bewegungsreichen Barockfigur ist der stuckmarmorne Honigschlecker-Putto (um 1750), auf die Redekunst Bernhards von Clairvaux anspielend, von Joseph Anton Feuchtmayer in der Wallfahrtskirche Birnau.

Klassizismus

Als Antwort auf die schwelgerische Formenvielfalt des Barock griff der Klassizismus in der bürgerlichen Gesellschaft nach der Französischen Revolution verstärkt auf das Kunstideal der griechisch-römischen Antike zurück und entwickelte eine klar gegliederte Architektur aus antikisierenden Versatzstücken. Allerdings wurde regional oder örtlich nicht immer stilrein gestaltet. In Hohenems errichtete Jakob Scheiterle in den Jahren 1796/1797 mit St. Karl Borromäus einen klassizistischen Saalbau. Michel d' Ixnard gab dem Chorraum im Konstanzer Münster ein klassizistisches Gepräge. Als führende Bildhauer des Frühklassizismus schufen **Johann Georg Dirr** und sein Schwiegersohn **Georg Wieland** in kühler, strenger Formensprache zwischen 1771 und 1794 den Hochaltar und 26 Nebenaltäre in der Klosterkirche von Salem. Schloss Arenenberg, von 1823 bis zu ihrem Tod 1837 Aufenthaltsort von Hortense Beauharnais, der Mutter Na-

Schloss Arenenberg bei Ermatingen: eleganter Wohnsitz von Hortense Beauharnais, der Mutter Kaiser Napoleons III.

poleons III., erhielt ein nobles klassizistisches Interieur. Die bürgerlich-ländliche Spielart des Klassizismus hat den Wiederaufbau des Dorfs Heiden nach einer Brandkatastrophe 1838 in der Epoche des Biedermeier einheitlich geprägt mit Dorfplatz, Kirche, Rathaus und Bürgerbauten mit antikischen Stilelementen.

Vom Historismus zur Moderne

Architektur Um die Mitte des 19. Jh.s kam als Gegenbewegung zum Klassizismus der Historismus auf mit der Verwendung früherer Stile von der Neuromanik bis zum Neubarock, die bei Bahnhöfen, Rathäusern, Bankgebäuden, Fabrikantenvillen und Hotels Verwendung fanden. Schloss Monfort in Langenargen präsentiert sich seit 1866 in einer Art maurischem Stil. Mit Jugendstilelementen durchmischt, wurde der Hauptbahnhof in Lindau zwischen 1913 und 1922 gebaut. Zu Beginn des 20. Jh.s entstand als Reaktion auf die dekorativen Baustile der Vergangenheit der Funktionalismus, wie er im ehemaligen Hafenbahnhof (heute Zeppelin Museum) von Friedrichshafen zur Geltung kam. Erich Hagenmeyer schuf 1933 den plastisch durchgeformten Baukörper mit Turm und Flachdach unter dem Einfluss des Bau-

Funktionalistischer Stil beim Hafenbahnhof in Friedrichshafen

hausstils. Kubische Formen kennzeichnen den Klinkerbaukörper der St.-Petrus-Canisius-Kirche (1927/1928) in Friedrichshafen von Hugo Schlösser und Friedrich Wilhelm Laur. Ebendort errichtete Wilfried Beck-Erlang von 1960 bis 1962 die Kirche zum Guten Hirten als zentralisierten Betonschalenbau. Hanns Schlichte variierte in seinem Kirchenbau St. Columban 1966 die Pyramide als geometrische Form in Schiff und Turm. Von 1966 bis 1972 entstanden unter Leitung von Wenzeslaus Ritter von Mann und Wilhelm von Wolff die sachlich-funktionalen Bauten der neu gegründeten Universität Konstanz und bereits seit 1963 die flach gezogenen Universitätsgebäude von Walter Förderer in St. Gallen.
Das 2000 eingeweihte Salem College von Arno Lederer setzt postmoderne Akzente in Überlingen. In Bregenz schuf Wilhelm Holzbauer von 1973 bis 1980 den breit gelagerten, höhengestaffelten und glasstrukturierten Bau des Vorarlberger Landtags, und Hans Hollein errichtete einen postmodernen Versicherungsverwaltungsbau (1991 bis 1993). Von Baumschlager und Eberle stammt ein spektakulärer Wohnbau in geometrisch-dynamischen Formen von 1994 in der Bregenzer Ölrainstraße.
Am Schweizer Bodenseeufer, in Altenrhein, leuchtet seit 2001 die buntfarbene vielförmige und turmbesetzte Markthalle von Friedensreich Hundertwasser. Lindau erhielt 2000 ein extravagantes Spielbankgebäude von Hans Lechner als weißen Zylinder mit zwei gläsernen Quadern. Ein klar strukturierter monolithischer Baukörper aus Beton und Glas wurde als Kunstmuseum Liechtenstein 2000 von der Schweizer Architektengemeinschaft Morger, Degelo & Kerez realisiert. 1997 eröffnete das Kunsthaus Bregenz des Schweizer Architekten **Peter Zumthor**, ein minimalistischer Kubus mit einer Art Schindelhaut aus Milchglas.

Malerei

Ende des 19. Jh.s malten Gebhard Fugel im nazarenischen Stil und Karl Caspar im historisierenden Stil Fresken und Wandbilder in mehreren Kirchen des Bodenseeraums. Walter Waentig beschäftigte sich seit 1919 in Gaienhofen spätimpressionistisch bis frühexpressionistisch mit der Landschaftsmalerei. Der Schweizer Adolf Dietrich verschrieb sich in Berlingen der Naiven Malerei und stimmungsbetonten Landschaften. Der Bregenzer Rudolf Wacker setzte sich sachlich-real mit der Landschaft und dem Porträt auseinander. Hans Purrmann gestaltete unter dem Einfluss von Henri Matisse farbrauschartige Impressionen vom Bodensee. Zwischen Expressionismus und Neuer Sachlichkeit bewegt sich das Werk von Sepp Biehler. **Otto Dix**, Vertreter des kritischen Realismus und seit 1936 Einwohner von Hemmenhofen, malte als Spätwerk das eindrucksvolle Wandbild »Krieg und Frieden« (1957 - 1960) im Rathaussaal von Singen. Erich Heckel, den es ebenfalls nach Hemmenhofen zog, lieferte expressionistische Landschaften. **Max Ackermann** neigt mit seinen Bildern dem Abstrakten Expressionismus und der lyrischen Abstraktion zu.

Bildung und Literatur

Klosterschulen

Der Bodensee als Bildungsraum hat eine lange Tradition, die in den frühmittelalterlichen Klosterschulen von St. Gallen und der Reichenau im 9. und 10. Jh. ihren Ursprung hat. Die Benediktinermönche betrieben dort eine hoch entwickelte Lehranstalt, in der die sieben freien Künste die Basis für den Unterricht bildeten. Die Grammatik war für den lateinischen Spracherwerb wichtig. Die Rhetorik lehrte den schriftlichen und mündlichen Ausdruck, die Dialektik übte das logische Denken in Rede und Gegenrede. Arithmetik, Musik, Geometrie mit Geografie und Astronomie dienten der weiteren Erschließung des Universums auf christlicher Grundlage.

Nicht nur die Geistlichkeit, sondern auch die weltlichen Herrscher konnten von der Wissensvermittlung der Klöster profitieren. Die wissensdurstige und schöne Herzogin Hadwig, Tochter des Herzogs Heinrich von Schwaben, holte sich den Mönch Ekkehart aus dem Kloster St. Gallen für lateinische Studien auf ihre Burg Hohentwiel. Victor von Scheffel hat 1855 daraus seinen Bildungsroman **»Ekkehard«** entwickelt. Auf der Reichenau wirkte Abt **Walahfrid Strabo** (842 – 849), der Dichter, Gelehrter und Erzieher am Kaiserhof war, Kommentare und Wörterbücher für den Unterricht verfasste sowie in seinem Hortulus« den Gartenbau beschrieb. Der Reichenauer Benediktiner Hermann der Lahme, geboren 1013, war trotz körperlicher Behinderung »ein Mirakel des Jahrhunderts«, der sich gleichermaßen hervorragend in Theologie, Astronomie, Mathematik, Geschichtsschreibung, Dichtung und Musik auskannte. Er gilt als Schöpfer von »Salve regina« und »Alma redemptoris mater«, liturgischer Wechselgesänge zur Verehrung Mariens.

Höfische Dichtung

Im Hochmittelalter war der Bodenseeraum auch ein Zentrum der höfischen Dichtung. Der einem thurgauischen Freiherrengeschlecht entstammende Ministeriale **Walther von Klingen** (um 1215 – 1286) hatte seinen Stammsitz auf der Burg Hohenklingen nördlich oberhalb von Stein am Rhein. Er war befreundet mit Rudolf von Habsburg, der 1273 den Königsthron bestieg, und verfasste Lieder im höfischen Stil jener Zeit. **Burkhard von Hohenfels**, als Ministeriale auf Burg Hohenfels unweit von Sipplingen beheimatet, gehörte zeitweilig zum Gefolge Kaiser Heinrichs VII. und dichtete Minnelieder mit starker Bildhaftigkeit sowie lebensfrohe Tanzweisen. **Oswald von Wolkenstein**, der einäugige Ritter, Dichter und Diplomat, hielt sich während des Konstanzer Konzils (1414 – 1418) in der Stadt auf und beschrieb die Geschäftstüchtigkeit der Dirnen in dem Lied »Willst du im Leid erheitert sein«. Auch das Loblied auf Konstanz »O wonnigliches Paradeis« stammt aus seiner Feder.

Bürgerschulen

Im Spätmittelalter diente die Schule nicht mehr allein der geistlichen und adeligen Erziehung, denn in den zahlreichen Städten am Bodensee entstanden die von den Bürgern getragenen **Lateinschulen**. Dennoch hatte die Geistlichkeit nach dem Niedergang des Klosterschulwesens weiterhin eigene Ausbildungsstätten wie die Domschule in Konstanz, wo seit 1604 auch die Jesuiten ein Kolleg für Allgemeinbildung und Theologenschulung einrichteten. In Überlingen unterhielten die Franziskaner seit 1658 eine Ausbildungsstätte. Die anspruchsvolle Mädchenerziehung erfolgte meist noch in den Frauenklöstern bis zur Säkularisation. Das staatlich organisierte Schulwesen drängte schließlich im 19. Jh. die Privat- und Konfessionsschulen in den Hintergrund.

Schule Schloss Salem

Der Politiker und Reformpädagoge Kurt Hahn und Prinz Max von Baden gründeten 1920 auf dem Gelände des ehemaligen Zisterzienserklosters Salem, das seit 1802 im Besitz der Großherzöge und Markgrafen von Baden ist, eine private Internatsschule, in der die erfahrungsgestützte Einheit von Erziehung und Unterricht, von Leben und Lernen in sozialer, akademischer und musisch-kreativer Ausrichtung verwirklicht werden sollte. Da der ganzheitliche Erziehungs- und Bildungsanspruch sehr kostspielig ist, wird rund ein Drittel der Schüler durch Stipendien gefördert. Zur Schule Schloss Salem gehören die Unterstufe Burg Hohenfels, die Mittelstufe Schloss Salem und die Oberstufe Salem International College im 2000 eingeweihten Neubau bei Überlingen. Zwanzig Prozent der Schüler kommen aus dem Ausland, 60 % der insgesamt 670 Schüler sind Jungen, 40 % Mädchen.

Universitäten und Hochschulen

Die erste Welle der Universitätsgründungen im Spätmittelalter ging ganz und gar am Bodensee vorbei. Auch in der Folgezeit erklärt sich aus der peripheren Lage zu den Verwaltungszentren, dass es im Raum Bodensee und Oberschwaben keine jahrhundertealten Universitäten gibt. Seit 1951 treffen sich jährlich die Nobelpreisträger in Lindau und geben für kurze Zeit der alten Seehafenstadt elitäres akademisches Flair. Erst 1966 erfolgte die Gründung der Universität Konstanz, mit den Schwerpunkten Rechts-, Verwaltungs- und Geisteswissenschaften. St. Gallen besitzt eine 1898 gegründete Handelsakademie, die 1911 zur Handels-Hochschule wurde und 1963 zur Hochschule für Wirtschafts-, Rechts- und Sozialwissenschaften (HSG), Universität St. Gallen, erweitert wurde. In Bregenz befinden sich die Bundeshandelsakademie und die Höhere Technische Bundeslehranstalt, in Dornbirn die Bundestextilschule der Republik Österreich.

Berühmte Persönlichkeiten

Wieso entwickelte Graf Zeppelin seine legendären Luftschiffe gerade in Friedrichshafen? Warum zog es zahlreiche bedeutende Baumeister, Maler und Schriftsteller in die Region? Kleine Denkmäler für die, die den Bodenseeraum nachhaltig geprägt haben.

Giovanni Gaspare Bagnato (1696 – 1757)

Baumeister

Der aus Como stammende Giovanni Gaspare Bagnato wurde als Deutschordensbaumeister ins südwürttembergische Altshausen zum Schlossneubau berufen und war seit 1732 für die Errichtung der Schlosskirche auf der Insel Mainau verantwortlich. Das Kornhaus in Rorschach und die Stiftskirche in Lindau sind ebenfalls seine Werke. Ferner war er an der Planung des Neuen Schlosses von Meersburg, des Salemer Münsters und des Münsters von St. Gallen beteiligt. Bagnato, der in seiner Formensprache dem strengen Baukörperprinzip französischer Prägung mit plastischen Dekorakzenten folgte, verstarb auf der Insel Mainau.

Beer (17./18. Jh.)

Baumeisterfamilie

Der aus Au im Bregenzer Wald gebürtige Baumeister Johann Michael Beer von Bleichten entstammt einer weit verzweigten Baukünstlerfamilie, die das Vorarlberger Bauschema als Variante der Barockarchitektur um 1700 in ganz Süddeutschland und der Schweiz verbreitete durch die Errichtung zahlreicher Wandpfeilerkirchen. Diese einschiffigen Kirchenräume haben anstelle von Seitenschiffen kräftige, in das Schiff hineinragende Wandpfeiler, die Kapellennischen ausbilden. **Johann Michael Beer** (1696 – 1780) war Baumeister an der Stiftskirche von St. Gallen, wo auch **Johann Ferdinand Beer** (1731 – 1789) wirkte, der zudem die Klostergebäude des Benediktinerstifts in Bregenz-Mehrerau schuf.

Andreas Brugger (1737 – 1812)

Maler

Als Sohn eines leibeigenen Bauern in Kressbronn am Bodensee geboren, wurde Andreas Brugger 1755 von den Grafen von Montfort zu Franz Anton Maulbertsch nach Wien geschickt, bei dem er für mehrere Jahre Schüler war. Nach einem Studienaufenthalt in Rom entwickelte er sich zu einem der bedeutendsten Barockmaler Süddeutschlands. Seine Deckenfresken und Altarbilder sind charakteristische Beispiele für den fantasievollen Übergang vom Spätbarock zum Klassizismus. Zu seinen hervorragendsten Werken zählen seine Arbeiten in den Schlössern von Tettnang und Salem, ferner in Rorschach und Hohenems. Weitere Werke Bruggers, etwa der »Flötenspieler« oder das »Kinderbild«, befinden sich im Museum von Langenargen, wo der Maler über 40 Jahre bis zu seinem Tod lebte.

Otto Dix (1891 – 1969)

Maler

Der aus dem ostthüringischen Untermhaus, heute ein Stadtteil von Gera, stammende Otto Dix gilt als bedeutender Vertreter des kriti-

← *Gaienhofen war eine Station im Dichterleben von Hermann Hesse.*

Otto Dix: Maler des kritischen Realismus

schen Realismus. Nach Kriegsdienst im Ersten Weltkrieg malte er zunächst im wirklichkeitsverfremdenden Stil des Dadaismus, um anschließend in einem krass realistisch-kritischen Stil die Gesellschaft der Weimarer Republik ins Visier zu nehmen. Von 1927 bis 1933 wirkte Dix als Professor an der Dresdener Kunstakademie, wurde aber von den Nationalsozialisten seines Amts enthoben und ab 1934 mit einem Ausstellungsverbot belegt. Geißelte Dix mit schonungslos detailliertem, zuweilen ins Groteske gesteigertem Realismus den Krieg sowie politische und soziale Missstände, insbesondere die Entwürdigung und Ausbeutung des Menschen in den Zwanziger Jahren, so zog er sich während der NS-Diktatur auf die unauffällige Landschaftsmalerei im altdeutschen Stil zurück. Nach dem Zweiten Weltkrieg kritisierte er die genusssüchtige deutsche Wirtschaftswundergesellschaft. Seit 1936 lebte der Künstler in Hemmenhofen auf der Halbinsel Höri und verstarb in Singen. Aus seiner Zeit am Bodensee stammen u. a. die Buntglasfenster (1958) zur Petrusgeschichte in der evangelischen Kirche von Öhningen-Kattenhorn und zahlreiche Bilder, die in seinem Atelier- und Wohnhaus in Hemmenhofen zu betrachten sind.

Claude Dornier (1884 – 1969)

Fugzeugkonstrukteur

Der in Kempten im Allgäu geborene Claude Dornier studierte an der Technischen Hochschule in München, legte 1907 sein Examen zum Diplomingenieur ab, arbeitete zunächst als Statiker in verschiedenen Firmen und trat 1910 in den Luftschiffbau der **Friedrichshafener Zeppelinwerke** ein, wo er 1913 zum persönlichen wissenschaftlichen Berater des Grafen von Zeppelin avancierte. Im Jahr 1922 wurden die Zeppelinwerke in »Dornier Metallbauten GmbH« umbenannt. Mit diesem Unternehmen begründete Dornier maßgeblich den Ruf der deutschen Luftfahrtindustrie. Durch seine Pionierarbeiten im Metallflugzeugbau sowie die erfolgreichen Konstruktionsleistungen auf dem Gebiet hochseefähiger Flugboote (»Do X«, »Do 26«) und von Hochleistungslandflugzeugen gehört er zu den herausragenden Persönlichkeiten in der Geschichte der deutschen Luftfahrt. Die nach dem Zweiten Weltkrieg gebildete Dornier-Gruppe wurde 1985 mehrheitlich von der Daimler AG übernommen. Das Dornier-Museum im Neuen Schloss in Meersburg gibt Einblick in das Wirken des Flugzeugkonstrukteurs.

Feuchtmayer (17. / 18. Jh.)

Künstlerfamilie

Die aus dem oberbayerischen Wessobrunn stammende Künstlerfamilie Feuchtmayer hat eine Reihe bedeutender Stuckateure, Altarbauer und Bildhauer hervorgebracht, deren herausragende Leistungen weit über den bayerisch-fränkischen Raum hinausgehen. So gilt der Bildhauer **Joseph Anton Feuchtmayer** (1696 – 1770) als der Hauptmeister der Rokokobildnerei im Bodenseeraum, der bewegt-dramatischen Ausdruck mit einer Neigung zum Spielerisch-Grotesken verband. Er schuf u. a. die Ausstattung der Schlosskapellen in Meersburg und auf der Insel Mainau, der Wallfahrtskirche Birnau und von Kloster Salem, den Hochaltar der Franziskanerkirche in Überlingen und das Chorgestühl der Stiftskirche in St. Gallen.

Hl. Gallus (550 – 645)

Mönch

Der aus Irland stammende Mönch Gallus wurde von Columban zum Priester geweiht und machte sich mit diesem im Jahr 590 auf, um als Missionar in Gallien und Alemannien zu wirken. Während einer Rast machte sich ein Bär über die Mahlzeit her. Furchtlos zwang Gallus den Bären, Holz für den Bau der Kirche herbeizuschaffen, wofür er Nahrung erhalten solle, aber auch die wilden Tiere abwehren müsse. Um das Jahr 612 gründete er »in der grünen Wildnis zwischen Bodensee und Säntis« eine Einsiedelei, aus welcher um 720 ein Kloster und bald darauf unter Abt Otmar die Benediktinerabtei St. Gallen entstand. Es wird berichtet, dass der hochbetagte Gallus in Arbon am Bodensee verstorben sei. In St. Gallen wird Gallus häufig mit seinem Attribut, dem aufgerichteten, Holz tragenden Bären, dargestellt.

Hermann Hesse (1877 – 1962)

Dichter

Der als Sohn eines baltischen Missionspredigers in Calw in pietistischer Strenge aufgewachsene Hermann Hesse entzog sich 1892 nach einem einjährigen Aufenthalt im evangelisch-theologischen Seminar in Maulbronn durch Flucht den Erwartungen seiner Eltern und begann später eine Buchhändlerlehre in Tübingen. Nach vorübergehender Tätigkeit als Antiquar in Basel entschloss sich Hesse 1904 freier Schriftsteller zu werden. Reisen führten ihn durch Europa und Indien (1911), bis er sich später im Tessin niederließ, 1923 Schweizer Staatsbürger wurde und fortan in Montagnola lebte. Hesse erhielt 1946 den Nobelpreis für Literatur und 1955 den Friedenspreis des deutschen Buchhandels. Naturinnige Neuromantik und psychologisches Einfühlungsvermögen prägen sein Frühwerk, das im Wesentlichen ab 1904 in Gaienhofen auf der Höri entstand, wo er bis 1912 mit seiner Familie lebte. Dort vollendete er »Unterm Rad«, schrieb

Annette von Droste-Hülshoff: die bekannte Dichterin, die sich auf der Meersburg inspirieren ließ.

»SANFTE ZAUBERFLUTH«

Die Dichterin Anna Elisabeth Freiin von Droste zu Hülshoff (1797 – 1848), auf der Wasserburg Schloss Hülshoff bei Münster in Westfalen geboren, lebte ab 1841 bis zu ihrem Tod überwiegend in Meersburg.

Den Bodensee hatte die »Droste«, wie Annette von Droste-Hülshoff ehrerbietig genannt wurde, erst in späten Lebensjahren in ihr poetisches Herz geschlossen, als sie sich wiederholt wegen ihrer angeschlagenen Gesundheit bei ihrer Schwester Jenny und ihrem Schwager Joseph Freiherr von Laßberg, der 1837 die **Meersburg** gekauft hatte, in dem badischen Landstädtchen Meersburg aufhielt. In ihrem Gedicht »Auf hohem Felsen lieg ich hier« beschrieb sie den Bodensee als Spiegel ihrer Seele: "Mir ist er gar ein trauter Freund / Der mit mir lächelt, mit mir weint / Ist wenn er grünlich golden ruht / Mir eine sanfte Zauberfluth / Aus deren tiefen klaren Grund / Gestalten meines Lebens steigen / Geliebte Augen, süßer Mund / Sich lächelnd zu mir neigen ...« Vom Herbst 1841 bis zum Februar 1842 verfasste sie in der Meersburg allein 53 Gedichte, nicht zuletzt inspiriert durch das tägliche Zusammensein mit dem Dichterfreund Levin Schücking, der eine befristete Anstellung als Bibliothekar beim Freiherrn von Laßberg erhalten hatte und sie bestärkte, die Gedichtsammlung **»Meersburger Lieder«** fortzuschreiben und zu publizieren. Heiterkeit und Melancholie prägen gleichermaßen ihre Bodenseegedichte, wenn sie »An Philippa« schreibt: »Im Osten quillt das junge Licht, / Sein goldner Duft spielt auf den Wellen, / Und wie ein zartes Traumgesicht / Seh´ ich ein fernes Segel schwellen; / O könnte ich, der Möwe gleich, / Umkreisen es in lust´gen Ringen! / O wäre mein der Lüfte Reich, / Mein junge lebensfrische Schwingen! ...«

Erste Erfolge

Das Erscheinen ihres bei Cotta in Stuttgart verlegten Gedichtbandes 1844 erfüllte sie mit Genugtuung und bewirkte erstmals große Anerkennung, obwohl sie sich geweigert hatte, vor ihrem 40. Lebensjahr eigene Werke zu veröffentlichen. Fortan wurden ihre Gedichte häufiger in Zeitungen und Zeitschriften abgedruckt. Als die Dichterin im selben Jahr mit dem Geldsegen das so genannte Fürstenhäusle oberhalb der Meersburger Altstadt erwarb, um darin ihrem Dichterinnenleben zu frönen, schrieb sie damals in

Das Fürstenhäusle oberhalb von Meersburg war die zweite Wirkungsstätte der Dichterin.

einem Brief: » ... so betrachte ich Meersburg wie die zweite Hälfte meiner Heimath, und bin auch wirklich recht gern dort, – nicht nur, was den Aufenthalt im Schlosse anbelangt ... kann ganz angenehmen Umgang finden«. Allerdings riss der Kontakt zur westfälischen Heimat nicht ab, denn im Herbst 1844 reiste sie mit ihrer Mutter zurück auf deren Witwensitz Rüschau bei Münster und kehrt erst wieder im Oktober 1846 an den Bodensee zurück, gezeichnet von schwerer Krankheit. Bereits als Kind war sie oft kränkelnd, aber musikalisch, schauspielerisch und zeichnerisch begabt. Erste lyrische Versuche unternahm sie als Achtjährige während der Sommerferien bei ihren Großeltern von Haxthausen im ostwestfälischen Bökendorf. Anton Matthias Sprickmann nahm sich ab 1812 der jugendlichen Dichterin an und förderte sie literarisch bis 1819. In dieser Zeit lernte sie die Brüder **Jakob und Wilhelm Grimm** kennen, nahm am Sammeln von Volksliedern und Märchen teil und schloss Bekanntschaft mit dem Maler Ludwig Grimm. 1818 arbeitete sie an dem Versepos »Walter«, verliebte sich für einige Zeit unglücklich und schrieb seit 1820 religiöse Gedichte, die gesammelt in **»Das geistliche Jahr«**, postum 1851 erschienen. Eine ärztlich empfohlene Luftveränderung führte sie 1825 an den Rhein, wo sie auf Vermittlung ihres Onkels mit August Wilhelm Schlegel Kontakt aufnahm. Während ihres zweiten Besuchs am Rhein 1828 begann sie mit der Arbeit am **»Hospiz auf dem Großen St. Bernhard«**. 1831 lernte sie Johanna Schopenhauer kennen und begegnete ersmals in Rüschhaus Levin Schücking, mit dem sie bis 1846 eine innige Freundschaft verband.

»Die Judenbuche«

In Rüschau bearbeitete sie erstmals den Stoff für »Die Judenbuche«, die 1842 als Kriminalnovelle nach einem historischen Ereignis verdichtet wurde zu einer religiösen, psychologischen und sozialen Milieuschilderung. Naturgedichte und Balladen folgten, die wiederholt in ihrer westfälischen Heimat spielten wie die **»Heidebilder«** (1841/1842). Die Bedrohung des menschlichen Daseins durch Naturgewalten blieb auch ein Merkmal der späten Lyrik der Droste. Dabei verband sie wie kaum zuvor stimmungsgeladene, ins Symbolistische gehende Sprachbilder mit manchmal detailhaft-realitischer Beobachtung. Ihre ungemein hohe Sensiblilität führte zu gesteigerter Ausdrucksfähigkeit, auch angesichts der schwächer werdenen körperlichen Verfassung. Nach langem Siechtum starb sie 1848 auf der Meersburg.

die Erzählungen »Diesseits«, »Nachbarn« und »Umwege«, die Kindheits- und Jugenderlebnisse in Calw und Maulbronn verarbeiten. 1910 erschien der Musikerroman »Gertrud« neben zahlreichen Gedichten und Prosaskizzen über die Bodenseelandschaft und das Dorfleben. Berühmt wurde er später durch die Werke »Steppenwolf« (1927) und »Glasperlenspiel« (1943).

Jan Hus (um 1370 – 1415)

Kirchenreformer

Der im südböhmischen Husinec geborene Bauernsohn Jan Hus war zunächst Prediger in Prag an der Bethlehemskapelle, später Magister und Rektor an der dortigen Karlsuniversität Seine kirchlichen Reformideen, die auf den Gedanken des englischen Reformers John Wyclif gründeten und zugleich in engem Zusammenhang mit dem aufkeimenden tschechischen Nationalismus standen, wirkten weit über die Grenzen Böhmens hinaus. Schon als Prediger wandte er sich gegen die absolute Autorität des Papstes, kritisierte den weltlichen Kirchenbesitz und forderte eine böhmische Nationalkirche, worin er vom Volk und König Wenzel bestärkt wurde.
Nach Predigtverbot und Bann 1411 durch Papst Alexander V. stellte Hus in seiner sich auf die Bibel berufenden Streitschrift »De Ecclesia« (»Über die Kirche«) die Kirche als unhierarchische Versammlung der Gläubigen dar, die nur Christus, nicht aber den Papst als Haupt anerkenne. Im Jahr 1414 begab sich Hus unter von König Sigismund zugesichertem freien Geleit nach Konstanz, wurde dort dennoch verhaftet, da er seine Ansichten vor dem Konzil nicht widerrufen wollte, wegen Ketzerei zum Tod verurteilt und 1415 auf dem Scheiterhaufen verbrannt. Der Märtyrertod machte Hus zum Helden der kirchenreformerischen und sozialrevolutionären Bewegung der Tschechen, die sich nach ihm Hussiten nannten.

Franz Anton Maulbertsch (1724 – 1796)

Maler

Der Barockmaler Franz Anton Maulbertsch kam in Langenargen zur Welt und war ab 1739 bis zu seinem Tod in Wien ansässig. Zunächst erhielt er seine Ausbildung an der dortigen Kunstakademie, deren Mitglied (1759) und Professor (1770) er später wurde. Visionäres und Expressives verband Maulbertsch zu effektvoll-dramatischen Kompositionen, vor allem bei Deckengemälden für Kirchen, Schlösser und Bibliothekssäle in Österreich, Böhmen und Ungarn. Ferner entstanden etliche bedeutende Altarblätter, von denen einige im Museum von Langenargen und im Zeppelin Museum in Friedrichshafen zu sehen sind.

Josef Victor von Scheffel (1826 – 1886)

Dichter

Der aus Karlsruhe gebürtige und auch dort verstorbene Josef Victor Scheffel, seit 1876 adelig, studierte Jura in München, Heidelberg und

Berlin und arbeitete anschließend als Rechtspraktikant. Im Jahr 1852 unternahm er als Malerpoet eine erste Italienreise und schied anschließend aus dem Staatsdienst aus, um ein Wanderleben als freier Schriftsteller am Bodensee, bei St. Gallen und in Heidelberg zu führen. Seit 1863 hielt er sich in Meersburg beim Freiherrn von Laßberg auf. Aus Gesundheitsgründen begab er sich 1872 nach Radolfzell am Bodensee, wo er sich auf der Halbinsel Mettnau eine Villa, das Scheffelschlösschen, bauen ließ. Scheffel trat als Lyriker, Versepiker und Erzähler von romantisch verklärten historischen Stoffen hervor. Seinem Roman »Ekkehard« war ein großer Erfolg beschieden ebenso wie seinen Kommersliedern »Als die Römer frech geworden« oder »Wohlauf, die Luft geht frisch und rein«.

Franz Joseph Spiegler (1691 – 1757)

Maler

Der aus Wangen im Allgäu gebürtige und in Konstanz verstorbene Franz Joseph Spiegler erhielt seine Ausbildung zum Maler in München, Wien und Ottobeuren. 1752 wurde er fürstbischöflicher Maler in Konstanz. Spiegler gehört zu den Meistern der spätbarocken Architekturmalerei in Oberschwaben. Seine Deckenmalereien in der Klosterkirche Salem, ferner seine Fresken in der Damenstiftskirche von Lindau und in der Schlosskirche auf der Bodenseeinsel Mainau verbinden bewegungsreiche Figureninszenierung mit kühner Raumwirkung.

Heinrich Suso (1295? – 1366)

Mystiker

Heinrich Seuse (latinisiert Suso), der Sohn eines Konstanzer Patriziers, nahm den Namen seiner Mutter an, trat 1308 als Novize bei den Konstanzer Dominikanern ein, studierte um 1324 in Köln bei dem berühmten Meister Eckhart, war um 1330 Lektor der Theologie im Konstanzer Inselkloster und seit 1335 in oberrheinischen und schweizerischen Frauenklöstern tätig. Von 1339 bis 1346 hielt sich Suso als Verbannter in der Reichsstadt Diessenhofen auf und übersiedelte infolge der Auseinandersetzungen zwischen Kaiser Ludwig dem Bayern und dem Papst nach Ulm an der Donau, wo er bis zu seinem Ende im Konvent lebte. Susos theologische Schriften stehen deutlich unter dem Einfluss der Lehren des Thomas von Aquin und des Meisters Eckhart. Seine theologischen Hauptwerke »Leben«, »Büchlein der Wahrheit«, »Büchlein der ewigen Weisheit« und »Briefbüchlein« sind in deutscher Sprache geschrieben. Der lyrische und bilderreiche Sprachstil zeichnet Suso als den dichterisch wohl begabtesten deutschen Mystiker aus.

Thumb (17./18. Jh.)

Baumeisterfamilie

Die im Bregenzer Wald beheimatete Baumeistersippe Thumb war neben der Familie Beer Hauptträger der Vorarlberger Bauschule, die um 1700 die süddeutsche Barockarchitektur vom italienischen Vorbild befreite durch die Errichtung zahlreicher Wandpfeilerkirchen als neuen Typus. Besondere Merkmale ihrer Kirchen sind tonnengewölbte einschiffige Langhäuser, deren kräftige Wandpfeiler Kapellen ausnischen, über denen Emporen liegen. Die Gebrüder **Michael Thumb** (gest. 1690) und **Christian Thumb** (gest. 1726) errichteten gemeinsam u. a. die Schlosskirche in Friedrichshafen. **Peter Thumb** (1681 – 1766), der Sohn von Michael Thumb, ist der Erbauer der Wallfahrtskirche Birnau sowie der Klosterkirche in St. Gallen.

Ferdinand Graf von Zeppelin (1838 – 1917)

Luftschiffbauer

Ferdinand Graf von Zeppelin, als Spross eines 1806 in den Grafenstand erhobenen württembergischen Zweigs der mecklenburgischen

Graf Zeppelin: genialer Konstrukteur der nach ihm benannten Luftschiffe

Uradelsfamilie Zeppelin in Konstanz geboren, besuchte zunächst die Kriegsschule in Ludwigsburg, dann die Universität in Tübingen und das Polytechnikum in Stuttgart. Während des amerikanischen Sezessionskrieges hielt er sich als Beobachter in den USA auf, wo er 1863 erstmals einen Aufstieg mit dem Fesselballon unternahm. Nach der Teilnahme als Offizier an den deutschen Feldzügen der Jahre 1866 und 1870/1871 schied er 1891 als Generalleutnant aus dem Militärdienst aus. Zeppelin widmete sich fortan der Luftschifffahrt und baute – nach Berechnungen des Ingenieurs Theodor Kober – überwiegend aus eigenen Mitteln das erste lenkbare Starrluftschiff, das im Jahr 1900 in Manzell am Bodensee aufstieg und bereits alle wesentlichen Konstruktionsmerkmale der insgesamt 129 späteren »Zeppeline« besaß, die trotz vieler Rückschläge in seiner Friedrichshafener Luftschiffwerft gebaut wurden. Graf von Zeppelin verstarb in Berlin und wurde in Stuttgart beigesetzt.

Jörg Zürn (um 1583 – um 1635)

Bildhauer

Bad Waldsee ist der Stammort der bedeutenden oberschwäbischen Bildhauerfamilie Zürn, deren Sprösslinge im Bodenseeraum, im bayerisch-österreichischen Innviertel und in Olmütz/Mähren im 17. und 18. Jh. wirkten. Jörg Zürn richtete sich ab 1606 eine Werkstatt in Überlingen am Bodensee ein, wo er den holzgeschnitzten, farbig gefassten Marienaltar und das mit spätgotischem Wuchs und Renaissanceformen durchsetzte Kalkstein-Sakramentshaus (1611) der Münsterkirche schuf. Der monumentale, vielfigurige geschnitzte Hauptaltar im Münster gilt als eine der originellsten Leistungen des deutschen Manierismus mit einerseits noch Rückgriffen auf die großen spätgotischen Schreinflügelaltäre und andrerseits der Umsetzung des Formenvokabulars der Renaissance

BÄREN

Praktische Informationen

WAS DÜRFEN SIE AUF KEINEN FALL ZU HAUSE VERGESSEN? WAS SIND DIE SPEZIALITÄTEN DER DREI-LÄNDER-REGION? WELCHE SPORTMÖGLICHKEITEN GIBT ES AM SEE? LESEN SIE ES NACH!

Anreise · Reiseplanung

Anreisemöglichkeiten

Mit dem Flugzeug Über den Flughafen Friedrichshafen (Löwental) ist der Bodenseeraum an das internationale Flugnetz angeschlossen. Regelmäßiger Linienverkehr besteht u. a. mit den deutschen Flughäfen Berlin, Bremen, Düsseldorf, Dresden, Frankfurt am Main, Hamburg, Köln und Stuttgart sowie mit den Schweizer Flughäfen Basel, Zürich und Genf.

Mit der Bahn Der Bodenseeraum ist mit der Bahn aus allen Richtungen gut erreichbar. Die InterCity-Express- (ICE), EuroCity- (EC), InterCity- (IC) und InterRegio-(IR)-Züge bieten eine große Anzahl an Direktverbindungen und bequemes Umsteigen. Die wichtigeren deutschen Fernstrecken sind München – Kempten (oder Memmingen) – Lindau; Ulm – Bad Schussenried – Friedrichshafen; Stuttgart – Tuttlingen – Singen – Konstanz; Lörrach – Schaffhausen – Radolfzell – Friedrichshafen – Lindau; in Österreich Innsbruck – Feldkirch – Bregenz. Von Düsseldorf nach Lindau verkehrt ein Autoreisezug. In der Nordwestschweiz ist das Eisenbahnnetz besonders dicht, so dass das schweizerische Bodenseeufer leicht erreichbar ist. Den Bodensee selbst kann man meist in einiger Entfernung vom Seeufer mit verschiedenen Linien umfahren (►Verkehr).

Mit dem Bus Oberschwaben und das deutsche Bodenseegebiet werden von zahlreichen Buslinien der Deutschen Bahn AG (Bahnbusse) bedient. Ebenso bestehen in der Schweiz und in Österreich regelmäßige Busverbindungen mit den Bodenseeuferorten.

Mit dem Auto Von Norddeutschland sind die wichtigsten Autobahnverbindungen zum Bodensee von Hamburg über die A 7, A 3 und A 81 sowie von Berlin über die A 9, A 6 und A 81 nach Singen. Von dort führt die B 33 nach Konstanz; die B 31 verläuft von Stockach-Ost über Friedrichshafen nach Lindau. Von München fährt man auf der A 96 Richtung Lindau. Von Zürich gelangt man auf der E 60 in die östliche Bodenseeregion.

Ein- und Ausreisebestimmungen

Passkontrollen für Bürger in der Europäischen Union (Deutschland und Österreich) entfallen. Da dennoch Stichproben gemacht werden und Ausweispflicht auf Flughäfen und in Schiffshäfen zunächst weiterhin besteht, sollten deutsche und österreichische Besucher sowie schweizerische und liechtensteinische Staatsangehörige (Schweiz und Liechtenstein gehören nicht der EU an) zum Grenzübertritt im Bodenseeraum einen gültigen **Personalausweis** oder Reisepass mitnehmen. Kinder unter 16 Jahren müssen einen Kinderausweis besitzen oder im Elternpass eingetragen sein. Auch bei Fahrten auf dem Bodensee ist grundsätzlich das Mitführen eines gültigen Ausweises erforderlich. Der nationale **Führerschein** und Kraftfahrzeugschein werden anerkannt und sind mitzuführen; ferner müssen Kraftfahrzeuge das Nationalitätskennzeichen tragen, sofern sie nicht das neue Euronummernschild haben. Ratsam ist ferner die Mitnahme der grünen Internationalen Versicherungskarte.

Haustiere

Beim Grenzübertritt ist für Hunde und Katzen ein tierärztlicher Nachweis der Tollwutimpfung vorzulegen, die nicht länger als ein Jahr und nicht weniger als 30 Tage zurückliegen darf.

Zollbestimmungen

Innerhalb der Europäischen Union (EU) ist der Warenverkehr für private Zwecke weitgehend zollfrei. Zur Abgrenzung zwischen privater und gewerblicher Verwendung gelten folgende obere Richtmengen: 800 Zigaretten, 400 Zigarillos, 200 Zigarren, 1 kg Rauchtabak; 10 l Spirituosen, 20 l Zwischenerzeugnisse, 90 l Wein (davon max. 60 l Schaumwein) und 110 l Bier. Bei Stichprobenkontrollen ist glaubhaft zu machen, dass die Waren tatsächlich nur für den eigenen privaten Zweck bestimmt sind.
Für Reisende aus Nicht-EU-Ländern (u. a. Schweizer Staatsbürger) liegen die Freimengengrenzen für Personen über 17 Jahren bei 200 Zigaretten oder 100 Zigarillos oder 50 Zigarren oder 250 g Rauchtabak, ferner bei 2 l Wein und 2 l Schaumwein oder 1 l Spirituosen mit mehr als 22 Vol.-% Alkoholgehalt oder 2 l Spirituosen mit weniger als 22 Vol.-% Alkoholgehalt, 500 g Kaffee oder 200 g Kaffeeauszüge, 100 g Tee oder 40 g Tee-Extrakt, 50 g Parfüm oder 0,25 l Eau de Toilette.
Bei Wiedereinreise in die Schweiz und in das Fürstentum Liechtenstein sind abgabenfrei Reiseproviant sowie (gebrauchtes persönliches) Reisegut; außerdem für Personen ab 17 Jahre an Tabakwaren 200 Zigaretten oder 50 Zigarren oder 250 g Rauchtabak, an alkoholischen Getränken 2 l mit bis zu 15 Vol.-% Alkoholgehalt und 1 l mit mehr als 15 Vol.-% Alkoholgehalt; ferner Geschenke im Wert bis 100 CHF, für Personen unter 17 Jahre bis 50 CHF.

WICHTIGE ADRESSEN

FLUGVERKEHR

▸ **Flughafen Friedrichshafen GmbH**
Tel. (075 41) 284 01
E-mail: info@fly-away.de
www.fly-away.de

▸ **Deutsche Lufthansa**
Tel 01 80-583 84 26
(Zentralreservierung)
www.lufthansa.com

BAHNVERKEHR

▸ **DB Autozug**
Tel. (018 05) 24 12 23
www.dbautozug.de

Auskunft · Wichtige Adressen

DEUTSCHLAND

▶ **Deutsche Zentrale für Tourismus (DZT)**
Beethovenstr. 69
D-60325 Frankfurt am Main
Tel. (069) 97 46 40
Fax 75 19 03
E-Mail: info@d-z-t.com
www.deutschland-tourismus.de

SCHWEIZ

▶ **Schweiz Tourismus Zürich**
Tödistr. 7
CH-8002 Zürich
Tel. (01) 2 88 11 11
Fax 288 12 06
E-Mail: info@switzerland.com
www.MySwitzerland.com

LIECHTENSTEIN

▶ **Liechtenstein Tourismus**
Städtle 37
FL-9490 Vaduz
Tel. (04 32) 2 39 63 00
Fax 239 63 01
E-Mail: info@tourismus.li
www.tourismus.li

ÖSTERREICH

▶ **Österreich Werbung Wien**
Margaretenstr. 1
A-1040 Wien
Tel (01) 5 88 66-0
Fax 588 66 20
E-Mail: urlaub@austria.info
www.austria-tourism.at

REGIONALE VERBÄNDE

▶ **TourismusMarketing GmbH Baden-Württemberg**
Esslinger Str. 8
D-70182 Stuttgart
Tel. (07 11) 23 85 80, Fax 2 38 58 99
E-Mail: info@tourismus-bw.de
www.tourismus-baden-wuerttemberg.de

▶ **Tourismus Untersee e. V.**
Im Kohlgarten 2
D-78343 Gaienhofen
Tel. (077 35) 91 90 45
Fax 91 90 56
E-Mail: info@tourismus-untersee.de
www.tourismus-untersee.de

▶ **Tourist-Information AG Hegau-Schaffhausen**
August-Ruf-Str. 13
D-78224 Singen
Tel. (077 31) 85-262, Fax 85-263
E-Mail: tourist-info.stadt@singen.de
www.hegau.de

▶ **Internationale Bodensee-Tourismus GmbH**
Hafenstr. 6
D-78465 Konstanz
Tel. (075 31) 90 94 90
Fax 90 94 94
E-Mail: info@bodensee-tourismus.com
www.bodensee-tourismus.com

▶ **Bodensee-Linzgau Tourismus**
88582 Salem
www.bodensee-linzgau.de

▶ **Vorarlberg Tourismus**
Bahnhofstr. 14
A-6901 Bregenz
Tel. (055 74) 425 25-0
Fax 425 25-5
E-Mail: info@vtour.at
www.vorarlberg-tourism.at

▶ **Bodensee-Alpenrhein-Tourismus**
Römerstr. 2
A-6900 Bregenz
Tel. (055 74) 434 43-0
Fax 434 43-4
E-Mail: service@bodensee-alpenrhein.at
www.bodensee-alpenrhein.at

▶ **St. Gallen-Bodensee Tourismus**
Bahnhofplatz 1a
CH-9001 St. Gallen
Tel. (071) 227 37 37
Fax 227 37 67
E-Mail: info@st.gallen-bodensee.ch
www.st.gallen-bodensee.ch

INTERNET

▶ **www.bodensee-info.com**
Die umfangreiche Homepage bietet Informationen rund um den Bodensee: Aktivitäten, Sport, Wetter, Veranstaltungen, Hotels und den Gastroführer »Seezunge«.

▶ **www.bodenseeferien.de**
Von der Bodensee Service Tourismus GmbH und dem Südkurier erstellte virtuelle Ferienzeitung mit aktuellen Informationen, Ausflugszielen, Kulturtipps und einem Terminkalender.

▶ **www.mittlererbodensee.de**
Mehrere Ferienorte der Region mittlerer Bodensee – die wichtigsten sind Meersburg, Salem und Uhldingen-Mühlhofen – haben sich zusammengeschlossen und informieren auf ihren Internetseiten über Ausflugsziele, Unterkünfte und Veranstaltungen.

Mit Behinderung unterwegs

WICHTIGE ADRESSEN

▶ **Bundesarbeitsgemeinschaft des Clubs Behinderter und ihrer Freunde e.V.**
Eupener Str. 5
D-55131 Mainz
Tel. (061 31) 22 55 14
Fax 23 88 34
E-mail: bagcbfmainz@aol.com
www.bagcbf.de

▶ **Bundesverband Selbsthilfe für Körperbehinderte BSK-Reisedienst**
Postfach 20
D-74236 Krautheim
Tel. (062 94) 42 81-0, Fax 42 81-79
www.bsk-ev.de

▶ **Verband aller Körperbehinderten Österreichs**
Lützowgasse 28/3, A-1140 Wien
Tel./Fax (01) 9 11 32 25
www.oezv.or.at

▶ **Mobility International Schweiz**
Froburgstr. 4
CH-4600 Olten
Tel. (062) 206 88 35, Fax 206 88 39
Reiseinformation: Tel. 206 88 35
www.mis-ch.ch

Essen und Trinken

Multikulturelle Küche Auf den Speisekarten rund um den Bodensee stehen jeweils die typischen Gerichte der entsprechenden Anliegerländer: Im baden-württembergischen Teil überwiegt die schwäbische Küche (Teigwarenbeilagen), in und um Lindau die bayerische, in Vorarlberg die österreichische bzw. Wiener, und am Südufer herrscht die Schweizer Küche (mit französischem und italienischem Einfluss) vor (►Baedeker Special S. 74/75).

Speisen

Bodenseefische Der bekannteste und beliebteste Bodenseefisch ist der **Felchen** in verschiedenen Zubereitungsarten, gefolgt vom Kretzer, der in der Schweiz »Egli« genannt wird. Außerdem stehen Seeforelle, Hecht und Zander auf der Speisekarte. Die Fische werden entweder blau (im Sud gegart), nach Müllerinnenart (in Mehl gewendet und gebraten), in Weintunke gedünstet (z. B. nach Konstanzer Art) oder auf andere Weise serviert.

i Preiskategorien

- Die Preise gelten für ein Hauptgericht:
  Fein und Teuer: über 20 €
  Erschwinglich: 10 – 20 €
  Preiswert: bis 10 €
  (►Restaurants bei den Reisezielen)

Fleisch und Wurst Ein leichtes Gericht ist Geschnetzeltes vom Kalb, das mit einer pikanten Sauce serviert wird. Eine herzhafte Spezialität sind die St. Galler Schüblige (Rauchwurst) und Bratwürste.

Beilagen Zu den traditionellen Gerichten der Region gehören **Spätzle (oder Knöpfle)**, die aus einem Teig von Mehl, Ei und etwas Salz in siedendes Wasser vom Brett geschabt werden. Auch als Leberspätzle (mit gehackter Leber) oder als Kässpätzle sind sie äußerst delikat. Rösti sind köstlich knusprig gebratene Kartoffelraspel, die auch als Käserösti zu den besonders leckeren Beilagen zählen.

Käse Schweizer Käse genießt weltweiten Ruf. Über die Herstellung unterrichten zahlreiche Schaukäsereien.

Dessert Apfelküchle sind Apfelscheiben, in Backteig goldgelb frittiert und mit Zimt und Zucker bestreut.

Getränke

Bei den Getränken sind vor allem Bodenseeweine und einheimisches Bier zu nennen, ferner Most (vergorener Apfel- oder Birnensaft), ausgezeichnete Fruchtsäfte und klare Obstwässer. Zum »Suser« (neuer Wein) isst man »Weckle« (Brötchen), Laugenbrezeln, Bauernbrot,

Schüblige (Rauchwurst) oder Zwiebelkuchen. Guter starker Kaffee (auch Espresso) wird in Österreich und der Schweiz serviert.

Felchen, der beliebteste Speisefisch des Bodensees, steht in vielen Restaurant auf der Speisenkarte.

Am Überlinger See und Untersee, in der Gegend um Meersburg, Überlingen, Bodman und Konstanz sowie auf der Reichenau gibt es recht ausgedehnte Rebflächen. Der hier erzeugte **Seewein** ist ein weißer oder Roséwein (Weißherbst), der fast ausschließlich in der Region selbst getrunken wird. Auch auf der schweizerischen Seite des Bodensees gibt es Weinbau; zu nennen sind die Weinberge am Untersee zwischen Steckborn und Tägerwilen (bekannt als Geburtsort des Rebzüchters Hermann Müller, nach dem die Müller-Thurgau-Rebe benannt ist), bei Stein am Rhein sowie am Ottenberg über dem Thurtal nordwestlich von Weinfelden.

Im Kanton St. Gallen gedeihen bei Mels und Berneck im Bereich des Alpenrheines gleichfalls Reben. In der Schweiz gerne getrunken wird auch der weiße Fendant aus dem Tal der oberen Rhône. Nach der Weinlese kommt »Suser« (»Sauser«), der junge, noch gärende Traubensaft, zum Ausschank. Die wichtigsten Rebsorten sind Blauburgunder, Müller-Thurgau (Riesling + Silvaner), Gutedel, Ruländer, Traminer und Elbling.

Feiertage, Feste und Events

Feiertage

Feiertage mit feststehendem Datum

1. Januar: Neujahr (D, A, CH)
2. Januar: Berchtoldstag (CH)
6. Januar: Hl. Drei Könige (D, A)
1. Mai: Tag der Arbeit (D, A, CH)
1. August: Nationalfeiertag (CH)
15. August: Mariä Himmelfahrt (A)
3. Oktober: Tag der Deutschen Einheit (D)
26. Oktober: Nationalfeiertag (A)
1. November: Allerheiligen (D, A)
8. Dezember: Mariä Empfängnis (A)
24. Dezember: Heiligabend (D, A, CH)
25./26. Dezember: 1. und 2. Weihnachtsfeiertag (D, A, CH)

Solche gemütlichen Weinstuben wie hier der Beche in Meersburg findet man vielerorts am Bodensee.

FELCHEN, KNÖPFLE UND SEEWEIN

Das Bodenseegebiet steckt kulinarisch voller Überraschungen. Ob bodenständig oder extravagant: geschmacklich kommt hier jeder auf seine Kosten.

Ob badische, schwäbische, bayerische, schweizerische oder österreichische Spezialitäten, die Bodenseeanrainer sorgen dafür, dass der Tisch abwechslungsreich gedeckt ist, vorzugsweise mit Fisch, Wild und Mehlspeisen sowie mit den dazu passenden Weinen, die an den Uferhängen gedeihen. Frisch gefangener **Felchen** und **Kretzer** oder Egli, wie der Barsch im Bodensee heißt, schmecken mit ihrem zarten weißen Fleisch blau genauso gut wie gebraten oder in Weißwein gedünstet. Seeforellen, Hechte, Zander und Aal tummeln sich zwar auch im See, sind allerdings nicht so häufig auf den Tellern zu finden. Im Frühjahr bereichern u. a. das Wiesenlamm und im Herbst Wildgerichte wie Fasan, Reh- und Hasenrücken die Speisenkarten. Als Beilagen empfehlen sich Reichenauer Gemüse oder Spargel, der im Mai oder Juni in Tettnang gestochen wird. Und **Knöpfle** gehören natürlich dazu, wie die schwäbischen Spätzle am Bodensee genannt werden. Hausgemachte Teigwaren, vom Brett ins kochende Salzwasser geschabt, schmecken dabei am besten.

Schwäbische Spezialitäten

Leberspätzle, wenn pürierte rohe Leber unter den Teig gemischt wird, und Kässpätzle, wenn geriebener Käse unter die Spätzle gemengt wird, sind sogar eine vollwertige Mahlzeit. **Linsen, Spätzle und Saiten** (Würstchen) gelten als eine Art schwäbisches Nationlgericht. **Schupfnudeln**, aus einen Teig, der zu gleichen Teilen aus Mehl und Kartoffeln besteht, werden gekocht, angebraten und auf Sauerkraut serviert. **Maultaschen**, die schwäbischen Nudeltaschen mit unterschiedlichen Füllungen, gibt es in der Brühe, geschmälzt mit Zwiebeln und geröstet mit Ei. In der Vorarlberger Küche spielt der Maisgries noch eine Rolle, z. B. beim traditionellen **Hafaloab** aus Maisgries, Weizenmehl und Semmelbrösel mit Speck, Rübenkraut und gerösteten

Zwiebeln. Ein feines Bratkartoffelrezept haben sich die Schweizer ausgedacht, die fein gehobelten und knusprig gebratenen **Röschti**. Ein **Zwiebelrostbraten** ist nicht minder lecker, denn er entpuppt sich als durchwachsenes Rindersteak mit Röstzwiebeln obendrauf. Bei soviel Deftigkeit empfiehlt sich zur Verdauung ein Schlückchen Subirar, wie der aromatische kräftige Schnaps aus Birnen heißt. Wer Lust auf Käse hat, sollte einmal den würzigen Ziegen- und Bergkäse aus dem Bregenzer Wald probieren, den Arenenberger als Halbweichkäse sowie den Rheintaler, Thurgauer und Appenzeller als Hartkäse. Zum Vespern eignen sich auf Schweizer Gebiet die **Olma-Kalbsbratwurst** aus St. Gallen und das Moschtbrockli, saftig-würziges luftgetrocknetes Pferdefleisch aus Appenzell. Dazu werden **Bürli** gereicht, eine Brötchenvariante. Für den kleinen Hunger bieten sich **Seelen** an, krustige flache Miniweißbrote mit Salz und Kümmel bestreut, einst eine Spende an die armen Seelen, sowie Laugenbrezeln und -wecken. Süße, in Fett ausgebackene Muzenmandeln, Apfelstrudel und Kaiserschmarrn, **Biberli**, eine Art Lebkuchen, und **Träubleskuchen**, der nicht aus Trauben, sondern aus roten Johannisbeeren gebacken wird, stillen den Appetit auf Süßes.

Bodenseeweine

Die Bodenseeweine runden natürlich jedes Mahl ab. In Bodman liegt einer der ältesten Weinberge, schon 844 soll Kaiser Karl III. hier eine Rebe gepflanzt haben. Am Hohentwiel befindet sich in 570 Metern der höchstgelegene Weinberg auf nährstoffreichem Vulkanboden. Das Weingut Hohentwiel bietet hauptsächlich Müller-Thurgau und Spätburgunder an. Vom Weingut des Markgrafen von Baden kommen ein fruchtiger Müller-Thurgau und ein wohlschmeckender Spätburgunder. Das Staatsweingut Meersburg mit Lagen unterhalb des Schlosses zeichnet sich durch einen guten Grauburgunder aus. In Überlingen und Konstanz bieten die städtischen Kellereien sowie in Hagnau die Winzergenossenschaft eine vielfältige Weinpalette an. Im Kanton Thurgau gedeiht der Müller-Thurgau, eine Rebkreuzung aus Riesling und Gutedel, besonders gut.

Bewegliche Feiertage

Karfreitag (D, CH)
Ostern (D, A, CH)
Christi Himmelfahrt (D, A, CH)
Pfingsten (D, A, CH)
Fronleichnam (D, A)
3. Sonntag im September: Dank-, Buß- und Bettag (CH)

VERANSTALTUNGSKALENDER

JANUAR

► **Friedrichshafen**
Internationaler Münzen- und Mineralienmarkt mit Briefmarkenbörse
(Ende des Monats)

JANUAR – MÄRZ

► **Vielerorts**
Schwäbisch-alemannische Fasnacht
(►Baedeker Special S. 78/79)

► **Lindau**
Großer Narrensprung

► **Stockach**
Hohes Grobgünstiges Narrengericht
►Reiseziele, Stockach

MÄRZ

► **Meersburg**
Internationale Schlosskonzerte im Neuen Schloss, auch Open-Air-Konzerte (bis in den Herbst)

► **Friedrichshafen**
Bockbierfest in Friedrichshafen-Ailingen

► **Ermatingen (CH)**
Groppenfasnacht
►Reiseziele, Kreuzlingen

APRIL

► **Reichenau**
Markusfest (25.)

► **Friedrichshafen**
Theatertage

► **Bregenz (A)**
Bregenzer Frühling

APRIL/MAI

► **Romanshorn (CH)**
Fischfestival

► **Kressbronn**
Baumblütenfest

MAI

► **Bregenz (A)**
Frühlingsfest

► **Meersburg**
Annette-von-Droste-Hülshoff-Literaturtage

MAI/JUNI

► **Überlingen**
Schwedenprozession
►Reiseziele, Überlingen

► **Friedrichshafen**
Friedrichshafener Segelwoche

► **Reichenau**
Hl.-Blut-Fest
(Mo. nach dem Dreifaltigkeitssonntag)

► **Vielerorts**
Bodensee-Festival: Klassische Konzerte u. a.
(www.bodfest.de)

JUNI

- **Lindau**
  Gourmetfest: Hafenfest
  Lindauer Frühling: Konzerte
  Regatta »Rund um den Bodensee«

- **Stockach**
  Schweizer Feiertag:
  Heimatabend, Straßenfest

- **Hohenems (A)**
  Schubertiade

- **Konstanz**
  Rock am See: Open-Air-Festival

Juni/Juli

- **Engen**
  Altstadtfest (Ende Juni/Anfang Juli)

- **Friedrichshafen**
  Seehasenfest: Heimat- und Kinderfest mit Festumzug

- **Konstanz**
  Zeltfestival: mehrtägiges Kulturfest mit Musik und Kleinkunst

JUNI – AUGUST

- **Konstanz**
  Internationale Musiktage

- **Überlingen**
  Theatersommer

JUNI – SEPTEMBER

- **Langenargen**
  Sommerkonzerte

JULI

- **Allensbach**
  Wasserprozession zur Insel Reichenau

- **Hemmenhofen und Steckborn (CH)**
  Internationales Seeschwimmen (letztes Juliwochenende)

- **Lindau**
  Stadtfest: historisches Kinderfest (seit 1655)

- **Radolfzell**
  Hausherrenfest (3. So. im Juli), am darauf folgenden Montag Mooser Wasserprozession

Jahrhundertealter Brauch: Mooser Wasserprozession

- **Singen**
  Hohentwielfest (Monatsende)
  ►Reiseziele, Singen

- **Überlingen**
  Gassenfest (Monatsanfang)
  Schwedenprozession
  ►Reiseziele, Überlingen

- **Unteruhldingen**
  Uhldinger Hafenfest mit »Schrot-tregatta« (selbst gebaute Wasserfahrzeuge) und Feuerwerk

JULI/AUGUST

- **Allensbach**
  Strandfest und Platzkonzerte

- **Bregenz (A)**
  Bregenzer Festspiele: Opernaufführungen und Orchesterkonzerte auf der Seebühne sowie im Festspielhaus, außerdem Kammermusik und Ausstellungen im

Die Hexen treiben zur Fasnachtszeit vielerorts ihr Unwesen.

DIE FÜNFTE JAHRESZEIT

In Schwung kommt die schwäbisch-alemannische Fasnet nach Dreikönig und läuft zwischen dem »Schmotzigen Dunschtig« und dem Aschermittwoch zur Höchstform auf.

In alten Nachthemden oder im bunten Flickengewand streifen die Narren durch die Bodenseeorte während der Fasnet, wie die schwäbisch-alemannische Variante der fünften Jahreszeit hierzulande genannt wird. In Konstanz ist der **Hemdglonker** zu Hause, der mit weißgeschminktem Gesicht und auch sonst ganz in Weiß im traditionellen Nachthemd daherkommt. Er erinnert beiläufig daran, dass in der ehemaligen Bischofsstadt von alterher weiß gekleidete Gestalten häufig anzutreffen waren. Vor allem tagsüber auffälliger sind die aus vielen hundert bunten Flicken genähten Narrengewänder der **Hänsele**, auch »Blätzle«. oder »Felckle-Häs« genannt. Die Bezeichnung »Hänsele« erinnert an die Zeit, als »Hansel« oder »Hänslin« volkstümliche Bezeichnungen für den Teufel waren. In Überlingen ist man stolz darauf, erstmals im Jahr 1789 den Hänsele als Fasnetfigur erwähnt zu finden.

Hexenspuk

Andernorts spielen die **Wilden Männer** und die **Hexen** als wilde Weiber eine zentrale Rolle. Neben den traditionellen gibt es noch etliche neu geschaffene Maskentypen, die sich auf lokale Sagen und Legenden beziehen. Die Hopfenbauern von Tettnang erfanden beispielsweise einen Hopfennarren und sogar seine Gegenspielerin, die rote Spinne, die als Schädling oft ihre Hopfenernte bedroht. So wird deutlich, dass Fasnet nicht nur komödiantische Unterhaltung ist, sondern auch mit den Krisen des Lebens zu tun hat. Ob Teufel, Hexe, Gespenst oder Zierfratze, die Fasnachtfiguren sind eine Art sinnbildliche Wiederkehr verdrängter Ängste, von denen man sich jedes Jahr in Gemeinschaft mit anderen Narren auf spielerische Weise befreien kann. Denn das lärmende und derb-komische Spektakel der schwäbisch-alemannischen Fasnet lebt von uralten Riten der Winteraus-

Typisch für den Hopfenort Tettnang sind die Hopfenmasken.

treibung, von Vorstellungen der verkehrten Welt und von der Erneuerung der Ordnung nach Überwindung von Chaos, Abgründen, sündhaften Begierden und Völlerei vor Beginn der österlichen Fastenzeit. Die katholische Kirche arrangierte sich mit diesen Fastnachtsbräuchen seit dem Spätmittelalter, die Reformatoren waren jedoch strikt dagegen. Manches mal versuchte die Obrigkeit, die ausgelassenen Feiern mit den bis zur Unkenntlichkeit verkleideten Teilnehmern zu verbieten, allerdings ohne Erfolg.

Larve und Häs

Die ganze Vielfalt der fantasievollen, meist holzgeschnitzten Masken und die aus vielen Stoffflecken zusammengenähten oder mit Schellen behängten Gewänder der traditionellen Fasnachtfiguren erlebt man eindrucksvoll beim leutseligen Ringtreffen der Narrenzünfte, bei den zahlreichen Narrensprüngen – besonders effektvoll ist der in Überlingen –, beim Narrenbaumsetzen sowie bei den farbenprächtigen Fasnachtsumzügen, z. B. in Konstanz und Kreuzlingen. Verkleidet mit Larve und Häs, wie vor Ort die Maske und das Gewand genannt werden, treiben die oft skurrilen Gestalten allerlei Schabernack mit den Zuschauern, was zur allgemeinen Belustigung beiträgt. Das Fasnachtstreiben spielt sich vielerorts auf der Straße und in den umliegenen Wirtschaften ab, weniger im Saal, obwohl es auch als Narrenkonzert bezeichnete Prunksitzungen gibt. Und so ziehen immer noch jedes Jahr an kalten Februartagen Hexe, Wilder Mann, Faselhannes und Blätzlesnarr lärmend durch die Altstadtgassen der Bodenseestädte. Die Hexen mit ihren grob geschnitzten furcht erregenden Masken vollführen akrobatische Sprünge, ja klettern sogar an Hausfassaden empor. Die Wilden Männer lassen unaufhörlich ihre faßballgroßen »Saublotern«, luftgefüllten Schweinsblasen, auf das Publikum niederprasseln. Der Faselhannes wedelt neckisch mit seinem Fuchsschwanz. Die Hansele dagegen scheppern mit ihren schellenbehängten Kostümen unentwegt durch die Straßen. Am Aschermittwoch ist dann fast alle vorbei. Symbolisch wird die Fasnet dann begraben oder auf lodernden Scheiterhaufen verbrannt.

Schloss Hohenems sowie Freilichttheater auf dem Martinsplatz.

► **Reichenau und Allensbach**
Gnadenseeschwimmen: Volksschwimmen von der Reichenau nach Allensbach

AUGUST

► **Friedrichshafen**
Kulturufer: Festival für Pop und Klassik; außerdem gibt es experimentelles Theater.

► **Langenargen**
Fischerstechen

► **Konstanz und Kreuzlingen (CH)**
Seenachtfest
►Reiseziele, Konstanz

► **Rorschach**
Sandburgfestival:
Ein großes Vergnügen ist dieser Wettbewerb im Sandburgbauen.

► **Vaduz (FL)**
Der Nationalfeiertag (15. August) wird in Liechtenstein u. a. mit einem Feuerwerk gefeiert.

SEPTEMBER

► **Meersburg**
Das Bodenseeweinfest in dem malerischen Weinort ist eines der größten seiner Art.

DEZEMBER

► **Ermatingen (CH)**
Gangfischschießen
(2. So. im Dezember)

Geld

Seit 2002 ist der Euro (€) in Deutschland, Österreich und neun weiteren Ländern der Europäischen Union das offizielle Zahlungsmittel. In der Schweiz und in Liechtenstein ist der Schweizer Franken das offizielle Zahlungsmittel (1 € = 1,60 CHF und 1 CHF = 0,62 €).

Devisenbestimmungen In Deutschland, Österreich und der Schweiz bestehen keine Beschränkungen – weder für die Einfuhr noch für Ausfuhr von Devisen oder Geld der jeweiligen Landeswährung.

Geldwechsel Obwohl im Grenzbereich in der Schweiz auch Euro akzeptiert werden, empfiehlt es sich, eine angemessene Bargeldmenge in CHF mitzunehmen. Wechselstuben findet man an den größeren Grenzübergängen, Bahnhöfen und Flughäfen sowie bei Banken vor Ort.

Bankautomaten An Geldautomaten kann man mit Kredit- oder Bankkarten – in Kombination mit der Geheimzahl – rund um die Uhr Geld abheben. Bei Verlust von Bankkarten und Kreditkarten alarmiere man zur sofortigen Sperrung unverzüglich die einheitliche, rund um die Uhr erreichbare Notfallnummer des Zentralen Annahmedienstes für Verlustmeldungen Die Telefonnummer aus Österreich und der Schweiz lautet: 00 49/11 61 16.

Kreditkarten

Sowohl in Deutschland als auch in der Schweiz und in Österreich sind die gängigen Kreditkarten – z. B. Eurocard, VISA, American Express oder Diner's Club – eingeführt und werden akzeptiert.

Gesundheit

Innerhalb der Europäischen Union (EU), zu der auch Österreich gehört, gilt ab Juni 2004 die Europäische Krankenversicherungskarte. Das es diese Karte in Deutschland aber erst 2006 geben wird, braucht man statt eines Auslandskrankenscheins für jedes Familienmitglied eine Bescheinigung der Krankenkasse.

Mit Kindern unterwegs

Bei Sommerwetter am Bodensee sind natürlich die zahlreichen Strand- und Freibäder erste Anlaufstelle für Familien mit Kindern. Aber auch bei weniger gutem Wetter oder als Alternative zum Badevergnügen gibt es in dieser Ferienregion einige spannende Angebote für die Kleinen.

Viel Spaß verspricht der Affenberg Salem.

Eine der Hauptattraktionen am Bodensee für Jung und Alt ist das **Pfahlbaumuseum** in Unteruhldingen (► Reiseziele, Uhldingen-Mühlhofen). Es bietet einen auch für Kinder sehr anschaulichen Einblick in das Leben vor vielen tausend Jahren. Auch das zweite außergewöhnliche Museum am Bodensee, das **Zeppelin Museum** in Friedrichshafen, ist zumindest für größere Kinder von Interesse. Es ist schon spannend, in das Innere eines Zeppelins zu schauen.

Einen Riesenspaß für Kinder verspricht der Ausflug zum **Affenbergs Salem** (►Reiseziele, Uhldingen-Mühlhofen), wo man freilaufenden Berberaffen beobachten und sogar füttern kann. Im **Wild- und Freizeitpark Al-**

lensbach gibt es vor allem einheimische Wildtiere zu sehen; besonders beliebt bei Kindern ist natürlich der Streichelzoo. Bei Bregenz lockt der Hauserg **Pfänder** (►Reiseziele, Bregenz) mit einem Alpenwildpark; eine besondere Attraktion ist die hier gezeigte Greifvogelflugschau.

Literatur

Bildbände

Bodensee, Lisa Bahnmüller, Wilfried Bahnmüller, Michael Neumann-Adrian, Steiger Verlag im Weltbild, München 2000
Ein stimmungsvoller Bildband von der oberschwäbischen Barockstraße bis zur Mainau.

Die besten Bücher

- Hermann Hesse, Bodensee, Thorbecke, Sigmaringen 2001.
  Wer auf Hesses Spuren wandeln möchte, sollte sich in dieses Buch vertiefen. Der Dichter, der einige Jahre in Gaienhofen lebte, hat in Betrachtungen und Gedichten seine Eindrücke vom See festgehalten.
- Die Zweite Hälfte meiner Heimat, Annette von Droste-Hülshoff am Bodensee, Irene Ferchl, Deutsche Verlags-Anstalt, Stuttgart 1998.
  Der literarische Reiseführer, mit zeitgenössischen Stichen und Fotos illustriert, stellt die Dichterin am Bodensee vor.
- Martin Walser, Ein fliehendes Pferd, Suhrkamp, Frankfurt/Main 1983.
  Bekannte Novelle, die das Zusammentreffen zweier ehemaliger Schulkameraden beschreibt, des Schriftstellers, der am Bodensee lebt.

Bodensee, Europas lächelnde Seele, Ralf Freyer, Thomas Bohnet, Rosenheimer, Rosenheim 1996
Faszinierende Fotos und kurzweilige Texte fangen wechselnde Stimmungen rund um den Bodensee ein und stellen touristische Anziehungspunkte vor.

HB Bildatlas 185, Bodensee, HB Verlag, Ostfildern 2003
Ein bunter Bilderbogen mit einführenden Texten bietet einen guten Einstieg für eine Bodenseetour.

Hermann Hesse: Luftreisen, Betrachtungen, Gedichte, Bilder über das Fliegen, Insel, Frankfurt a. M. 1999
Der Dichter beschreibt hier einen Flug im Jahr 1911 mit dem Zeppelin »Schwaben«.

Eduard Mörike: Idylle vom Bodensee, in: Sämtliche Werke, Winkler Verlag/Patmos, Düsseldorf 1997
In der Idylle vom Bodensee (1845/1846) steht der verklärte Eindruck der Bodenseelandschaft als Hintergrund vor zwei heiteren Abenteuern des alten Fischers Martin.

Josef Victor von Scheffel: Ekkehard, Diogenes, Zürich 2001
Ein kulturhistorischer Roman aus dem 10. Jahrhundert. Der Mönch Ekkehard von St. Gallen wird von der verwitweten Herzogin Hadwig von Schwaben zurückgestoßen, als er ihre Liebe zu spät erwidert.

Den Rest seines Lebens verbringt er als Einsiedler am Säntis in der Betrachtung der Natur und der Abfassung des »Waltharius«.

Gustav Schwab: Wanderungen durch Schwaben, Bleicher Verlag, Gerlingen 2001
Schwab gestaltet seine Vorlage recht frei: In »Der Reiter und der Bodensee« sinkt der Reiter nach einem Gewaltritt über den zugefrorenen Bodensee nicht tot vom Pferd, sondern landet im Überlinger Gasthaus »Zur Krone«, um sich mit einem wohlschmeckenden Mahl zu stärken.

Unser aller Weg führt übern Bodensee. Hg. von Manfred Bosch, Edition Isele, Eggingen 2000
Eine literarische Anthologie zum Thema Bodensee: 70 Autoren des 20. Jh.s kommen zu Wort.

Martin Walser: Ficus, Heimatlob. Ein Bodensee-Buch, Insel/Suhrkamp, Frankfurt/Main 1998
Walser und Ficus, Schriftsteller und Maler, beide langjährig befreundet und am Bodensee ansässig, machen sich Gedanken über die vertraute Landschaft.

Sachbuch

Walter Gödden, Jochen Grywatsch, Annette von Droste-Hülshoff am Bodensee, Turm Verlag, Meersburg 1998
Ein praktischer Reiseführer, der die biografischen und literarischen Bezüge der Dichterin zum Bodensee darstellt.

Notrufe

DIE WICHTIGSTEN RUFNUMMERN

DEUTSCHLAND

- **Polizei**
  Tel. 110
- **Feuerwehr**
  Tel. 112
- **Deutsche Rettungsflugwacht Stuttgart**
  Tel. (07 11) 7 00 70
- **DRK-Flugdienst Bonn**
  Tel. (02 28) 23 00 23

SCHWEIZ

- **Polizei**
  Tel. 117
- **Unfallrettung**
  Tel. 144
- **Feuerwehr**
  Tel. 118
- **Schweizer Rettungsflugwacht**
  Tel. 14 14

Seenotrettung

Der Rettungsdienst auf dem Bodensee wird durch folgende Einrichtungen wahrgenommen: Wasserschutzpolizei (Deutschland), Gendarmerie (Österreich), Seepolizei (Schweiz). Rund um den Bodensee befinden sich über 40 Blinkleuchten, die Vorsichtsmeldungen für Wassersportler signalisieren. In der Wintersaison leuchten die Sturmwarnlampen nur bei akuter Sturmgefahr auf. Die Lampen blinken bei Vorsichtsmeldung, die das wahrscheinliche Eintreten von jähen Sturmwinden signalisiert, 40-mal in der Minute, bei Sturmwarnung, die auf unmittelbare Gefahr hinweist, 90-mal pro Minute.

DIE WICHTIGSTEN RUFNUMMERN

DEUTSCHLAND

- **Deutschland Rettungsleitstelle Kreis Konstanz**
  Radolfzell: Tel. (077 32) 192 22
- **Rettungsleitstelle Bodenseekreis**
  Friedrichshafen: Tel. (075 41) 192 22
- **DLRG-Ortsgruppen**
  Konstanz: Tel. (075 31) 1 74 00
  Langenargen: Tel. (075 43) 25 36
  Radolfzell: Tel. (077 32) 94 21 90

SCHWEIZ

- **Schweizerische Lebensrettungsgesellschaft Seerettungsdienst:**
  Tel. 118

ÖSTERREICH

- **Österreichische Wasserrettung, Landesverband Vorarlberg**
  Bregenz: Tel. (055 74) 61 70 00

Post · Telekommunikation

Deutschland Postkarte Inland und europäisches Ausland: 0,45 €.
Standardbrief Inland und europäisches Ausland 0,55 €.

Schweiz und Liechtenstein Es wird unterschieden zwischen nichteiliger und eiliger Post:
Nichteilige Briefpost (bis 20 g) und Ansichtskarten nach Deutschland und Österreich 1,20 CHF, innerhalb der Schweiz 0,70 CHF
Eilige Briefpost (bis 20 g) und Ansichtskarten nach Deutschland und Österreich 1,30 CHF, innerhalb der Schweiz 0,90 CHF. Ein handgeschriebener Vermerk oder Klebezettel mit Aufschrift »Prioritaire« ist erforderlich.

Österreich Postkarte und Standardbrief Inland und Europa 0,51 €.

Telefonkarten

Zwischen der Deutschen Telekom und der eidgenössischen Postgesellschaft PTT wurde ein Vertrag geschlossen, demzufolge deutsche Telefonkarten in der Schweiz bzw. schweizerische Karten in Deutschland verwendet werden können.

TELEFON

VORWAHLEN

► von Deutschland
in die Schweiz: 00 41
nach Liechtenstein: 0 04 23
nach Österreich: 00 43

► von der Schweiz und Liechtenstein
nach Deutschland: 00 49
nach Österreich: 00 43

► von Österreich
nach Deutschland: 00 49
in die Schweiz: 00 41
nach Liechtenstein: 004 23

Preise und Vergünstigungen

Der Bodensee ist wie alle großen Ferienregionen relativ teuer. Es ist zweifellos am schönsten, direkt am See zu essen und zu übernachten, aber auch am teuersten. In der Schweiz ist es sogar noch etwas teurer. Wer es preisgünstiger haben möchte, sollte sich ins Hinterland, das auch sehr idyllisch ist, begeben. Vor allem für Familien mit Kindern geeignet sind deshalb die Touristenkarten, die freien Eintritt bei Ausflugszielen und auch freie Fahrt mit den öffentlichen Verkehsmitteln ermöglichen. Auch die verschiedenen Verkehrskarten schonen die Urlaubskasse (►Schifffahrt).

Bodensee-Erlebniskarte

Mit der BodenseeErlebniskarte erhält man freien Eintritt zu einer ganzen Reihe von Ausflugszielen, den meisten Bädern und zahlreichen Museen sowie freie Fahrt auf allen Bodenseekursschiffen und einigen Bergbahnen. Sie ist für drei, sieben oder 14 aufeinander folgende Tage erhältlich.

Bodensee Gästepass

Der BodenseeGästepass ist die gemeinsame Gästekarte fast aller wichtiger deutscher Bodenseeorte. Passinhaber kommen in den Genuss vieler ermäßigter oder kostenloser touristischer Angebote.

BodenSeeTeam-Card

Mit der BodenSeeTeam-Card hat der Besucher bei vielen Veranstaltungen und Freizeitangeboten sowie in Museen freien Eintritt. Die

WAS KOSTET WIE VIEL?

3-Gang-Menü
ab 10 €

Einfache Mahlzeit
ab 5 €

Tasse Kaffee
ab 1,50 €

Einfaches Doppelzimmer
ab 20 €

Glas Bier
ab 2,50 €

Benzin (1 l normal)
ab 1,10 €

Karte hat in folgenden Orten Gültigkeit: Bodman-Ludwigshafen, Heiligenberg, Immenstaad, Meersburg, Salem, Sipplingen, Überlingen, Uhldingen-Mühlhofen.

Bodensee-Rheintal-Inclusive-Card Die Karte für die Region Bodensee-Rheintal mit einer Gültigkeitsdauer von zwei oder drei Tagen erlaubt die Benutzung der öffentlichen Verkehrsmittel und der beiden Seilbahnen. Sie gewährt außerdem freien Eintritt in die größten Museen und die Freibäder.

Radwandern

Bodensee-Radweg Der Bodensee-Radweg, der beliebteste Radweg Europas, führt entlang dem deutschen, österreichischen und Schweizer Bodenseeufer. Im Allgemeinen wird die Tour in 7 bis 8 Tagen gefahren. Der gesamte Bodensee-Radweg hat eine Länge von rund 268 km. Um den Bodensee zu umrunden, benötigt man einen gültigen Personalausweis oder Reisepass. Beste Zeit für einen Radurlaub ist die Vor- oder Nachsaison, da die Suche nach Quartieren für jeweils nur eine Übernachtung während der Saison häufig schwierig ist. Auch die Bodenseeschiffe befördern Fahrräder, allerdings nur, solange genügend Platz auf den Schiffen ist.

Radhotels Im Bodenseeraum gibt es mittlerweile eine Vielzahl von Radhotels, die Fahrräder verleihen und teilweise auch geführte Radtouren rund um den See oder ins Hinterland anbieten.

Fahrradverleih

Fast überall am Bodensee kann man Fahrräder mieten. Anbieter sind Hotels, Sportgeschäfte, Fahrradvermietungen oder die Fremdenverkehrsämter der einzelnen Gemeinden. Auskunft zu den Anbietern erhält man bei den Fremdenverkehrsämtern. An den Bahnhöfen der drei den Bodenseeraum bedienenden Bahngesellschaften DB, SBB und ÖBB stehen ebenfalls in der Regel von April bis Ende Oktober, z. T. aber auch ganzjährig, Leihfahrräder – in der Schweiz Mietvelos genannt – zur Verfügung, die man nach Gebrauch an jedem Bahnhof zurückgeben kann. Prospekte sind an allen DB-Verkaufsstellen erhältlich. Informationen gibt es auch im Internet unter www.bahn.de.

Radeln ohne Gepäck

Wachsender Beliebtheit erfreut sich das Radeln ohne Gepäck. Der Gepäcktransport wird von Mitte März bis Ende Oktober angeboten und ist in jeder Unterkunft am Bodensee bis 16.00 Uhr am Vortag buchbar. Verschiedene Veranstalter haben auch Pauschalangebote, die Übernachtungen und Gepäcktransport umfassen, im Angebot.

RADWANDERN

AUSKUNFT

▶ **Allgemeiner Deutscher Fahrrad-Club (ADFC) Konstanz**
Tel. (075 31) 36 81 58
www.adfc-bw.de/konstanz

▶ **Bahn**
Tel. (018 05) 15 14 15
(Radfahrer-Hotline)
www.bahn.de

RADREISEN

▶ **Kultur-Rädle**
Bahnhofsplatz 29
D-78462 Konstanz
Tel. (075 31) 273 10
Die Stadt Konstanz bietet die Möglichkeit, unter fach- und ortskundiger Führung verborgene Schätze der Bodenseeregion mit dem Fahrrad zu entdecken.

▶ **Bodensee-Radweg Service GmbH**
Mainaustr. 34
D-78464 Konstanz
Tel. (075 31) 81 99 30
Fax 819 93 66
E-Mail: info@bodensee-radweg.-com, www.bodensee-radweg.com

▶ **Velotours Touristik**
Ernst-Sachs-Str. 1
D-78467 Konstanz
Tel. (075 31) 982 80
Fax 98 28 98, www.velotours.de

Reisezeit

Klimadaten

Der Bodensee gehört zu den Gegenden in Deutschland, in denen ein besonders mildes Klima herrscht. Je weiter man sich allerdings vom

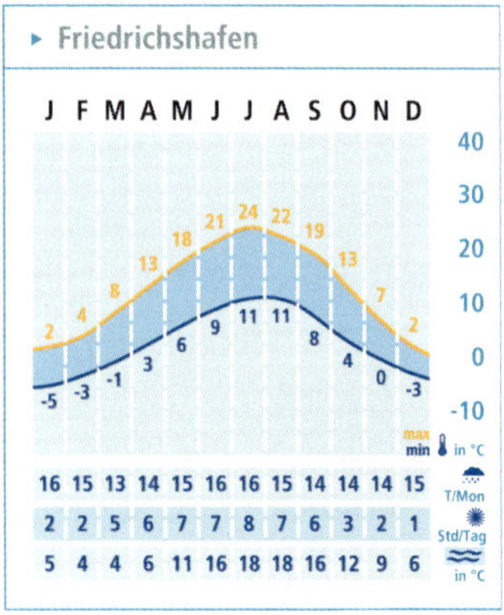

See entfernt, desto rauer wird es. Im Bodenseeraum sind die Temperaturschwankungen weniger stark als in den meisten anderen Gebieten Süddeutschlands. Der Grund dafür ist die Temperaturen ausgleichende Wirkung des großen Wasserspeichers Bodensee. Die **Jahresdurchschnittstemperatur** liegt bei + 9 °C, im Sommermonat Juli wird eine Durchschnittstemperatur von knapp 20 °C erreicht. Der Bodensee erwärmt sich wegen der späten Schneeschmelze in den Alpen und der damit verbundenen starken Kaltwasserzufuhr erst relativ spät. Doch manchmal werden in geschützten Buchten im Juli **Wassertemperaturen** von 20 °C erreicht. Da die Wärme lange gespeichert wird, werden gelegentlich noch im Oktober 17 °C Wassertemperatur gemessen. Die jährliche Niederschlagsmenge nimmt in sehr auffälliger Weise von West nach Ost zu. In Friedrichshafen misst man mehr als 900 mm **Niederschlag** pro Jahr und in Bregenz sogar 1500 mm.

Die höchsten Niederschlagsmengen fallen im Spätfrühling und Frühsommer. Durch die Verdunstung des noch relativ warmen Bodenseewassers entstehen in den Herbst- und Wintermonaten **Nebel** über dem See und in Ufernähe. Die meiste Zeit wehen am Bodensee nur leichte Winde, und oft ist es auch windstill. Bei besonderen Konstellationen der Großwetterlage im Herbst und Winter sorgt der von den Alpen herabstürzende Fallwind **Föhn** für starken Temperaturanstieg und ausgesprochen klare Sicht.

Reisezeit Der Raum Bodensee lohnt fast zu jeder Zeit einen Besuch. Während der Sommer zum Baden einlädt, werden Frühjahr und Herbst für Radtouren und Wanderungen vorgezogen. Entsprechend der milden Witterung beginnt die Reisezeit im Bodenseeraum oft schon im April zur Zeit der eindrucksvollen Obstbaumblüte, die die Landschaft in ein Blütenmeer verwandelt. Einige Orte veranstalten Baumblütenfeste. Die Löwenzahnblüte, die das Voralpenland zwischen Bodensee und Hochgebirge alljährlich im Frühjahr in riesige goldgelbe Teppiche verwandelt, bietet Wanderern und sonstigen Ausflüglern eine eindrucksvolle Kulisse. Die eigentliche Badesaison setzt selten vor dem Juli ein und endet oft erst im Oktober.

? WUSSTEN SIE SCHON ...?

- Die Seegfrörne – das bedeutet, dass der ganze Bodensee zugefroren ist – hat sich vom 9. Jh. bis heute nur 33-mal ereignet.

Jetzt herrscht Hochbetrieb am See. In Bregenz ist Festspielsaison. Vielerorts werden Hafenfeste gefeiert. Höhepunkt der Seefeste ist das mit Kreuzlingen gemeinsam veranstaltete Konstanzer Seenachtfest im August. Der Herbst ist wegen seiner leuchtenden Farben zur Obsternte und Weinlese – zahlreiche Weinfeste finden statt – nicht weniger attraktiv als das blütenreiche Frühjahr, zumal es im Herbst ruhiger ist als während der sommerlichen Hochsaison. Insbesondere für Wanderungen und Radtouren eignet sich der Herbst besonders gut.

Schifffahrt

Schifffahrtsunternehmen

Die größten den Bodensee befahrenden Schifffahrtsunternehmen sind die Bodensee-Schiffsbetriebe GmbH (BSB, Sitz in Konstanz) mit der Schweizerische Bodensee Schifffahrtsgesellschaft AG (Bodensee), der Bodenseeschifffahrt der Österreichischen Bundesbahnen (ÖBB) und der Schweizerische Schifffahrtsgesellschaft Untersee und Rhein (URh). Diese vier Reedereien sind im Verband der Vereinigten Schifffahrtsunternehmen für den Bodensee und Rhein (VSU) zusammengeschlossen und bilden mit ihren Motorschiffen und Motorbooten die **Weiße Flotte** Bodensee. Ferner gibt es die Stadtwerke Konstanz, die seit 1928 den Fährverkehr zwischen Konstanz-Staad und Meersburg unterhalten und die 1892 gegründete Motorboot-Gesellschaft Bodman.

Linienverkehr

Die Vereinigten Schifffahrtsunternehmen für den Bodensee und Rhein (VSU) betreiben die Schifffahrt auf dem Bodensee. Die Weiße Flotte fährt alle wichtigen Orte rund um den See an. Fährverkehr besteht zwischen Friedrichshafen und Romanshorn sowie zwischen Konstanz-Staad und Meersburg. Auf dem Rhein (Hochrhein, Untersee, Seerhein) verkehren mehrmals täglich Linienschiffe zwischen Schaffhausen und Kreuzlingen. Der halbjährlich erscheinende Schiffsfahrplan dieses Schifffahrtsunternehmens, in dem alle Linien der Weißen Flotte enthalten sind, ist bei den Fremdenverkehrsstellen vor Ort (►Auskunft) erhältlich.

Ausflugsfahrten

Im Sommer werden von den größeren Bodenseeuferorten in verschiedensten Kombinationen zahlreiche Sonder- und Ausflugsfahrten angeboten: Abend- und Tanzfahrten sowie Frühstücks- und andere kulinarische Fahrten, ferner Fahrten anlässlich besonderer Veranstaltungen wie zum Seefeuerwerk beim Seenachtfest in Konstanz oder zu den Bregenzer Festspielen.

Schiffscharter

Sonderschiffe für Betriebe und Vereine, Familienfeiern, Tagungen, Verkaufsfahrten und Ausstellungen können das ganze Jahr über gechartert werden. Auf Wunsch werden auf den Schiffen Programme mit Bewirtung und Musik individuell arrangiert.

Fahrkarten Der **Bodensee Pass** ist eine internationale, nicht übertragbare Kombinationsfahrkarte, die zum halben Preis grenzenloses Reisen mit Schiff, Eisenbahn, Bus und Bergbahn ermöglicht. Er ist in drei Varianten zu bekommen: als 7-Tage-Karte, als 15-Tage-Karte und als Jahreskarte mit persönlichem Passfoto. Der Bodensee Pass ist erhältlich auf allen Schiffen und Landestellen der Weißen Flotte sowie an den Bahnhöfen Arbon, Kreuzlingen-Hafen, Lindau, Radolfzell, Romanshorn, Rorschach-Hafen. Singen und Überlingen. Als Ergänzung gibt es Tageskarten (einzeln oder im 3er-Set), die auf allen Schiffen der Weißen Flotte gelten. Zum Bodensee Pass bekommt man gratis die Bodensee-Gästekarte, mit der Preisnachlässe bei zahlreichen touristischen Einrichtungen gewährt werden.
Mit der **Saison Card** hat man ein Jahr lang freie Fahrt auf allen VSU-Kursschiffen, mit Ausnahme der Bodenseefähre Friedrichshafen -- Romanshorn und Überlingen – Bodman. Mit der **Bodensee-Kinderkarte** können Kinder und Jugendliche bis 15 Jahre in Begleitung ihrer Eltern oder Großeltern einen Tag auf allen Kursschiffen fahren. Für einen Tagesausflug in die internationale Bodenseeregion bietet sich die **EuRegio Bodensee** an. Diese Tageskarte ermöglicht Fahrten auf allen Bussen, Bahnen und Schiffen in der Region und ist in sieben Zonen unterteilt. Gesellschaften, Schulen und Jugendgruppen mit mehr als fünf Personen erhalten für gemeinsame Fahrten großzügige Fahrpreisermäßigungen.

Schwerbehinderte Fast alle Schiffe sind für Rollstullfahrer geeignet. Sie sind mit behindertengerechten Toiletten, einige mit Aufzügen ausgestattet. Das in Deutschland geltende Gesetz über die unentgeltliche Beförderung Schwerbehinderter im öffentlichen Personenverkehr gilt nur auf der Schiffslinie 10501 von Konstanz nach Überlingen.

Museumsschiff »Hohentwiel« Die »Hohentwiel«, das letzte Dampfschiff auf dem Bodensee, wurde 1911/1912 bei Escher-Wyss in Zürich gebaut. Nach dem Zweiten Weltkrieg diente es der Deutschen Bundesbahn bis Anfang der 1960er-Jahre als Passagierschiff. Dann erwarb der Jachtclub Bregenz das Schiff und nutzte es rund zwanzig Jahre lang als Klubhaus. Im Jahr 1983 beschloss die Internationale Bodenseekonferenz zu prüfen, ob die »Hohentwiel« als Museum für die Geschichte der Bodenseeschifffahrt erhalten werden könne. Und tatsächlich war die Renovierung des Schiffes bis 1989 abgeschlossen, so dass der Nutzung als Museum nun nichts mehr im Wege stand.
eit 1990 befährt der restaurierte Schaufelraddampfer »Hohentwiel« nun wieder den Bodensee. Angeboten werden Ausflugs-, Gourmetfahrten, Fahrten zu den Bregenzer Festspielen und Erlebnisfahrten in Kombination mit dem Rheinbähnle. Die Abfahrt erfolgt von den großen Orten am Bodensee.

Nostalgie pur: eine Fahrt mit dem Schaufelraddampfer »Hohentwiel«

SCHIFFFAHRT

SCHIFFFAHRTS-GESELLSCHAFTEN

- **Bodensee-Schiffsbetriebe (BSB)**
  Verkaufsbereich Konstanz
  Hafenstr. 6
  D-78462 Konstanz
  Tel. (075 31) 364 03 89
  Fax 364 03 73
  E-Mail: info@bsb-online.com
  www.bsb-online.com

- **Österreichische Bundesbahnen (ÖBB)**
  GE–Bodensee Schifffahrt
  Seestr. 4
  A-6900 Bregenz
  Tel. (055 74) 428 68
  Fax 930 00-5 20
  www.bodenseeschifffahrt.at

- **Schweizerische Bodensee Schifffahrtsgesellschaft AG**
  CH-8590 Romanshorn
  Tel. (071) 466 78 88
  Fax 466 78 89
  www.sbsag.ch

- **Schweizerische Schifffahrts-gesellschaft Untersee und Rhein (URh)**
  Freier Platz 7
  CH-8202 Schaffhausen
  Tel. (052) 634 08 88
  Fax 625 59 93
  www.urh.ch

- **Vereinigte Schifffahrtsunter-nehmen für den Bodensee und Rhein**
  www.vsu-online.com

FÄHRVERKEHR

▶ **Auto- und Personenfähren**
Konstanz-Staad – Meersburg (ganzjährig im Pendelverkehr; Tag und Nacht)
Stadtwerke Konstanz
Tel. (075 31) 80 30
Friedrichshafen – Romanshorn (im Stundentakt)
Bodensee-Schiffsbetriebe
Tel. (075 41) 364 03 89

▶ **Personenfähre**
Allensbach – Reichenau
Bootsvermietung Baumann
Tel. (075 33) 63 61

▶ **Schiffahrt-Agentur Hohentwiel**
Kanzleistr. 1
D-78462 Konstanz
Tel. (075 31) 1 57 11
Fax 157 33
E-Mail: Schiffahrt-Agentur-Konstanz@t-online.de
www.royal-steamer-tour.com

▶ **Raddampfer Hohentwiel**
Anton-Schneider-Str. 1
A-6900 Bregenz
Tel. (055 74) 48 98 30
Fax 424 67 86
Informationen über Reservierungen und Chartermöglichkeiten

Shopping

Das ganz typische Bodenseesouvenir gibt es nicht. Es sind vielmehr die zahlreichen Spezialitäten der Anrainerstaaten, die als Andenken oder Mitbringsel Freude machen. Beliebt sind schöne Spitzen- und Stickereiarbeiten aus der Schweiz und Vorarlberg, Zeichnungen und Gemälde sowie Antiquitäten aus zahlreichen Galerien (besonders Meersburg) und kunstgewerbliche Gegenstände (Töpferwaren, Holz- und Wurzelschnitzereien), Briefmarken aus Liechtenstein sowie Armeemesser, Uhren und Schmuck aus der Schweiz. An kulinarischen Mitbringseln empfehlen sich Bodenseewein und Obst, das auch an der Straße verkauft wird, ferner Obstschnäpse (z. B. aus Birnau). Aus der Schweiz empfehlen sich Schokolade und Käse. Die Hüppen sind feine Waffeln aus dem Schweizerischen Gottlieben. Eine Spezialität Liechtensteins ist die Honigtorte.

Sportschifffahrt

Wassersportrevier mit strengen Schutzbestimmungen

Der Bodensee ist eines der schönsten Wassersportreviere in Europa; auch eine Fahrt auf dem Rhein ist landschaftlich sehr lohnend. Da der Bodensee Trinkwasserspeicher für Hunderttausende von Menschen 7und Rückzugsgebiet für viele Wassertiere und Vögel ist, bestehen zum Schutz der Umwelt strenge Verordnungen für Wassersportler. 300 m vom Ufer aus sind gesperrt für Wasserfahrzeuge, das Gleiche gilt für alle Naturschutz- und Schilfgebiete.

Heimisches Obst wird an vielen Verkaufsstellen an der Straße angeboten.

Bodenseewetter

Das Segeln auf dem Bodensee ist nicht einfach. Zwar weht der Wind meist stetig von Osten oder Westen, doch ist er in Ufernähe nicht selten böig. Nicht zu unterschätzen sind die plötzlich aufziehenden Gewitter, deren Herannahen Sturmwarnleuchten am Ufer ankündigen.

Segelbootcharter

Segelbootcharter – z. T. auch mit Skipper – und Segelkurse bieten die zahlreichen Jachtschulen im Bodenseegebiet. An dieser Stelle können nur einige genannt werden. Für ausführliche Informationen sollte man sich an die unter ►Auskunft erwähnten Fremdenverkehrsstellen direkt wenden.

WICHTIGE ADRESSEN

WETTERVORHERSAGE

► **Wettervorhersage für Wassersportler auf dem Bodensee**
Tel. (07 11) 955 20

► **Deutscher Wetterdienst, Wetterwarte Konstanz**
Tel. (075 31) 58 27 70

► **Wetterdienst Bregenz**
Tel. (055 74) 425 54

► **Schweizerische Meteorologische Zentralanstalt Zürich**
Tel. (01) 256 91 11
Es empfiehlt sich immer, vor größeren Touren das Wetter bei der Schweizerischen Meteorologischen Zentralanstalt in Zürich abzufragen, da von dort die Großwetterlage aufzieht.

SEGELSCHULEN

► **Konstanz / Wallhausen**
Segel- und Motorbootschule
Wittmoosstr. 10
Tel. (075 33) 47 80
Fax 977 71
E-Mail: bsw.mueller@t-online.de
www.segelschule-konstanz-wallhausen.de

► **Radolfzell**
Segelschule
Zeppelinstr. 23
Tel. (077 32) 97 19 31
Fax 103 92
E-Mail: info@segelschule-radolfzell.de
www.segelschule-radolfzell.de

► **Staad (CH)**
Delfino Segelschule
Hauptstr. 8
Tel. (071) 845 40 20
Fax 845 40 22
E-Mail: info@delfinos.ch
www.delfinos.ch

Übernachten

Am Bodensee gibt es zahlreiche Möglichkeiten zum Übernachten, vom einfachen Campingplatz bis zum komfortablen Hotel. Grundsätzlich heißt die Devise: je weiter weg vom See, umso günstiger die Übernachtungspreise.

Camping Campingverzeichnisse sind u. a. bei den Fremdenverkehrsverbänden in Deutschland, Österreich und der Schweiz (►Auskunft) erhältlich. Auskünfte über die herrschenden Bestimmungen auf den Campingplätzen erteilen die nachfolgend erwähnten übergeordneten Stellen.

Hotels Die Region Bodensee verfügt in der Hotellerei überwiegend über gut geführte Mittel- und Kleinbetriebe. Daneben gibt es einige Häuser der oberen Kategorie. Bettenburgen kennt man glücklicherweise nicht.

Privatzimmer, Ferienwohnungen und **Ferienhäuser** zu erschwinglichen Preisen gibt es inzwischen in großer Zahl in vielen Orten am Bodensee. Die Vermieter geben sich große Mühe, ihren Gästen eine ansprechende Ausstattung zu bieten. Die regionalen und lokalen Fremdenverkehrsämter halten vollständige Verzeichnisse bereit, die jedes Jahr auf den neuesten Stand gebracht werden und detaillierte Angaben über einzelne Unterkünfte enthalten.

i Preiskategorien

- Die aufgeführten Preise beziehen sich auf ein Doppelzimmer pro Nacht.

  Luxus: ab 240 €
  Komfortabel: ab 120 €
  Günstig: ab 30 €

Jugendherbergen

Die Jugendherbergen (JH) stehen allen Gästen offen, die einen gültigen Jugendherbergsausweis besitzen. Eine Altersbegrenzung besteht nicht; doch genießen Gäste unter 25 (in Österreich unter 30) Jahren ein Vorrecht. Familien sowie Leiter von Schulen und Jugendgruppen benötigen eine besondere Mitgliedskarte. In der Hochsaison ist Voranmeldung zu empfehlen.

Ferien auf dem Bauernhof

Zahlreiche Bauernhöfe im Bodenseeraum bieten vor allem für Familien mit Kindern Möglichkeiten für abwechslungsreiche Ferienaufenthalte. Etliche Höfe sind in Ferienringen zusammengeschlossen, die auch Gemeinschaftsveranstaltungen organisieren.

WICHTIGE ADRESSEN

CAMPING

► **Deutscher Camping-Club**
Mandlstr. 28
D-80802 München
Tel.(089) 380 14 20
Fax 33 47 37
E-mail: info@camping-club.de
www.camping-club.de

► **Schweizerischer Camping- und Caravaning-Verband (SCCV)**
Postfach 24
CH-4027 Basel
Tel (061) 302 26 26
Fax (061) 302 24 81
E-mail: info@sccv.ch
www.sccv.ch

► **Camping- und Caravaningclub Austria (CCA)**
Mariahilfer Str. 180
A-1150 Wien
Tel. (01) 89 12 10

JUGENDHERBERGEN

► **Deutsches Jugendherbergswerk (DJH)**
Bismarckstr. 8
D-32756 Detmold
Tel. (052 31) 740 10
Fax 74 01 49
E-Mail: service@djh.de
www.djh.de

► **Schweizer Jugendherbergen (SJH)**
Schaffhauser Str. 14
CH-8042 Zürich

Tel. (01) 360 14 14
Fax 360 14 60
E-Mail: marketing@youthhostel.ch
www.sjh.ch

► **Österreichischer Jugendherbergsverband (OEJHV)**
Schottenring 28
A-1010 Wien
Tel. (01) 533 53 5 3
Fax 535 08 61
E-Mail: oejhv@chello.at
www.oejhv.or.at

FERIEN AUF DEM BAUERNHOF

► **Verein Urlaub auf dem Bauernhof in Baden-Württemberg**
Friedrichstr. 43
D-79098 Freiburg im Breisgau
Tel. (07 61) 271 33 90
Fax 28 77 75
www.urlaub-bauernhof.de

► **Reka Schweizer Reisekasse**
Neuengasse 15
CH-3001 Bern
Tel. (031) 329 66 33
www.reka.ch

► **Urlaub am Bauernhof in Vorarlberg**
Montfortstr. 9 – 11
A-6900 Bregenz
Tel. (055 74) 40 01 00
Fax 40 06 00
www.vorarlberg-tourism.at

Urlaub aktiv

Angeln Im Bodensee können u. a. Äsche, Egli, Saibling, Trüsche, Kilch, Felchen, Seeforelle, Hecht und Wels geangelt werden. Erlaubnisscheine sind gegen Gebühr und Vorlage des Jahresfischereischeins erhältlich. Detaillierte Informationen erteilen die unter ► Auskunft erwähnten Fremdenverkehrsstellen.

Golf Golf gilt in Deutschland nach wie vor als Exklusivsport. Dennoch wächst die Zahl der Golfplätze auch im Bodenseeraum ständig. Golfplätze gibt es auf deutscher Seite in Allensbach, Konstanz, Lindau-Bad Schachen und Owingen bei Überlingen sowie in der Schweiz in Kreuzlingen und St. Gallen.

Inlineskating Der Bodensee hat sich in den letzten Jahren zu einem großen Anziehungspunkt für Inlineskater entwickelt. Auf den asphaltierten Uferwegen eröffnet sich eine Vielzahl von Strecken, die sich mühelos kombinieren lassen: von der ca. 15 km langen Strecke rund um die Insel Reichenau bis zur kompletten Runde um den See von über 200 km Länge.

Minigolf Minigolfanlagen sind im Regelfall zwischen April und September geöffnet. Weitere Informationen erteilen die Fremdenverkehrsstellen vor Ort (►Auskunft).

Reiten

Die Reiterei hat im Bodenseeraum eine lange Tradition, wie die zahlreichen Pferdeprozessionen zeigen. Alljährlich finden sich zu einem jeweils zu vereinbarenden Zeitpunkt die Mitglieder des Bodenseereiterringes zu einem Sternritt zusammen. Diverse Reitställe und Reiterhöfe verfügen über Reithallen; sie erteilen Reitunterricht für Anfänger und Fortgeschrittene und führen Ausritte ins Gelände durch. Großer Beliebtheit erfreuen sich u. a. auch die vielerorts während der Hauptsaison angebotenen Kutsch- oder Planwagenfahrten. Informationen sind bei den Fremdenverkehrsstellen vor Ort (►Auskunft) erhältlich.

Tennis, Squash

Zahlreiche Fremdenverkehrsorte im Bodenseeraum verfügen über Tennisplätze und -hallen. Eine größere Anzahl an Anlagen existiert beispielsweise in Friedrichshafen, Konstanz, Lindau, Tettnang und Überlingen. Weitere Informationen sind bei den Fremdenverkehrsstellen vor Ort (►Auskunft) erhältlich. Auch die Anzahl von Squashcourtanlagen wächst zusehends. Eine größere Anzahl an Anlagen gibt es u. a. in Friedrichshafen, Konstanz (Dettingen-Wallhausen), Radolfzell-Mettnau, Ravensburg und Singen.

Wandern

Der Raum Bodensee ist ein beliebtes Ziel für Wanderer; viele Orte bieten günstige Pauschalaufenthalte, darunter auch Wandern ohne Gepäck an. Ausführliche Beschreibungen von ausgewählten **Wanderwegen** findet man bei den ►Routenvorschlägen; ferner wird auf Wanderwege unter den Hauptstichwörtern im Kapitel »Reiseziele von A bis Z« aufmerksam gemacht. Alljährlich im Herbst wird die **Internationale Bodenseewanderung** durchgeführt; sie berührt alle drei Bodenseeanrainerstaaten. Weitere Informationen erteilt die Internationale Bodensee Tourismus GmbH (► Auskunft). In Vorarlberg sind spezielle **Wanderbusse** als Zubringer zu Ausgangs- bzw. als Rückholer an Endpunkten schöner Wanderziele eingesetzt. Weitere Informationen erteilt Vorarlberg Tourismus in Bregenz (►Auskunft).

! *Baedeker* TIPP

Neu, Neu, Neu ...

... ist der Nordic-Walking-Park Hegau in Singen und Umgebung – ganz dem derzeitigen Trend folgend. Ausgewiesen sind bisher einige Strecken zwischen 3 und 6 Kilometern. Weitere Strecken sind in Planung (Informationen: Tourist-Information Hegau-Schaffhausen, Tel. 077 31/85-2 62).

Flugsport

Die Flugsportarten wie Segel-, Delta- bzw. Drachen- und Gleitschirmfliegen sowie Fallschirmspringen erfreuen sich zunehmender Beliebtheit. Die nachfolgend genannten übergeordneten Auskunftsstellen haben meist eigene Abteilungen für die verschiedenen Flugsportarten und geben auch Hinweise über Rundflugveranstalter.

Heißluftballonfahrten

Eine Fahrt im Heißluftballon zählt zu den besonderen Ferienerlebnissen. Angeboten werden Fahrten beispielsweise in Friedrichshafen, Konstanz, Kreuzlingen, Markdorf, Stockach und St. Margrethen. Informationen erteilen u. a. die entsprechenden Fremdenverkehrsstellen vor Ort (►Auskunft).

Zeppelinrundflüge Ein einmaliges, allerdings auch teures Erlebnis ist ein Rundflug mit dem neuen Zeppelin NT. Das Luftschiff, in dem 19 Passagiere Platz haben, startet zu einem einstündigen Rundflug ab Friedrichshafen und fliegt in 300 m Höhe über den westlichen oder östlichen Teil des Bodensees; die eine Route streift Meersburg, Mainau und Konstanz, die andere Lindau, Bregenz und Altenrhein.

WICHTIGE ADRESSEN

IINLINESKATING

► **Skate-the-Lake**
Mainaustr. 34
D-78464 Konstanz
Tel. (075 31) 942 36 30
Fax 942 36 39
E-Mail: info@skate-the-lake.de
www.skate-the-lake.de

FLUGSPORT

► **Flugplatz Lindau-Wildberg**
Tel. (083 89) 271

► **Friedrichshafen-Löwenthal**
Tel. (075 41) 284 01

Von beiden Flugplätzen werden Bodenseerundflüge angeboten.

► **Ballonfahrten Allgäu Bodensee**
Dietostr. 11
D-88046 Friedrichshafen
Tel. (075 41) 312 80
www.ballonfahrten-bodensee.de

► **DZR Reisebüro**
Allmannsweilerstr. 132
D-88046 Friedrichshafen
Tel. (07 00) 93 77 20 01
www.zeppelinflug.de

Verkehr

Bahnverkehr Das Nordufer des Bodensees wird von dem DB ZugBus Regionalverkehr Alb-Bodensee (RAB) mit Zügen und Bussen erschlossen. Die Regionalbahn **»seehänsele«** verbindet am nördlichen Bodenseeufer die Städte Radolfzell, Überlingen, Markdorf, Friedrichshafen und Lindau miteinander. Schneller noch kann man diese Orte mit der IRE-Linie erreichen. Der **»seehas – Die Hegau-Bodensee-Bahn«** (Bodensee-S-Bahn) verbindet sowohl die Städte Konstanz, Singen und Engen als auch Orte des Landkreises Konstanz mit dem Kanton Thurgau. Befahren wird das Schienennetz von der schweizerischen Mittelthurgaubahn (MThB), die die Strecke im Auftrag der Deutschen Bahn befährt. Ein großer Vorteil dieser Verbindung ist, dass Anreisende aus Weinfelden in der Schweiz mit der MThB bis in den

Hegau bzw. Reisende aus dem Hegau nach einem kurzen Halt in Konstanz mit den Zügen ins schweizerische Weinfelden fahren können und dort unmittelbar Anschluss nach Zürich bzw. zum Flughafen Zürich-Kloten haben. Die Schienenstrecke Radolfzell – Stockach wird ebenfalls durch die Mittelthurgaubahn befahren.

Busverkehr

Viele deutsche, schweizerische und österreichische Busunternehmen veranstalten Halbtages-, Tages- und Mehrtagesfahrten. Informationen über das aktuelle Angebot sind u. a. bei Reisebüros, Verkehrsämtern und Gemeindeverwaltungen erhältlich. Die Seelinie der RAB fährt auch alle Orte am Nordufer des Bodensees zwischen Friedrichshafen und Radolfzell an. Der **LinzgauFreizeitBus** verkehrt am Wochenende und an Feiertagen zwischen Überlingen, Heiligenberg, Salem und Oberuhldingen.
Bequem und schnell kommt man mit dem StädteSchnellbus über den See, und zwar von Friedrichshafen-Flughafen nach Konstanz. Die Busse werden mit der Fähre übergesetzt. Mit dem ErlebnisBus der RAB kann man in der Saison von Unteruhldingen Hafen/Pfahlbaumuseum zum Affenberg Salem und nach Salem gelangen. Der Postautodienst der Schweizer **PTT** bedient die schönsten Ausflugsziele abseits der großen Touristenströme z. B. ab St. Gallen bis nach Arbon an den Bodensee. Weitere Auskünfte erteilen die schweizerischen Verkehrsbüros (▶Auskunft).

Fahrkarten

Mit der Tageskarte **EuRegio Bodensee** können alle Züge, Busse und Schiffe in zwei wählbaren Zonen oder im gesamten Bodenseeraum benutzt werden. Besonders preiswert ist die **bodo-Tageskarte** für bis zu 5 Personen. Ohne Bargeld Bus fahren können Inhaber der bodoCard. Sie erhalten mit der aufladbaren Chipkarte 20 % Ermäßigung auf den Einzelfahrschein. Die bodoCard ist beim Busfahrer und bei den RAB-Kundenzentren erhältlich. Samstags, sonntags und feiertags gilt auf den Linien der RAB das BusFreizeitTicket.

ADRESSEN

▶ **Deutsche Bahn**
Tel. (018 05) 99 66 33
www.bahn.de

▶ **RAB KundenCenter Friedrichshafen**
Busauskünfte:
Tel. (075 41) 30 13-0
Fax 30 13 85
www.bahn.de/rab
Telefonische Fahrplanauskunft für Baden-Württemberg:
Tel. (018 05) 77 99 66
Reiseservice:
Tel. 118 61

▶ **Schweizerische Bundesbahnen**
Railservice:
Tel. 09 00 30 03 00
www.sbb.ch

▶ **Österreichische Bundesbahnen**
Tel. 05 17 17 (Ortstarif)
www.oebb.at

Wassersport

Baden Wer gerne baden und schwimmen geht, findet zahlreiche Bademöglichkeiten in Strandbädern – Strandbäder Horn und Hard auch mit FKK-Abteilungen –, Freibädern und Hallenbädern. Großen Zuspruch bei Badegästen finden u. a. auch das Freizeitbad Jakob (Thermal- und Mineralbad) in Konstanz, die vielseitigen Badeeinrichtungen im Freizeitzentrum Säntispark in Abtwil bei St. Gallen sowie das beheizte Frei- und Seebad in Meersburg. Neue Attraktionen sind die direkt am See gelegenen Thermalbäder von Überlingen und Meersburg. Über Details wie Ausstattung der Bäder und Öffnungszeiten informieren die Fremdenverkehrsstellen (►Auskunft).

Viel Spaß gibt's für Kinder in den Freibädern – hier in Eriskirch.

Tret- und Ruderboote sowie Motor- und Elektroboote werden in vielen Häfen vermietet. Informationen erteilen die Fremdenverkehrsämter vor Ort (►Auskunft).

Der Überlinger und der Untersee sowie der Hochrhein gelten als eines der schönsten **Kanureviere** Deutschlands. Hier verläuft auch der Bodensee-Kanuweg in verschiedenen Etappen. Das Kanu-Zentrum in Konstanz mit seinen zahlreichen Verleihstationen bietet Kanuwanderungen und -reisen an.

Surfen Surfen ist auf dem Bodensee möglich. Windsurfingschulen liegen oft in der Nähe von Strandbädern. Auskünfte erteilen die Fremdenverkehrsstellen (►Auskunft).

Tauchen Der Bodensee ist derzeit – bis auf wenige Ausnahmen – für Sporttaucher frei zugänglich. Es sei darauf hingewiesen, dass für Taucher mit wenig Reviererfahrung und mangelnder Kenntnis der dazugehörenden Technik das Tauchen im Bodensee zu einer lebensbedrohenden Gefahr werden kann. Unbedingt zu befolgen sind Tauchverbote; wer ohne Sondergenehmigung am »Teufelstisch« im Überlinger See taucht, dem droht eine hohe Geldstrafe. Man informiere sich beim Arbeitskreis »Sicheres Tauchen im Bodensee« in Konstanz (www.sicheres-tauchen.de).

Wasserski

Eine Reihe von Bootsvermietern bietet Wasserskikurse und -fahrten sowie Geräteverleih an. Informationen erteilen die Fremdenverkehrsstellen vor Ort (►Auskunft).

ADRESSEN

KANUFAHREN

► **KanuZentrum Konstanz**
Robert-Bosch-Str. 4
D-78467 Konstanz
Tel. (075 31) 95 95-97
Fax 95 95-96
E-Mail: info@bodensee-kanuweg.com
www.bodensee-kanuweg.com

SURFEN

► **Der Surf-Bauch**
Wollmatinger Str. 77
Konstanz
Tel. (075 31) 539 11
www.surfbauch.de

► **Windsurfingschule E. Witte**
Radolfzell
Tel. (073 32) 62 92

► **Surfschule Reichenau**
Tel. (075 34) 9 89 59

Touren

SIE WISSEN NOCH NICHT, WO ES LANGGEHEN SOLL? UNSERE TOUREN-VORSCHLÄGE HELFEN IHNEN – MIT TIPPS FÜR BESONDERS SCHÖNE STRECKEN.

TOUREN AM BODENSEE

Der Bodensee ist vor allem für Radfahrer ein wahres Paradies. Der Bodensee-Radweg führt rund um den See. Für andere Besuchen seien zwei kleinere Touren vorgeschlagen, die in komprimierter Form einige Attraktionen in kultureller und landschaftlicher Hinsicht beinhalten.

TOUR 1 **Bodensee Radweg**
Der Bodensee Radweg, eine der beliebtesten Radstrecken Deutschlands, führt rund um den See. Er bietet durch die Nähe zum See landschaftliche Schönheiten und berührt fast alle Highlights in der Region. ▸ **Seite 108**

TOUR 2 **Künstler und Kirchen**
Die Tour rund um den Untersee umfasst kunsthistorische Kostbarkeiten wie die Insel Reichenau mit ihren weltberühmten romansichen Kirchen und landschaftliche Attraktionen wie die idyllische Höri. ▸ **Seite 110**

TOUR 3 **Von der Steinzeit in die Gegenwart**
Diese kurze Tour berührt viele Attraktionen am Überlinger See wie das Pfahlbaumuseum in Unteruhldingen und das malerische Städtchen Meersburg. ▸ **Seite 112**

Stein am Rhein
Rathausplatz: das Herz der Stadt

Mainau
Im Frühling verwandelt sich die Insel in ein Blütenmeer.

Lindau
Der Hafen: ein beliebtes Ausflugsziel

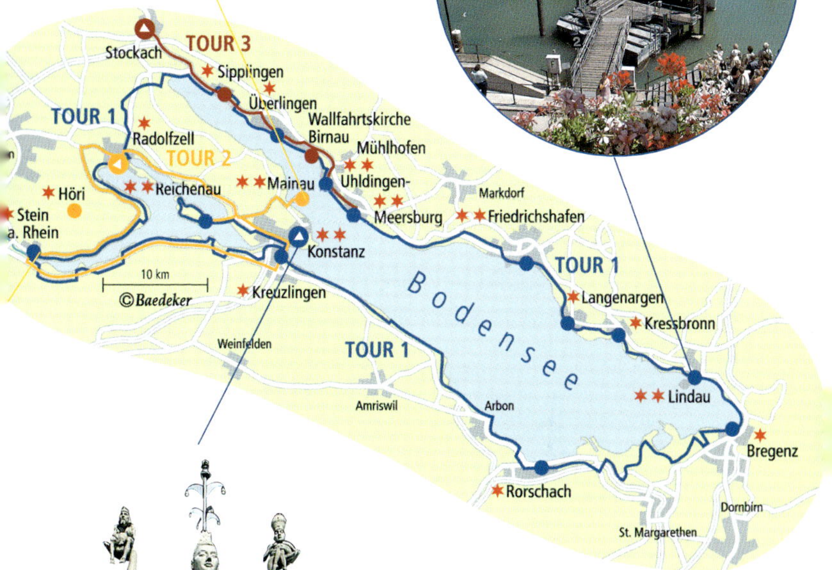

Konstanz
Imperia: umstrittene Figur einer Kurtisane, die auf die Stadtgeschichte verweist.

Unterwegs am Bodensee

Wer die Region Bodensee nicht unbedingt per Auto, Bus oder Bahn bereisen möchte, dem sei in dieser ausgesprochenen Ferienlandschaft geraten, sich auf Schusters Rappen oder mit dem Fahrrad auf den Weg zu machen. Dies kann selbstredend auf eigene Faust ganz ohne fremde Führung geschehen, doch ein intensiveres Erleben von Land, Leuten und Sehenswürdigkeiten ermöglichen die von Kennern des Landes ausgearbeiteten und im Gelände ausgeschilderten Wander- und Radwanderwege, von denen die wichtigsten nachstehend umrissen werden.
Dabei sind vor allem der Bodensee-Rundwanderweg und der Bodensee-Radweg anzuführen, beides bei Touristen ausgesprochen beliebte Touren, die rund um den See führen. Sie versprechen ein beeindruckendes Seeerleben und berühren die wichtigsten Sehenswürdigkeiten der Region. Hinzu kommt, dass beide Wege wenig Steigung einschließen, so dass sie relativ bequem zu bewältigen sind. Zudem kann man sich, wenn man nicht die ganze Umrundung des Sees machen möchte, je nach Geschmack und Kondtition einzelne Streckenabschnitte heraussuchen.

Bodensee-Rundwanderweg

An erster Stelle sei hier der Bodensee-Rundwanderweg genannt, der rund um das Schwäbische Meer führt und sämtliche reizvollen Uferorte in Deutschland, Österreich und der Schweiz berührt. Der mit einem gebogenen schwarzen Pfeil um einen blauen Punkt ausgeschilderte Bodensee-Rundwanderweg führt mit wechselndem Abstand vom Seeufer und in wechselnder Höhenlage rings um den ganzen Bodensee. Die gesamte Streckenlänge des Rundwanderweges beträgt 272 km.
Man kann sie bei einem durchschnittlichen Wandertempo von etwa 4 km pro Std. – wobei ca. 10 Minuten pro 100 m Höhenunterschied hinzugerechnet werden – in rund 66 Stunden bewältigen. Mit Abkürzungen ist die Strecke 228 km lang und kann in 55 Std. zurückgelegt werden. Der Bodensee-Rundwanderweg folgt auf deutscher Seite meist den Wanderwegen des Schwarzwaldvereins beziehungsweise des Schwäbischen Albvereins; am südlichen schweizerischen Seeufer verläuft er gemeinsam mit den Europäischen Fernwanderwegen E 4 und E 5.

Touristischer Herz von Lindau ist der schöne Hafen, der vom bayerischen Löwen beweacht wird. ➔

Tour 1 Bodensee-Radweg

Der Bodensee-Radweg mit einer Gesamtlänge von 268 km ist einer der beliebtesten Radwege Europas und eine landschaftlich einzigartige Rundstrecke. Er bietet eine ausgezeichnete Möglichkeiten, die vielen Gesichter des Bodensees auf gesunde und umweltfreundliche Art kennen zu lernen. Er folgt den Ufern praktisch aller Seeteile und bleibt in allen drei Bodenseeanrainerstaaten mit wenigen Ausnahmen rings um den See in nächster Ufernähe. Lediglich zur Umgehung des Alpenrheinmündungsdeltas macht er einen Bogen landeinwärts und muss die südliche Uferstrecke des Überlinger Sees zwischen Bodman und Wallhausen wegen der topografischen Gegebenheiten umgehen.

Der malerische Marktplatz von Meersburg.

Eine der Hauptattraktionen am Bodensee ist das Pfahlbaumuseum in Unteruhldingen.

Fahrtdauer

Im Allgemeinen wird der Bodensee-Radweg in 7 bis 8 Tagen zurückgelegt, und zwar im Uhrzeigersinn, weil man damit direkt auf der Seeseite der Straßen fährt. Man kann die Tour natürlich auch in Etappen einteilen; sehr beliebt ist beispielsweise die Runde um den Untersee.

Praktische Informationen

Der Radweg ist zwar ganz ausgeschildert, aber noch nicht mit einheitlichen Schildern. Man wird aber keine Probleme mit der Orientierung haben. Der offizielle Führer »Bodensee-Radweg« aus dem Galli-Verlag enthält detaillierte Wegbeschreibungen und eine Karte. Eine abgespeckte Version dieses Führer ist der Pocket-Guide. Die offizielle Karte beinhaltet auch Infos zu den Radweg-Hotels. Alle Unterlagen – auch ein Prospekt mit den Radweg-Hotels – sind beim Bodensee-Radweg Service in Konstanz erhältlich (► S. 86/87). Zum Übernachten stehen den Radlern mehr als 800 Hotels, Gasthöfe, Jugendherbergen und Heuhotels zur Verfügung. Eine rechtzeitige Buchung ist vor allem in den Sommerferien zu raten.
Empfehlenswert sind die 23 Radweg-Hotels, zwischen denen das Gepäck der Gäste kostenlos transportiert wird. Aber auch von allen anderen Unterkünften gibt es von etwa März bis Oktober einen Gepäckservice, der bis spätestens um 16 Uhr des Vortages für den folgenden Tag unter der Telefonnummer 0 75 31/8 19 93 bestellt werden muss. Am Obersee, also zwischen Meersburg, Lindau, Bregenz und Konstanz ist der Gepäcktranport allerdings nur im Uhrzeigensinn möglich.

Routenverlauf

Als Ausgangspunkt für den Bodensee-Radweg wurde Konstanz als Hauptstadt des Bodensees gewählt, aber man kann die Tour natürlich auch an jeder anderen Station beginnen. Von ❶ * * **Konstanz** (s. Tour 2) sollte man zunächst einen Abstecher zur kunsthistorisch bedeutenden Insel ❷ * * **Reichenau** unternehmen. Die Route folgt nun der Tour 3 rund um den Untersee: über ❸ * **Kreuzlingen**, der Nachbarstadt von Konstanz, und ❹ * **Stein am Rhein** gelangt man über die Höri nach ❺ * **Radolfzell**.
Von dort geht es weiter über den Bodanrück zum Überlinger See. Ab Ludwigshafen entspricht die Route Tour Nr. 3, die das hübschen Ferienstädtchen ❻ **Überlingen**, ❼ **Uhldingen-Mühlhofen** mit dem faszinierenden Pfahlbaumuseum und das malerische ❽ **Meersburg** berührt. Der Radweg führt nun weiter zur bekannten Zeppelinstadt ❾ * * **Friechrichshafen**, wo das Zeppelin Museum zahlreiche Besucher anlockt. Nächste Station ist ❿ * **Langenargen**; hier kann man im Café im schön gelegenen Schloss Montfort eine Rast einlegen. Im unweit südwestlich gelegenem ⓫ * **Kressbronn** sollte man nicht versäumen, die Argen-Hängebrücke, die älteste ihrer Art in Deutschland, zu befahren.
Schließlich erreicht man auf deutscher Seite die herrlich gelegene schöne Inselstadt ⓬ * * **Lindau**, das mit seinem hübschen Hafen ein großer Anziehungspunkt ist. Östlich von Lindau passiert man nun die Grenze zu Österreich und gelangt nach ⓭ * **Bregenz**, die Hauptstadt Vorarlbergs. Nach Überquerung des Rheins führt die Tour zur Grenze zur Schweiz. Der erste größere Ort auf schweizerischen Gebiet ist die alte Handelsstadt ⓮ * **Rorschach**. Die Route verläuft nun weiter entlang des Seeufers bis Kreuzlingen und damit zum Ausgangspunkt Konstanz auf deutscher Seite.

Tour 2 Künstler und Kirchen

Länge der Tour: 70 km **Dauer:** 2 Tage

Auf der Tour rund um den Untersee kommen vor allem Kunstfreunde auf ihre Kosten. Hier ist besonders die Insel Reichenau zu nennen, die mit ihren drei romanischen Kirchen zum Weltkulturerbe der UNESCO gehört. Aber auch zwei Naturattraktionen, die wildromantische Marienschlucht und die Blumeninsel Mainau, können als Abstecher in die Tour eingebaut werden.

Weltberühmt sind die romanischen Wandmalereien in der Kirche von Reichenau-Oberzell

Idyllischer Winkel auf der Höri

Die Tour beginnt in ❶ ✶ **Radolfzell**, wo man durch die malerische Altstadt bummeln kann. Vor allem sehenswert ist das gotische Münster. 7 km südwestlich kommt man durch Allensbach, bekannt als Ort der Demoskopie. Wem nach Natur zumute ist kann von hier einen nördlichen Abstecher zur wildromantischen ✶ **Marienschlucht** unternehmen. Südöstlich der Marienschlucht liegt die herrliche Blumensinsel ❷ ✶ ✶ **Mainau**, eine der Hauptattrakionen am Bodensee. Von der Bundesstraße 33 südlich von Allensbach erreicht man auf einem kurzen Dammweg die Insel ❸ ✶ ✶ **Reichenau**, deren drei romanische Kirchen von großer kunsthistorischer Bedeutung sind. Bald anschließend gelangt man nach 4 ** **Konstanz**, der Hauptstadt des Bodenseeraums, dessen Münster ein bedeutendes Werk der Romanik ist. Im * **SeaLife** hier eröffnet sich dem Besucher eine faszinierende Unterwasserwelt. Die Stadt lädt auch zu einer Pause auf der Marktstätte ein, das geschäftige Zentrum der Stadt mit Cafés und Restaurants. In * **Kreuzlingen**, der schweizerischen Nachbarstadt von Konstanz, lohnt ein Spaziergang in der naturnahen Seeuferanlage. Man fährt nun in der Schweiz auf der Bundesstrasse 13 nach Westen und erreicht den alten Fischerort Ermatingen. Westlich davon erhebt sich hoch über dem Untersee * **Schloss Arenenberg**, das schönste Schloss am Bodensee.

An der Bundesstrasse folgt nun Steckborn, dessen Ortsbild von malerischen Fachwerkhäusern geprägt ist. Man fährt weiter an der Schweizer Seite des Untersees entlang und gelangt schließlich nach 5 * **Stein am Rhein**, das eine sehr gut erhaltene mittelalterliche Altstadt auszeichnet. Ein kunsthistorisches Kleinod ist das Kloster St. Georgen. Die Tour verlässt nun wieder die Schweiz und verläuft nun in Richtung Höri, einer idyllischen Landschaft, wo der Urlauber noch Ruhe findet. Die 6 * **Höri** ist bekannt als Wohnstätte von Künstlern: So lebten in Gaienhofen der Dichter Hermann Hesse und in Hemmenhofen der Maler Otto Dix. Von der Höri erreicht man weiter nördlich bald wieder den Ausgangspunkt Radolfzell.

Immer enger wird die wildromantische Marienschlucht zum See hin.

Tour 3 Von der Steinzeit in die Gegenwart

Länge der Tour: 30 km **Dauer:** 1 Tag

Die Tour entlang des Überlinger Sees ist zwar mit 30 km recht kurz, aber nirgends am Bodensee sind so viele Attraktionen auf so kleinem Raum versammelt wie hier. Wer also in kurzer Zeit viel sehen möchte, dem sei diese Route empfohlen. Wenn man die Insel Mainau weglässt, ist sie auch in einem Tag zu schaffen.

Stolz erhebt sich die herrliche Barockkirche Birnau über dem See.

Am Landungsplatz in Überlingen lässt sich Sonne und See genießen.

Ausgangpunkt der Tour ist ❶ **Stockach**, das »Tor zum Bodensee«. Fährt man von Stockach die B 31 nach Süden, kommt man durch den Erholungsort Ludwigshafen, Teil der Doppelgemeinde Bodman-Ludwigshafen. Die Bundesstraße führt nun entlang des Ostufers des Überlinger Sees nach ❷ * **Sipplingen**, das sich durch ein schönes Ortsbild auszeichnet. Wer sich für Technik interessiert, der sollte eine Führung bei der Bodenseewasserversorgung einplanen. Im hübschen, an der Uferstraße folgenden Ferienort ❸ * **Überlingen** empfiehlt sich, an der schönen langen Uferpromenade zu flanieren und einen Kaffee mit Seeblick zu genießen. Sehr sehenswert ist das gotische Münster mit dem meisterhaft geschnitzten Hochaltar der Familie Zürn. Unweit südlich erhebt sich die ❹ * * **Wallfahrtskirche Birnau**, die prächtigste Barockkirche am Bodensee. Hier eröffnet sich auch ein herrlicher Blick auf den Überlinger See.

Im nahe gelegenen ❺ * * **Unteruhldingen** erwartet den Besucher das einzigartige Pfahlbaumuseum, eine der Hauptattraktionen am Bodensee. Auf sehr anschauliche Weise wird hier das Leben der Vorzeit lebendig. Besonders reizvoll ist ein Schiffsausflug zur * * **Insel Mainau**. Sie ist ein wahres Blumenparadies mit mediterranem Flair. Zurück am Ostufer gelangt man auf der B 31 zu dem malerischen Städtchen ❻ * * **Meersburg**, dem Touristenort schlechthin. Das sollte einen jedoch nicht abhalten, diesen wirklch malerischen Ort mit seinen imposanten Fachwerkhäusern zu besuchen. Auch die Meersburg ist ein Erlebnis, die nicht nur einen authentischen Eindruck vom Leben im Mittelalter vermittelt, sondern auch die Wohräume der Dichterin Annette von Droste-Hülshoff zu sehen birgt. Als Belohnung winkt dann eine Weinprobe im Staatsweingut.

Reiseziele von A bis Z

ES GIBT VIEL ZU ENTDECKEN AM BODENSEE: EINE HERRLICHE SEELANDSCHAFT, INTERESSANTE MUSEEN, BEZAUBERNDE ALTE STÄDTCHEN, HERRLICHE KIRCHEN UND NICHT ZULETZT KULINARISCHE SPEZIALITÄTEN.

Arbon

F 7

Staat: Schweiz
Höhe: 398 m ü. d. M.
Einwohnerzahl: 13 000

Städtebaulicher Anziehungspunkt des am Südufer des Bodensees gelegenen Orts Arbon ist die schöne Altstadt, die sich auf einer runden Landzunge an der Stelle des keltischen Arbona und des römischen Arbor Felix ausbreitet.

In der Altstadt gruppieren sich historische Gebäude um das herrschaftliche Schloss, und eine 3 km lange Promenade zieht sich den See entlang. Wirtschaftlich prägend waren seit Mitte des 19. Jh.s die Maschinenfabrik Saurer und die Stickerei Heine. Die Automobil- und Motorenproduktion wurde in den 1980er-Jahren eingestellt, was zu einem wirtschaftlichen Rückschlag für die Stadt führte.

ARBON ERLEBEN

AUSKUNFT

Verkehrsverein
Schiedgasse 6
CH-9320 Arbon
Tel. (071) 4 40 13 80
Fax 4 40 13 81
E-Mail: infocenter@arbon.ch

ESSEN

► Preiswert

Frohsinn
Romanshornerstr. 15
Tel. (071) 447 84 84
Geschl. So., Mo.
Lokal mit der ältesten und kleinsten Hausbrauerei der Schweiz; im Braukeller mit historischem Gewölbe kann man das selbst gebraute Bier probieren; das angeschlossene Gourmetrestaurant Marin Surbeck serviert anspruchsvolle regionale Küche; Terrasse unter Kastanienbäumen.

ÜBERNACHTEN

► Komfortabel

Metropol
Bahnhofstr. 49
Tel. (071) 447 82 82
E-Mail: hotel@metropol-arbon.ch
www.metropol-arbon.ch
42 Z.
In der Arboner Bucht und direkt an der Uferpromenade liegt das geschmackvoll eingerichtetes Hotel mit Sauna und Freibad; im gehobenen Restaurant, das sich durch einen herrlichen Panoramablick und eine große Gartenterrasse auszeichnet, kann der Gast zwischen lokalen Spezialitäten und ausgefallenen Gerichten wählen.

► Günstig

Seegarten
Seestr. 66
Tel. (071) 447 57 57
Fax 447 57 58
E-Mail: hotel.seegarten@tele-net.ch,
73 B.
Das Hotel ist von Wald und Wiesen umgeben, daher gibt es zahlreiche Ausflugs- und Sportmöglichkeiten direkt vom Hotel aus; das Haus bietet angenehme Zimmer.

Sehenswertes in Arbon

Nördlich vom Alten Hafen erhebt sich die Kirche St. Martin, deren Chor von 1490 und deren Langhaus von 1788 stammt. Die Madonna im Innern ist ein Werk aus dem Jahr 1525. Dem hl. Gallus, der in Arbon im 7. Jh. lebte, ist die romanische Kapelle St. Gallus auf dem Friedhof neben der Kirche geweiht.

St. Martin, St. Gallus

Auf den Fundamenten des 294 n. Chr. errichteten römischen Kastells erbaute 1515 Hugo von Hohenlandenberg das Schloss mit siebenstöckigem Turm (13. Jh.). Es dient heute als Kulturzentrum. In dem Schloss ist ein interessantes Historisches Museum untergebracht, in dem Exponate von der Jungsteinzeit bis zur Gegenwart ausgestellt sind. Öffnungszeiten: Mai – Sept. tgl. 14.00 – 17.00; Okt., Nov., März, Apr. So. 14.00 – 17.00 Uhr.

Schloss / Historisches Museum

Sehenswert sind ferner die folgenden historischen Gebäude: das Rathaus, das 1791 errichtet und nach einem Brand 1994 wieder aufgebaut wurde; der um 1500 entstandene Römerhof; daneben das an die Stadtmauer gebaute Haus zur Torwache (14. Jh.); das Rote Haus (1783) und das Haus zur Straussenfeder, das mit einem hübschem Renaissancegiebel versehen ist.

Weitere historische Gebäude

An einem hübschen Platz in Arbon steht das Rote Haus von 1783.

Saurer Oldtimer-museum Das Saurer Oldtimermuseum (Grabenstr. 6) gibt einen Überblick über den Nutzfahrzeug-Motorenbau der Firma Saurer. Ältestes Ausstellungsobjekt ist ein 3-Tönner-Cardanwagen von 1917.

Mosterei Möhl In der Mosterei Möhl (St. Gallerstr. 213) sind Maschinen und Geräte ab der Mitte des 19. Jh.s der im Oberthurgau traditionellen Süssmost- und Apfelweinherstellung ausgestellt. Außerdem wird die Geschichte der seit 1895 bestehenden Mosterei erläutert.

Bodman-Ludwigshafen

D 6

Höhe: 400 – 410 m ü. d. M. **Einwohnerzahl:** 3800

Die alte Ortschaft Bodman (1200 Einw.), Teil der Doppelgemeinde Bodman-Ludwigshafen, ist beschaulicher Erholungsort und Wanderzentrum in malerischer Lage am südlichen Ufer des Überlinger Sees, zu Füßen des waldreichen Bodanrücks in einem ausgedehnten Obstanbaugebiet.

Der Bodensee hat seinen Namen von der 639 bezeugten, karolingischen Königspfalz Bodema, die einst an der Stelle der heutigen Pfarrkirche von Bodman stand.

Sehenswertes An der Pfarrkirche (19. Jh.) ist noch der Turm (15. Jh.) auf vorkarolingischen Grundmauern erhalten. Das Gräfliche **Schloss** aus dem 18. Jh. ist von einem Park umgeben (Öffnungszeiten: Apr. – Okt. Mo. – Fr. 9.00 – 18.00 Uhr). Von dem Aussichtspavillon im Park hat

BODMAN-LUDWIGSHAFEN ERLEBEN

AUSKUNFT

Touristeninformation
Büro Bodman
Seestr. 5
D-78351 Bodman-Ludwigshafen
Tel. (077 73) 93 96 95
Fax 93 96 96
Büro Ludwigshafen
Hafenstr. 5
D-78351 Bodman-Ludwigshafen
Tel. (077 73) 93 00 40
Fax 93 00 43
E-Mail: tourist-info@bodman-ludwigshafen.de
www.bodman-ludwigshafen.de

ÜBERNACHTEN

► **Günstig**
Krone
Hauptstr. 25
Tel. (077 73) 931 30
Fax 93 13 40
E-Mail: info@bodenseehotelkrone.de
www. bodenseehotelkrone.de
22 Z.
Das traditionsreiche Gasthaus, das früher eine Poststation war und seit dem 19. Jh. in Familienbesitz blieb, ist ein kinderfreundliches Hotel; bei schönem Wetter kann man auf der Gartenterrasse essen.

Bodman in schöner waldreicher Umgebung am Überlinger See

man einen schönen Ausblick auf den See. Baudenkmale im Ort sind ein Torkel (1772), ein Fachwerkbau mit einer riesigen Weinpresse, in dem ein Restaurant untergebracht ist, und das alte Torhaus an der gepflegten Uferanlage. Das heimatkundliche **Bodman-Museum** (Seestr. 5) zeigt steinzeitliche Funde. Öffnungszeiten: Mo. – Do. 9.00 bis 12.00, 14.00 bis 16.00, Fr. 9.00 – 12.00 Uhr. Rundwanderungen mit prächtigen Bodenseeblicken führen zunächst zu dem im Wald gelegenen **Kloster Frauenberg**, ursprünglich eine Burg, die 1307 durch Blitzschlag vernichtet wurde; es besitzt eine barocke, 1309 geweihte Wallfahrtskapelle. Dann kommt man zur 1332 vollendeten und 1643 zerstörten **Ruine Alt-Bodman** (592 m).

Ludwigshafen

Ludwigshafen (2700 Einw.), am nördlichen Ufer des Überlinger Sees gelegen, ist der als Bade- und Erholungsort besuchte Teil der Doppelgemeinde.

Der heutige Name des einst Sermatingen genannten Orts geht auf Großherzog Ludwig von Baden zurück. Man gab ihm den Namen des Regenten aus Dankbarkeit dafür, dass er hier einen Hafen anlegen ließ; der Hafen war jedoch ohne Bedeutung für die Bodenseeschifffahrt. In der Flachwasserzone vor dem Strandbad entdeckten Taucher 1992 in einer Pfahlbausiedlung Reste eines mit Wandmalerei und Reliefs versehenen Kultraumes.

✶ Sipplingen

Ausgezeichneter Ort

Das ehemalige Fischer- und Weinbaudorf Sipplingen (4 km südöstlich von Ludwigshafen) schmiegt sich anmutig an den Fuß des bewaldeten und von zwei Burgruinen bekrönten Sipplinger Bergs. Es bietet ein schönes, mit Preisen ausgezeichnetes Ortsbild. Malerische Fachwerkhäuser, enge Gassen und Amtshäuser mit mächtigen Walmdächern prägen das Bild. Die im See gefundenen Reste einer 4000 Jahre alten Pfahlbausiedlung werden im Pfahlbaumuseum Unteruhldingen bzw. im Heimatmuseum von Überlingen aufbewahrt.

Alter Dorfkern

Unter den Fachwerkhäusern im alten Dorfkern verdient besonders das Bruderschaftshaus (Anfang 17. Jh.) Beachtung. An der Bundesstraße steht der Konstanzer Spitalhof mit einem Staffelgiebel. Das Rathaus verfügt über einen schönen Saal mit Kassettendecke.

Sipplingen verbindet ein malerisches Ortsbild mit einer reizvollen Seelage.

Ein Vergnügen für die ganze Familie ist die Erlebniswelt Sipplingen (In der Breite 18), wo eine Sammlung von alten Motorrädern und eine Sammlung handgefertigter Eisenbahnmodelle der Spur 2 präsentiert wird. Außerdem ist eine Puppenausstellung zu sehen. Öffnungszeiten: Apr. bis 1. Nov. tgl. 10.00 – 18.00; Nov. bis März Sa., So., Fei. 11.00 – 17.00 Uhr).

Erlebniswelt Sipplingen

! *Baedeker* TIPP

Trinkwasser für Millionen

Für Technikfreunde sei eine Besichtigung der Anlagen der Bodenseewasserversorgung auf dem Sipplinger Berg empfohlen (Besichtigung: Mo. – Sa. 9.00, 11.00, 13.30 und 15.30 Uhr; Infos: Tel. 075 51/833-157).

Auf einer halbstündlichen Wanderung nördlich gelangt man zur Ruine **Alt-Hohenfels** (530 m), um 1200 Sitz des Minnesängers Burkhard von Hohenfels. Geht man 20 Minuten weiter bergan, erreicht man den **Haldenhof** (635 m), einst Spitalgut der Reichsstadt Überlingen, jetzt Gasthof. Von dort bietet sich eine prächtige Aussicht auf den Bodensee und die Alpen.

★ Bregenz

H 9

Staat: Österreich
Einwohnerzahl: 28 000
Höhe: 395 m ü. d. M.

Bregenz, die Hauptstadt und zweitgrößte Stadt des österreichischen Bundeslandes Vorarlberg, breitet sich auf einem in Terrassen zum See abfallenden Plateau zu Füßen des Pfänders aus.

★ Hauptstadt von Vorarlberg

Seit über 2000 Jahren, seit 15 v. Chr., als die Römer die keltische Siedlung Brigantium eroberten und in der Folgezeit daraus ein Handels- und Verkehrszentrum machten, ist Bregenz für die Bodenseeschifffahrt ein bedeutender Hafenplatz. Darüber hinaus stellt die Stadt am See auch zu Land einen wichtigen Verkehrsknotenpunkt im Dreiländereck Deutschland – Österreich – Schweiz dar und ist wirtschaftliches, politisches und kulturelles Zentrum im westlichsten Teil Österreichs. Der wirtschaftliche Aufschwung setzte mit der Eröffnung der Arlbergbahn (1884), der österreichischen Dampfschifffahrt auf dem Bodensee und der systematischen Industrialisierung ein. Seit 1860 Sitz des Landtages von Vorarlberg, avancierte der österreichische Hauptort am Bodensee 1923 schließlich zur Landeshauptstadt. Seit 1946 sind die Bregenzer Festspiele Treffpunkt der internationalen Musikwelt und ziehen jedes Jahr zahlreiche Besucher aus dem In- und Ausland an.

Stadtbild

In der Berg- und Seestadt begegnen sich Vergangenheit und Gegenwart: In der Unterstadt, aus der vereinzelt weiße Hochhäuser in den Himmel ragen, beherrschen das moderne Festspiel- und Kongress-

Bregenz hat beides: im Vordergrund den See und dahinter die Berge

haus am Ufer sowie das Kunsthaus, in dessen Glasplattenverkleidung sich der Bodensee widerspiegelt, das Bild der quirligen Stadt, während von der ruhigen, romantischen, sich hinter Baumkronen versteckenden, festungsartigen Oberstadt mit ihrer historischen Altstadt nur die Zwiebelkuppel des Martinsturms von weitem zu erkennen ist. Die Uferanlagen mit Wegen unter Schatten spendenden Bäumen und herrlichem Blick auf den See laden zum Flanieren, zu Spaziergängen, zum Radfahren und Inline-Skating ein. Südliches Flair strahlt das Zentrum aus, ein Einkaufsviertel mit Märkten und schönen Geschäftsstraßen, die von Cafés und Restaurants belebt sind. Wer Ruhe sucht, steigt zur mittelalterlichen Oberstadt mit ihren kleinen Gassen – es sind nur drei – und Fachwerkhäuschen hinauf.

Uferanlagen

Seepromenade

Schon 1888 wurden entlang dem Bodenseeufer weitläufige Parkanlagen gestaltet. Heute säumen die Seepromenade, die vom Zentrum der Unterstadt durch Bahnanlagen und die städtische Hauptverkehrsstraße abgetrennt ist, diverse Freizeiteinrichtungen. Im östlichen Teil der Seeanlagen lädt der Schiffshafen zu Ausflugs- und Kursschifffahrten auf dem Bodensee ein. Westlich vom Hafen gibt es einen Bootsverleih. Man kann in den Cafés entspannen und vor dem Musikpavillon zuweilen ein Promenadenkonzert genießen. Noch weiter westlich schließlich stößt man auf das Festspiel- und Kongresshaus mit der Seebühne, das Spielkasino und ein ausgedehntes Sport- und Freizeitareal u. a. mit Hallenbad und Sporthafen.

BREGENZ ERLEBEN

AUSKUNFT

Tourismus und Stadtmarketing
Bahnhofstr. 14
A-8900 Bregenz
Tel. (055 74) 495 90
Fax 49 59 59
E-Mail: tourismus@bregenz.at
www.bregenz.at

ESSEN

▶ Erschwinglich

① ***Gebhardsberg***
Gebhardsberg
Tel. (055 74) 435 15
Weite Aussicht von der Burg auf dem Gebhardsberg über den Bodensee; gut zubereitete regionale Gerichte wie Pute aus dem Bregenzer Wald und Bodenseefische.

② ***Deuring Schlössle***
Ehregutaplatz 4
Tel. (055 74) 478 00
Geschl. Mo.mittag
Von der Terrasse des Schlösschens aus dem 17. Jh., durch einen Waldgürtel vom Bodensee getrennt, kann man gerade noch die Seebühne sehen; der Küchenchef des Hotelrestaurants zählt zu den besten Vertretern der neueren österreichischen Küche; er offeriert eine große Auswahl an Bodenseefischen.

Messmer
Kornmarktstr. 16
Tel. (055 74) 423 56
Zum Restaurantbereich gehört eine Weinstube und das Bregenzer Stüble, zudem eine Terrasse.

ÜBERNACHTEN

▶ Komfortabel

① ***Germania***
Am Steinenbach 9
Tel. (055 74) 476 60
Fax 42 76 64
E-Mail: office@hotel-germania.at
www.hotelgermania.at
37 Z., 2 App.
Unweit von Hafen und Zentrum gelegenes modernes Haus mit kleinem Garten und Terrasse; Zimmer auch im Nebengebäude; angeschlossen ist ein Fahrradverleih; das gepflegte Restaurant mit Gartenbereich serviert leichte regionale Küche und Vollwertgerichte.

② ***Weißes Kreuz (Best Western)***
Römerstr. 5
Tel. (055 74) 49 88, Fax 49 88 67
E-Mail: hotelweisseskreuz@kinz.at
www.bestwestern.ce.com; 50 Z.
Traditionsreiches Haus, nahe der Fußgängerzone gelegen, mit dem Restaurant Kreuz-Stuben, ausgestattet mit der Originaleinrichtung einer Bergenzer Bauernstube; man sollte die Zimmer zur Gartenseite vorziehen, denn siebieten einen schönen Blick auf die Altstadt.

Baedeker-Empfehlung

Bregenzer Festspiele
Büro für die Bregenzer Festspiele
Postfach 311
A-6901 Bregenz
Tel. (055 74) 40 76
Fax 40 74 00
www.bregenzerfestspiele.com
Seit 1946 sind die Bregenzer Festspiele mit der großartigen Seebühne fester Bestandteil der internationalen Musiktheaterwelt und ziehen jedes Jahr im Juli/August Hunderttausende von Besuchern mit Oper, Ballett und Konzerten in ihren Bann. Man genießt hochkarätige Inszenierungen und ein herrliches Seepanorama.

Bregenz Orientierung

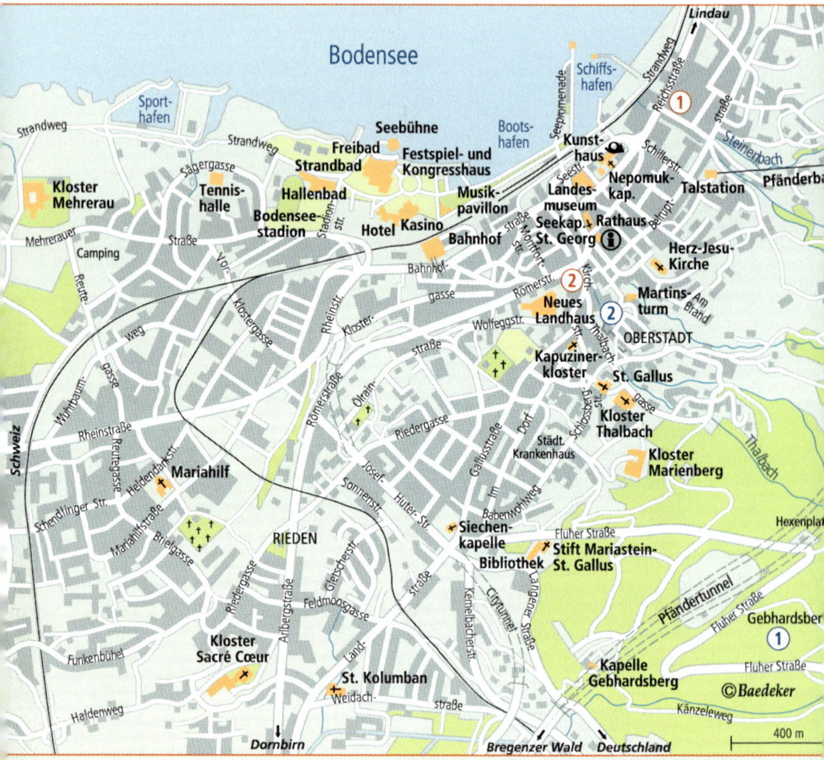

Übernachten
① Germania
② Weißes Kreuz

Essen
① Gebhardsberg
② Deuring Schlössle

Festspiel- und Kongresshaus, Seebühne

Das Festspiel- und Kongresshaus, ein mehr funktionaler als schöner Bau (1992 – 1997), steht direkt am Seeufer. In den See hinausgebaut ist die Seebühne für die Bregenzer Festspiele, die zu den weltweit bekanntesten Musikfestivals zählen. Begonnen hat die Geschichte der Seebühne im Jahr 1946 auf zwei Kieskähnen im Gondelhafen. Das Fundament der heutigen Seebühne, die als die größte der Welt auch im Guinness-Buch der Rekorde verzeichnet ist, besteht aus 200 Holzpilonen. Auf der Tribüne finden fast 7000 Zuschauer Platz.

Unterstadt

Kornmarktplatz

Den Mittelpunkt der neueren Unterstadt bildet der Kornmarktplatz, das frühere Zentrum des Kornhandels, wo heute jeden Dienstag und

Freitag ein Obst- und Gemüsemarkt abgehalten wird. Zwischen dem **Kornmarkttheater**, dem einstigen Kornhaus, und dem in klassischem Schönbrunner Gelb erstrahlenden **»Kaiserlich-Königlichen Postgebäude«** (1895) steht das Kunsthaus Bregenz. An der Nordseite des Kornmarktplatzes befindet sich das Vorarlberger Landesmuseum. Die Rokokorundkapelle **St. Nepomuk** (1757) unweit nordöstlich, an der Kornmarktstraße, ist dem hl. Johannes von Nepomuk, dem Schutzpatron der in Wassernot Geratenen, geweiht.

★ **Kunsthaus Bregenz**

Das 1997 eröffnete Kunsthaus Bregenz (KUB), ein gläserner Kubus, den der Schweizer Architekt Peter Zumthor konzipiert hat, wirkt, von außen betrachtet, wie ein Leuchtkörper, der das wechselnde Licht des Himmels und des Sees in sich aufnimmt und je nach Tageszeit, Witterung und Blickwinkel zurückstrahlt. Es hat sich in kurzer Zeit zu einer wichtigen Adresse für Gegenwartskunst und zur Attraktion für Architekturliebhaber entwickelt. Die Innenräume wirken durch den dominierenden Beton sachlich-kühl. Ohne eigene Bestämde präsentiert das Haus wechselnde Ausstellungen zur zeitgenössischen Kunst. Öffnungszeiten: Di. – Mi., Fr. – So. 10.00 – 18.00, Do. 10.00 – 21.00 Uhr.

Faszinierende Lichteffekte am Kunsthaus

Das **Vorarlberger Landesmuseum** zeigt kultur- und kunstgeschichtliche Sammlungen von der Urzeit bis zur Gegenwart, darunter Ausgrabungsstücke der Stein-, Bronze- und Eisenzeit, römische Funde aus Brigantium (1. – 4. Jh.), Musikinstrumente, Goldschmiedearbeiten, Bildteppiche sowie Kunstwerke aus karolingischer Zeit, aus der Romanik, Gotik und Renaissance. Öffnungszeiten: Di. – So. 9.00 – 12.00, 14.00 – 17.00 Uhr.

Leutbühel

Durch die Rathausstraße mit dem Neuen Rathaus (1686; das Alte Rathaus wird heute als Wohnhaus genutzt) kommt man zum Leutbühel im Herzen der Stadt, der schon früher Marktplatz und Verkehrsknotenpunkt war. Eine in den Boden eingelassene Tafel zeigt an, bis zu welcher Stelle einst der Bodensee reichte. In der vom Leutbühel abgehenden Kirchstraße findet man die mit 86 cm schmalste Hausfassade der Welt.

★ Oberstadt (Altstadt)

Über die kopfsteingepflasterte Maurachgasse südöstlich des Leutbühel gelangt man nach einem kurzen Anstieg zum unteren, mit Wappen geschmückten Stadttor des unregelmäßigen Terrassenvierecks der malerischen Oberstadt (Altstadt), wo sich die keltische und später die ummauerte römische Stadt Brigantium befand.

Martinsturm Vom mächtigen Martinsturm (1599 – 1602), dem Wahrzeichen der Stadt, dessen barocke, mit Holzschindeln bedeckte **Zwiebelhaube als die größte Mitteleuropas** gilt, hat man einen herrlichen Blick auf die Stadt und den Bodensee. Im oberen Geschoss des Turms ist eine militärgeschichtliche Sammlung untergebracht. Die in dem Turm eingerichtete **Martinskapelle** ist vor allem wegen der aus dem 14. Jh. stammenden Fresken von Bedeutung.

Ehregutaplatz Gleich nebenan befindet sich der Ehregutaplatz, benannt nach einer sagenhaften Stadtretterin. Als im Jahr 1407 während des Appenzeller Krieges (1401 – 1408) Bregenz von Schweizern belagert wurde, soll die Bettlerin Guta ein Gespräch belauscht haben, in dem Belagerer den Angriff auf Bregenz besprachen. Rechtzeitig konnte sie die Bregenzer davor warnen und so die Stadt retten. Noch bis in die 1920er-Jahre hinein rief der Stadtwärter vom Martinsturm jeden Tag die Worte »Ehret die Guta« gleichsam als Schutz über die Stadt.

! *Baedeker* TIPP

Stadtausblick

Vom mächtigen Martinsturm in der Oberstadt von Bregenz bietet sich ein herrlicher Ausblick auf die Stadt (Öffnungszeiten: 2. Mai – 14. Okt. 9.00 – 18.30 Uhr, in der Festspielzeit auch Mo.).

Deuringschlösschen In der Westecke der Oberstadt steht das barocke Deuringschlösschen (1660 – 1690), das heute ein gepflegtes Hotel und ein edles Restaurant beherbergt. Von vielen Malern, u. a. von Egon Schiele, ist das schmucke Schlösschen in Bildern verewigt worden.

Kapuzinerkloster Südwestlich der Oberstadt liegt das Kapuzinerkloster mit der Kapuzinerkirche von 1636, die im 18. Jh. um eine Josephskapelle erweitert wurde. Der ganze Bezirk ist von einer Mauer eingefasst.

St. Gallus Auf dem Hügel südlich der Oberstadt erhebt sich die Pfarrkirche St. Gallus, ein einfacher gotischer Bau (14./15. Jh.), der um 1738 von Franz Anton Beer erweitert wurde. Die spätbarocke Innenausstattung gilt als besonders schönes Beispiel für den Bodenseebarock. Auf dem Altarblatt Anbetung der Könige trägt eine der Hirtinnen die Züge der österreichischen Regentin Maria Theresia.

Kloster Mehrerau Im Westteil von Bregenz befindet sich in idyllischer Lage nahe am Bodensee das Ende des 11. Jh.s gegründete, mehrfach zerstörte Zisterzienserkloster Mehrerau, zu dem eine neuromanische Kirche (1859), die von 1961 bis 1964 umgestaltet wurde, gehört. Die Anlage ist immer noch im Besitz des Zisterzienserordens. Heute beherbergt das Kloster eine Internatsschule, ein Sanatorium, einen Landwirtschaftsbetrieb und eine Gaststätte.

Umgebung von Bregenz

Gebhardsberg

3 km südlich von Bregenz erhebt sich auf einer steil abfallenden Felskanzel über dem Rheintal der Gebhardsberg (600 m) mit den Resten der Burg Hohenbregenz, die 1647 von den Schweden zerstört wurde, und einer Wallfahrtskapelle aus dem 18. Jh. mit Fresken um 1900. Von der Terrasse des Burgrestaurants bietet sich ein herrlicher Blick auf Bregenz, den Bodensee und das Rheintal. Lohnend ist der Abstieg südlich auf dem Ferdinand-Kinz-Weg.

★ Pfänder

Den schönsten Blick auf Bregenz, den Bodensee sowie die nahe und ferne Bergwelt hat man vom 1064 m hohen Pfänder östlich von Bregenz, dem Hausberg der Bregenzer und der höchsten Erhebung am Bodensee. Der Berliner Dichter Wilhelm Scholz empfand gar Ende des 19. Jh.s den Blick in das Tal des Alpenrheins wie ein weites Tor zum Paradies . Mit der Pfänderbahn, einer Kabinenseilschwebebahn,

Den schönsten Blick auf Bregenz hat man vom Hausberg Pfänder.

gelangt man in wenigen Minuten auf den Berg (Betriebszeiten: tgl. 9.00 – 19.00 Uhr). In der Talstation ist das liebevoll gestaltete Pfänderbahn Museum zu besichtigen, in dem die Geschichte der Pfänderbahn dargestellt wird. Von Lochau (3 km nördlich von Bregenz) führt eine schmale Straße über Haggen auf den Berg hinauf, der auch ein beliebtes Wintersportgebiet ist. Von der Bergstation der Schwebebahn, wo man im Berghaus/Restaurant Pfänder einkehren kann, erreicht man in etwa fünf Minuten den Gipfel des Pfänder. Auf dem 30-minütigem Rundwanderweg des **Alpenwildparks** bei der Bergstation kann man alpenländische Wildtiere, u. a. Alpensteinböcke, Hirsche, Mufflons, Wildschweine und Murmeltiere, beobachten. Auf dem Rundweg, 10 Gehminuten von der Bergstation entfernt, gibt es zudem eine **Adlerwarte**, die eine Greifvogel-Flugschau bietet. Vorführungen: Mai – Anfang Okt. 11.00, 14.30 Uhr.
Lohnend ist der Abstieg von der Pfänder-Bergstation in 45 Minuten über Haggen nach Lochau. In ca. 3 Stunden kann man von der Bergstation bis hinab zum Bodensee wandern. Aber auch für Radfahrer ist der Pfänder von Interesse. Von der Bergstation führen landschaftlich reizvolle Wege den Pfänderrücken entlang. Räder können in der Pfänderbahn mitgenommen werden.

Vorarlberger Rheindelta

Westlich von Fußach (5 km südwestlich) zieht sich entlang der Bucht das Naturschutzgebiet Vorarlberger Rheindelta, eine Ried- und Schilflandschaft, die zu den bedeutendsten Biotopen am Bodensee gehört. Sie entstand, als man den Rhein, der ursprünglich am Rheinspitz in den Bodensee mündete, als Schutz vor Überschwemmungen nach Osten verlegte. In dem Naturschutzgebiet zwischen altem und neuem Rhein, das nur zu Fuß oder mit dem Fahrrad zugänglich ist, leben ca. 300 heimische Vogelarten.

★ Dornbirn

H 8

Staat: Österreich **Höhe:** 436 m ü. d. M.
Einwohnerzahl: 42 000

Dornbirn ist nicht nur die größte Stadt des Bundeslands Vorarlberg, sondern nach Hohenems auch dessen zweitjüngste Stadt: Zusammengewachsen aus fünf Gemeinden wurde 1901 das bis dahin größte Dorf der Donaumonarchie zur Stadt erhoben.

★ Größte Stadt Vorarlbergs

Nach dem Ersten Weltkrieg hätten viele Dornbirner gern ihre Nationalität gewechselt: 1919 votierten 70 % der städtischen Bevölkerung in einer Volksabstimmung für den Anschluss an die Schweiz, doch bei den Friedensverhandlungen in Saint-Germain kam dieses Thema, der Traum vom Schweizer Kanton, überhaupt nicht zur Sprache. Heute ist Dornbirn das wirtschaftliche Zentrum Vorarlbergs – viele

Dornbirn: wirtschaftliches Zentrum Vorarlbergs und eine beliebte Einkaufsstadt

namhafte Betriebe der Textil- und Metallindustrie haben hier ihren Sitz – und ein Messestandort von internationalem Rang. Auf dem Messegelände, das sich in den letzten Jahren zu einem Multisportzentrum (Tennis, Klettern, Leichtathletik, Eislauf etc.) entwickelt hat, finden Sportbegeisterte ein wahres Eldorado vor. Das Zentrum der **Gartenstadt im Grünen** , wie die Bewohner ihre Kommune liebevoll nennen, ist die Fußgängerzone rund um den Marktplatz, auf dem vor allem mittwochs und samstags, wenn Markt abgehalten wird, reges Leben herrscht. Überhaupt genießt Dornbirn in der Region einen guten Ruf als Einkaufsstadt.

Sehenswertes in Dornbirn

St. Martin

Das markanteste bauliche Element am Marktplatz ist die wuchtige klassizistische Fassade der Kirche St. Martin (1840), eine gewaltig wirkende, tempelartige Säulenvorhalle mit bemaltem Giebelfeld. Die Kirche gruppiert sich zusammen mit dem klassizistischen Pfarrhof um den hohen, freistehenden gotischen Glockenturm (1493).

Rotes Haus

Das Rote Haus südlich, ließ die bekannte Vorarlberger Familie Rhomberg 1639 erbauen. Es ist ein Rheintaler Haus aus Holz mit Außenstiege, Butzenscheibenfenstern und Spitzgiebeln, das rot gestrichen wurde. Die rote Farbe stammt von der früher üblichen Färbung mit Ochsenblut. In dem ansprechenden Haus befindet sich heute ein Restaurant mit ausgezeichneter Küche.

DORNBIRN ERLEBEN

AUSKUNFT

Dornbirn Tourismus
Rathausplatz 1
A-6850 Dornbirn
Tel. (055 72) 221 88
Fax 312 33
E-Mail: tourismus@dornbirn.at
www.dornbirn.at

ESSEN UND ÜBERNACHTEN

► **Erschwinglich**

Krone
Hatlerstr. 2
Tel. (055 72) 2 27 20
Fax 227 20 73
E-Mail: hotelkrone@krone.vol.at
www.kronehotel.at, 77 Z.
Restaurant im Vorarlberger Landhausstil, das neben leichten regionalen Gerichten auch internationale Spezialitäten serviert. Das traditionsreiche Hotel besteht aus einem Altbau mit rustikalen Zimmern und einem modernen Teil.

Rose
Hatlerstr. 31
Tel. (055 72) 22 46 19
In dem Restaurant werden regionale Schmankerl und Hausmannskost sowie Naturküche offeriert; bei schönem Wetter stehen den Gästen eine Sonnenterrasse und ein Biergarten zur Verfügung.

Stadtmuseum 1997 wurde in einem 200 Jahre alten Patrizierhaus am Marktplatz das städtische Museum eröffnet, das die Geschichte Dornbirns und seiner Bewohner dokumentiert. Im selben Gebäude ist auch das Stadtarchiv untergebracht. Öffnungszeiten: Di. – So. 10.00 – 12.00, 14.00 – 17.00 Uhr.

inatura Eine besondere neue Attraktion ist die inatura Erlebnisschau (Jahngasse 9). Hier kann man 3-D-Reisen zu anderen Planeten und zu urzeitlichen Meerestieren unternehmen oder im Unterwasserkino heimische Fische sehen. Aber auch lebendige Tiere gibt es zum Beobachten und Streicheln. Öffnungszeiten: tgl. 10.00 – 18.00, Do. bis 21.00 Uhr.

Kunstraum In dem in einer ehemaligen Montagehalle eingerichteten Kunstraum neben der inatura werden Wechselausstellungen zu moderner Kunst gezeigt.

Umgebung von Dornbirn

Karren 2,5 km südlich der Stadt erhebt sich der Karren (975 m), den man mit einer Kabinenseilbahn (Talstation an der Gütlestraße) in fünf Minuten erreicht und von dem man eine Aussicht über das gesamte Rheintal und die angrenzenden Länder genießen kann. Auch ein Panoramarestaurant gibt es auf dem Berg.

Direkt vor dem Eingang zur Rappenlochschlucht wurde Mitte 1999 in einem 150 Jahre alten Gebäudekomplex, einer ehemaligen Spinnerei, das Rolls-Royce-Museum aus der Sammlung Franz Vonier eröffnet. Zu der Sammlung gehören vorwiegend Fahrzeuge der Goldenen Jahre (1923 – 1938), die alle berühmte Vorbesitzer wie König George V., den Diktator Franco und John Lennon haben. In der Cooke Street wird gezeigt, wie Rolls Royce vor 100 Jahren in Manchester gearbeitet hat. Öffnungszeiten: Di. – So. 10.00 – 17.00 Uhr.

Rolls-Royce-Museum

Ebenfalls im Gütle untergebracht ist ein Krippenmuseum mit 150 Krippen aus aller Welt. Öffnungszeiten: Di. – So, 10.00 – 17.00 Uhr.

Krippenmuseum

Der Gasthof Gütle bildet den Ausgangspunkt für Erkundungen der wildromantischen, von der tosenden Ache durchströmten Rappenlochschlucht. Auf einem künstlichen Steig gelangt man in 30 Minuten zum Staufensee, einem Staubecken mit Kraftwerk, und von dort weiter zum malerischen Alploch, wo ein 120 m hoher Wasserfall in die Tiefe stürzt.

*** Rappenlochschlucht**

Besonders reizvoll sowohl im Winter als auch im Sommer ist das Bergdorf Ebnit, das nur über ein teilweise sehr steiles Bergsträßchen mit einigen Tunnels und Engstellen vom Weiler Gütle hoch über die Rappenlochschlucht hinauf erreicht werden kann.

Ebnit

Etwa 10 km östlich oberhalb von Dornbirn erreicht man das Bödele (1148 m), ein landschaftlich reizvolles Fleckchen Erde mit Wiesen, Moorsee und Fichtenwäldern, das sowohl als Sommererholungsregion wie auch als schneesicheres Skigebiet geschätzt wird. Das Bödele war der Trainingsort vieler österreichischer Skipioniere. Von den nahen Aussichtspunkten bietet sich eine schöne Aussicht, die vom Säntis im Westen über das Bodenseegebiet bis zu den Allgäuer Alpen und zur Braunarlspitze (2649 m), dem höchsten Gipfel des Bregenzer Waldes, im Osten reicht.

*** Bödele**

In der 6 km südwestlich von Dornbirn gelegenen einstigen Rheintal-Residenz Hohenems, die sich trotz mittelalterlicher Stadtrechte erst seit 1983 Stadt nennen darf und damit die jüngste Stadt Vorarlbergs ist, sind viele historische Baudenkmäler zu bewundern. Auf dem Schlossberg über der Stadt, den man in ca. 40 Minuten besteigen kann und von wo sich eine schöne Aussicht in das Rheintal und zum Bodensee bietet, thronen die **Ruine Alt-Ems** (713 m; 12. Jh.) und das als Zweitburg erbaute **Schloss Neu-Ems** (Burg Glopper; 14. Jh.).
Im eigentlichen Stadtgebiet erhebt sich die 1797 erbaute klassizistische Kirche **St. Karl Borromäus**, die mit Fresken von Andreas Brugger ausgeschmückt ist und einen Renaissancehochaltar hat. Der Palast der Grafen Hohenems (1562) nebenan ist ein außerordentliches Beispiel italienischer Renaissance, in dessen Archiv 1755 und 1779 die Handschriften C und A des Nibelungenliedes gefunden wurden.

Hohenems

Jüdisches Museum ►

Ab 1617 gestatteten die Grafen von Hohenems in ihrer Stadt die Ansiedlung von Juden, deren Gemeinde in der Folgezeit schnell überregionale Bedeutung erlangte. Nachdem man nach 1945 Jahrzehnte lang das jüdische Erbe nicht beachtete – die Synagoge wurde 1955 zu einem Feuerwehrhaus umgebaut –, richtete die Stadt 1991 in der Villa Heimann-Rosenthal (Schweizer Straße 5) von 1864 ein Jüdisches Museum ein, das das Leben der Hohenemser Juden in bemerkenswerter Weise dokumentiert. Öffnungszeiten: Di. – So., Fei. 10.00 bis 17.00 Uhr.

Stoffels Säge-Mühle ►

Die Stoffels Säge-Mühle (Sägerstr. 11) im historischen Gewerbegebiet, ist eine europaweit einzigartige kulturgeschichtliche Dokumentation über 2000 Jahre Mühlentechnik. Öffnungszeiten: 25. Apr. bis Okt. tgl. 9.00 – 18.00 Uhr.

1. Österreichisches Rettungsmuseum ►

Das 1. Österreichische Rettungsmuseum (Bahnhofstraße, Nähe Krankenhaus) widmet sich der Darstellung verschiedener Rettungsaktionen (Bergrettung, Höhlenrettung, Hundebrigaden, Feuerwehrwesen) und erzählt die Gründung und Geschichte des Roten Kreuzes. Öffnungszeiten: Di., Do. 14.00 – 19.00 Uhr.

Lustenau

Etwa 10 km westlich von Dornbirn breitet sich unmittelbar an der Grenze zur Schweiz Österreichs größte Marktgemeinde Lustenau aus, ein Schwerpunkt der Stickereierzeugung in Österreich.

Stickereizentrum ►

Im Stickereizentrum (Pontenstraße 20) findet man das Stickereimuseum (Öffnungszeiten: Mo. – Fr. 8.00 – 12.00, 14.00 bis 17.00 Uhr) sowie eine Galerie mit Gemälden und Zeichnungen der Lustenauer Malerin Stephanie Hollenstein (1886 – 1944). Öffnungszeiten: Mi. – Fr. 18.00 – 21.00, Sa. 16.00 – 20.00, So. 9.00 bis 12.00 Uhr.

Rhein-Schauen ►

In dem Natur- und Flussbaumuseum Rhein-Schauen am Nordrand von Lustenau wird die Geschichte des Rheins mit den Themenbereichen Rheinmühlen, Schifffahrt, Flößerei, Fähren, Brücken und Rheinregulierung dargestellt. Öffnungszeiten: Mai – Sept. Mi., Fr. bis So. 13.00 – 17.00 Uhr.

★★ Friedrichshafen

F 7

Höhe: 400 – 500 m ü. d. M. **Einwohnerzahl:** 56 000

Die »Messe- und Zeppelinstadt« Friedrichshafen am nördlichen Bodenseeufer ist nach Konstanz die zweitgrößte Stadt am Bodensee. Sie wird vor allem weltweit mit dem Namen »Zeppelin« und dem Luftschiffbau verbunden (►Baedeker Special S. 138/139).

Zeppelin-Stadt

Die Stadt verdankt ihren Namen Friedrich I., dem ersten König von Württemberg, der 1811 die alte Stadt Buchhorn mit dem Dorf und ehemaligen Kloster Hofen vereinigte und den Hafen anlegte. Die im

FRIEDRICHSHAFEN ERLEBEN

AUSKUNFT

Touristeninformation
Bahnhofsplatz 2
D-88045 Friedrichshafen
Tel. (075 41) 300 10
Fax 725 88
24-Stunden-Zimmernachweis:
Tel. 194 12
E-Mail: info@friedrichshafen.de
www.friedrichshafen.de

Der berühmte Luftschiff-konstrukteur Graf Zeppelin

ESSEN

▶ Erschwinglich

Buchhorner Hof
Friedrichstr. 33
Tel. (075 41) 20 50
Gehobene Küche wird in der Altdeutschen Stube serviert, dem ältesten Resraurant der Stadt; auch komfortabel ausgestattete Zimmer.

① ***Kurgartenrestaurant***
Olgastr. 20
Tel. (075 41) 320 33
Das Restaurant im Graf-Zeppelin-Haus ist vor allem wegen des herrlichen Seeblicks zu empfehlen.

② ***Traube***
Ittenhauserstr. 4
Tel. (075 41) 530 63
Die »Traube« bietet gehobene regionale Küche und gute Weine.

③ ***Krone***
Untere Mühlbachstr. 1
Tel. (075 41) 40 80
Restaurant mit Terrasse und Biergarten; Spezialitäten der Küche sind Wild und Fisch.

ÜBERNACHTEN

▶ Erschwinglich

① ***Seehotel***
Bahnhofplatz 2
Tel. (075 41)30 30
E-Mail: seehotelfn@t-online.de
www.seehotelfn.de, 132 Z.Zentral gelegenes Hotel in ungewöhnlichem Baustil mit Restaurant und Fitnessbereich.

② ***Gerbe***
Hirschlatter Str. 14
Tel. (075 41) 50 90
Fax 551 08
E-Mail: hotel-gerbe@bluewin.de
www.hotel-gerbe.de, 60 Z.
In einer ehemaligen Färberei untergebrachte Gasthof mit schönem Garten, Kinderspielplatz und Reitgelegenheit; der in der Nähe gelegene Gerbehof mit eigener Landwirtschaft bietet einen Streichelzoo sowie Kutschfahrten und Ponyreiten.

③ ***Traube***
Sonnenbergstr. 12
Tel. (075 41) 60 60
Fax 606-1 69
E-Mail: hotel.traube.waggershausen@t-online.de
www.hoteltraube-fn.de, 54 Z.
Familienhotel in ruhiger Vorstadtlage, 3 km vom See entfernt; Fahrradverleih; gute Ausgangslage für Ausflüge und Radtouren.

Zweiten Weltkrieg größtenteils zerstörte und durch Demontage ihrer Fabriken schwer geschädigte Stadt ist nach dem Wiederaufbau die bedeutendste Industriestadt am Bodensee mit den Weltfirmen ZF, MTU, Georg Fischer und Dornier. Auch als Messestadt ist Friedrichshafen bekannt; 2002 wurde die neue Messe fertiggestellt. Das Stadtbild ist von modernen, funktionalen Bauten geprägt. Friedrichshafen ist Verkehrsknotenpunkt der Region: Es besitzt einen bedeutenden Bodenseehafen und Regionalflughafen.

Sehenswertes in Friedrichshafen

★★ **Zeppelin Museum**

In dem ehemaligen Hafenbahnhof, einem Komplex im Bauhausstil, ist das großzügig und schön gestaltete Zeppelin Museum untergebracht. Es hat ein ungewöhnliches Konzept umgesetzt: die Verbindung von Technik und Kunst. Das Museum umfasst einerseits die weltweit größte Sammlung zur Geschichte und Technik der Luftschifffahrt und andrerseits eine umfangreiche Kunstsammlung vom Mittelalter bis zur Moderne. Außerdem werden Wechselausstellungen zu den Bereichen Luftschifffahrt und Kunst gezeigt. Die Einbindung von Kunstwerken in die Zeppelinsammlung und von technischen Exponaten in die Kunstabteilung eröffnet Einblicke in die zeitgeschichtlichen und kulturellen Zusammenhänge.

Die Sammlung zur Luftschifffahrt bietet anhand zahlreicher Originale, Modelle, Pläne und Fotos einen Überblick über die Entwicklung

Im ansprechend gestalteten Zeppelin Museum

Zeppelin-Museum *Orientierung*

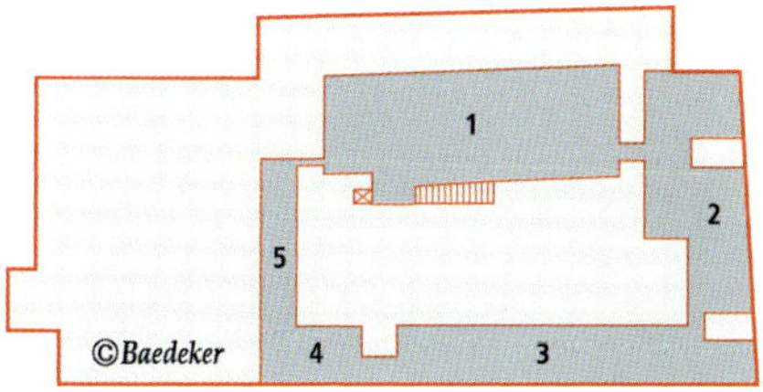

2. OBERGESCHOSS
Kunstabteilung

1 Kunstwerke aus Mittelalter, Neuzeit und Moderne
2 Skulpturen aus Mittelalter und Neuzeit
3 Ansichten vom und über den Bodensee
4 Karl Casper, Maria Casper-Filser
5 Zeichenkunst und Druckgrafik

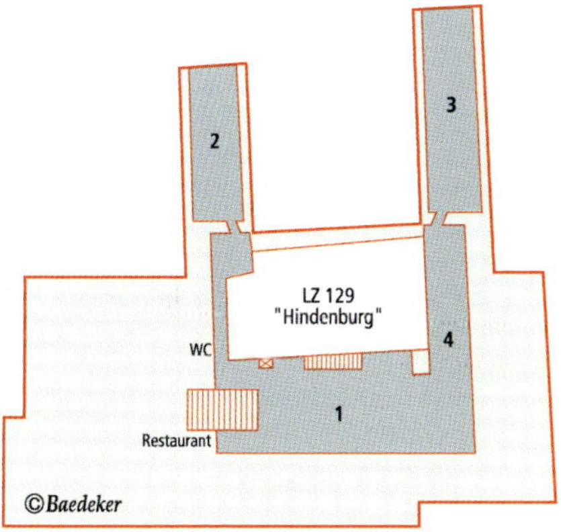

1. OBERGESCHOSS
Zeppelinabteilung

1 Konstruktion, Technik und Aerodynamik
2 Militärische Nutzung der Luftschiffe
3 Zivile Nutzung der Luftschiffe
4 Funk und Navigation

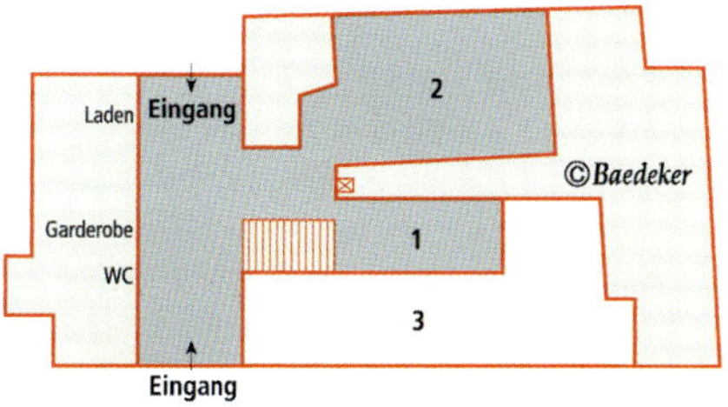

ERDGESCHOSS
Zeppelinabteilung

1 Geschichte des Zeppelin-Konzerns
2 Vorgänger, Bauarten, physikalische Grundlagen, Start und Landung
3 Wechselausstellungen

des Luftschiffbaus und über das Leben des Grafen von Zeppelin. Eigene Abteilungen befassen sich mit den physikalischen Grundlagen der Luftschifffahrt und führen die besonderen Schwierigkeiten bei Start und Landung vor Augen. Weitere Themen sind Navigation und Funktechnik. Höhepunkt der Sammlung ist der Nachbau eines Teils des legendären **Zeppelins LZ 129 »Hindenburg«**, der auch von innen zu besichtigen ist. Ergänzt wird die Sammlung durch eine umfangreiche Bibliothek, die auch das Firmenarchiv der Luftschiffbau Zeppelin GmbH umfasst.

Friedrichshafen Orientierung

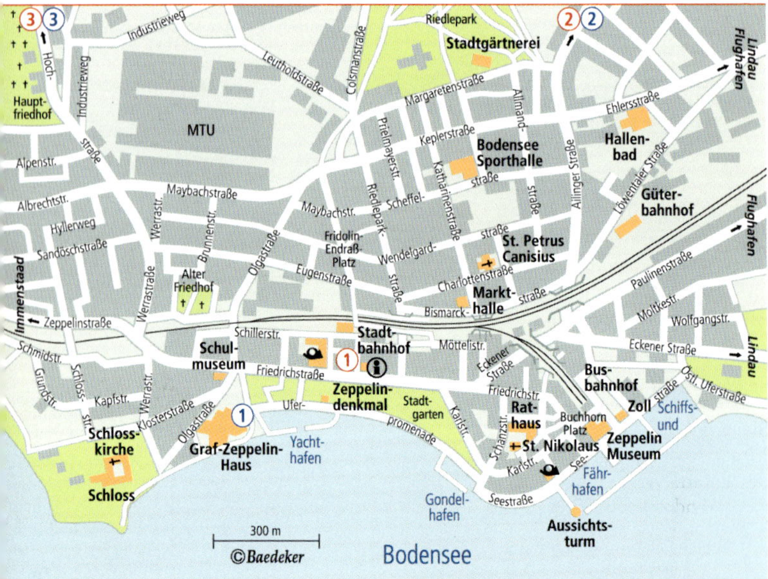

Übernachten
① Seehotel
② Gerbe
③ Traube

Essen
① Kurgarten-restaurant
③ Traube
④ Krone

Kunstsammlung ► Der Schwerpunkt der Kunstabteilung liegt auf der süddeutschen Malerei und Skulptur sowie der Kunst des 20. Jh.s. Der Bogen der Künstler spannt sich von Franz Anton Maulbertsch bis zu Otto Dix und Max Ackermann. Sehr interessant ist die Darstellung mittelalterlicher Schnitz- und Maltechniken. Gezeigt werden auch zahlreiche Gemälde des Bodensees, der etwa seit Beginn des 19. Jh.s ein beliebtes Ausflugsziel war. Die grafische Sammlung, der größte Einzelbestand der Kunstabteilung mit dem Schwerpunkt auf der Kunst des 20. Jh.s, wird aus konservatorischen Gründen nur in wechselnden Ausstellungen gezeigt. Öffnungszeiten: Mai – Okt. Di.– So. 9.00 bis 17.00; Juli – Sept. auch Mo.; Nov. – Apr. Di. – So. 10.00 – 17.00 Uhr.

Rathaus Im modernen Rathaus westlich vom Zeppelin Museum befinden sich das Städtische Museum, in dem jungsteinzeitliche Funde vom nördlichen Seeufer ausgestellt sind, und die Städtische Kunstsammlung.

★ **Schulmuseum** Das originelle Oberschwäbische Schulmuseum in der Friedrichstraße (Nr. 14) zeigt Ausschnitte aus der Schulgeschichte, von der mittelalterlichen Klosterschule bis zur Schule nach dem Zweiten Weltkrieg. So wird man in drei original eingerichteten Klassenräumen von 1850, 1900 und 1930 in den Unterricht vergangener Zeiten zurückversetzt. Auch Lehr- und Lernmittel wie Episkope, Filmgeräte, Grammophone und Radios werden gezeigt. Öffnungszeiten: Apr. bis Okt. tgl. 10.00 – 17.00; Nov. – März Di. – So. 14.00 – 17.00 Uhr.

Schloss

Westlich steht in einem Park das Schloss, das von 1654 bis 1701 als Kloster Hofen von Michael Beer erbaut wurde, nach der Säkularisierung vom württembergischen Staat erworben und im 19. Jh. von König Wilhelm I. als Sommerresidenz umgebaut wurde. Heute ist es Wohnsitz von Herzog Karl von Württemberg (unzugänglich).

! Baedeker TIPP

Schwäbisches Nationalgebäck

Wie wär's zur Stärkung mit einer knusprigen Laugenbrezel, dem schwäbischen Nationalgebäck? Besonders lecker wird sie in der tradionsreichen Webers Backstube mit erstklassgien Zutaten (Albrecht-Dürer-Str. 60) gebacken.

Die Schlosskirche mit ihren beiden 55 m hohen Zwiebeltürmen ist das Wahrzeichen von Friedrichshafen. Sie wurde von 1695 bis 1701 vom Kloster Weingarten nach Plänen des Vorarlbergers Christian Thumb als Wandpfeilerbasilika errichtet und nach Zerstörungen im Zweiten Weltkrieg um 1950 restauriert. Sie besitzt reiche Stuckdekoration von Johann und Franz Schmuzer sowie Altarblätter von Johann Michael Feuchtmayer. Besuchszeiten: Ostersamstag – Okt. Mo. – Do., Sa. 9.00 – 18.00, Fr. 11.00 – 18.00, So. 12.00 – 18.00 Uhr.

Militärhistorisches Museum

Französische Garnisonsgeschichte ist das Thema des Militärhistorischen Museums (Fallenbrunnen 1/5) in der ehemaligen Flakkaserne nordwestlich des Zentrums (Öffnungszeiten: Apr. – Okt. Mo. – Do. 16.00 – 18.00, Sa., So. 14.00 – 18.00 Uhr).

Ailingen

Der Stadtteil und Erholungsort Ailingen im Obstgarten am Bodensee bietet Familien einen abwechslungsreichen Urlaub u. a. mit etlichen Wanderwegen, Ponytrecking, Kutschfahrten sowie einem Spaß- und Erlebnisbad. Im Rathaus ist in den Räumen des Fremdenverkehrsamtes eine geologische Schausammlung untergebracht. In Weiler, bei Unterlottenweiler, kann man im Freigelände des Obstbau-Museums 160 Obstbäume sehen, darunter 60 Apfel- und Birnensorten (Informationen beim BUND: Tel. 0 75 44 / 51 62).

✶ Eriskirch

✶ ◄ Unserer Lieben Frau

Eriskirch, 6 km südöstlich von Friedrichshafen, ist ein ruhiger, ländlicher Urlaubsort. Ausgedehnte Obstbaumanlagen, Hopfengärten und Wälder laden zu Spaziergängen und Radausflügen ein. Markant im Ortsbild von Eriskirch ist der hohe Turm der gotischen Pfarr-

GIGANTEN AM HIMMEL

Die Zeppeline waren einst die Könige der Lüfte. Die große Ära der Giganten am Himmel endete im amerikanischen Lakehurst mit einem Inferno, das immer noch zu vielfältigen Spekulationen Anlass gibt. Doch nun scheint die Zeit der »fliegenden Zigarren« neu anzubrechen.

Die Idee kam ihm im Amerikanischen Bürgerkrieg. Ferdinand Graf von Zeppelin (1838 – 1917), der als württembergischer Leutnant 1863 das Kriegsgeschehen in den USA beobachtete, war fasziniert von den Ballons, die die Nordstaatler benutzten, um die Stellungen und Bewegungen der Südstaatler auszukundschaften. Fortan träumte er von einem lenkbaren Fluggerät für den Personen- und Frachttransport über weite Strecken. Im Jahr 1900 war es dann soweit: 18 Minuten flog das 128 m lange **»Luftschiff Zeppelin 1« (LZ 1)** über Friedrichshafen, bevor es wegen Motorversagens auf dem Bodensee notwassern musste. Auch die nachfolgenden Luftschiffer erwiesen sich als unfallträchtig. Erst 1911 gelang dem genialen Erfinder Zeppelin der Durchbuch am Himmel. Erfolgreich waren die »fliegenden Zigarren« zunächst in der zivilen Luftfahrt. Im Ersten Weltkrieg setzte das Militär 96 »Kolosse der Luft« als Aufklärer und Langstreckenbomber ein. Doch die Erwartungen der kaiserlichen Armee erfüllten sich nicht: Für die neuen wendigen Flugzeuge boten die langsamen überdimensionalen Luftschiffe ein zu bequemes Angriffsziel – 72 von ihnen kehrten nicht mehr zurück. 1917 starb Graf Zeppelin. Er erlebte nicht mehr, wie seine Giganten die Erde umkreisten und der deutschen Luftfahrt zu weltweitem Ansehen verhalfen. Den größten Ruhm und Erfolg unter den Passagierluftschiffen erreichte die LZ 127 (**»Graf Zeppelin«**), der 1929 ein triumphaler Flug in sechs Etappen rund um den Globus gelang. 1934 erbauten die Zeppelin-Werke in Friedrichshafen den bis dahin gigagantischsten Zeppelin, die 245 m lange »Hindenburg«, die 1936 den Linienverkehr zwischen Frankfurt am Main und New York aufnahm.

Der neue Zeppelin NT unternimmt heute für Touristen Rundflüge über der Bodensee.

Das Inferno

Es war der 6. Mai 1937, als eine Menge von Zuschauern und Presseleuten die Ankunft der »Hindenburg« auf dem Flughafen **Lakehurst** in New York erwartete. Obwohl schon längst ein regelmäßiger Flugverkehr zwischen Europa und den USA bestand, war der majestätische Luxusliner immer noch ein großes Medienspektakel. Die verspätete »Hindenburg« setzte zur Landung an. Landeseile wurden aus 25 m herabgelassen. Passagiere winkten aus den Fenstern den Schaulustigen am Boden zu. Plötzlich vernahmen die Männer im Heck des Luftschiffs ein »Plop«. Innerhalb von Sekunden stand die »Hindenburg« in Flammen, krachte auf den Boden und brannte völlig aus. Was hatte die Explosion ausgelöst? Noch heute glauben viele an einen Sabotageakt gegen das NS-Regime. Heute sehen die meisten Experten im zum ersten Mal benutzten Außenlack den wahren Grund: Dieser Schutzlack eignete sich nicht als elektrischer Leiter, d. h. die elektrische Spannung zwischen Luftschiff und Erdboden nahm während der Landung zu und entlud sich. Eindeutig geklärt ist die Ursache der Explosion jedoch bis heute nicht. Fest steht nur, dass das Unglück nicht passiert wäre, wenn die »Hindenburg« nicht mit hoch explosivem Wasserstoff, sondern mit nicht brennbarem Helium gefüllt gewesen wäre. Doch Helium war schwer zu beschaffen, denn der Monopollieferant USA hatte ein Exportverbot verhängt. Noch bis 1940 waren deutsche Zeppeline am Himmel zu sehen, dann ließ Reichluftfahrtminister Hermann Göring, die letzten »Gasblasen«, wie er sie verächtlich nannte, verschrotten. Die Zeit dieser Giganten schien endgültig vorüber zu sein. Die heliumgefüllten »Blimps«, die man zuweilen als fliegende Litfaßsäulen über Deutschland erblickt, sehen zwar wie Zeppeline aus, sind aber keine, da ihnen das starre Innengerüst fehlt. Und doch erlebt der Zeppelin von einst eine Wiedergeburt. 1997 startete in Friedrichshafen das Hightech-Luftschiff **Zeppelin NT** zu seinem Jungfernflug. Seit 2001 unternimmt dieser neue Zeppelin für Touristen Rundflüge über den Bodensee. Auch heute noch faszinieren die majestätischen Luftschiffe, was im Zeppelin-Museum in Friedrichshafen spürbar ist.

und Wallfahrtskirche Unserer Lieben Frau, die eine bedeutende Stätte der Marienverehrung war. In der Kirche, besonders im Chor, sind wertvolle Wandmalereien aus der Zeit um 1410/1420 erhalten mit Szenen aus dem Alten und dem Neuen Testament. Auf dem linken Seitenaltar befindet sich das Gnadenbild Unserer Lieben Frau von Eriskirch (um 1400). Beachten sollte man auch die Fenster im Chor mit kunstvoller Glasmalerei. Das Stifterfenster links vom Hochaltar zeigt Graf Heinrich von Montfort im Gebet.

★ **Eriskircher Ried**

Der Seeuferstreifen zwischen Ach- und Schussenmündung sowie die daran anschließende Flachwasserzone im Bodensee bilden das 552 ha große Eriskircher Ried, das größte Naturschutzgebiet am nördlichen Bodenseeufer. Nach dem Abschmelzen der Gletscher Ende der letzten Eiszeit lagerten sich an der Mündung der Schussen große Mengen Sand und Kies ab. In den letzten 10 000 Jahren entstand hier ein Flussdelta, das Eriskircher Ried. Die Ufer der Schussen und ihrer Altwasser werden von einem urwüchsigen Wald gesäumt, in dem Silberweiden, Pappeln und Erlen vorherrschen, in höher gelegenen Bereichen auch Eichen.

Im Eriskircher Ried

Das Ried ist Lebensraum und Rückzugsgebiet für eine große Zahl seltener Pflanzen und Wasservögel. Tausende von Enten, Möwen und die seltenen Singschwäne überwintern hier. Zur Blütezeit der Sibirischen Schwertlilie (Iris sibirica) von Ende Mai bis Anfang Juni verwandeln sich ausgedehnte Wiesen in einen lila Teppich. Im ehemaligen Bahnhof von Eriskirch wurde das Naturschutzzentrum Eriskirch mit einem Naturkundemuseum zu Ried und Bodensee eingerichtet. Öffnungszeiten: Di. bis Fr., So. 14.00 – 17.00, Fr. zusätzlich 9.00 – 12.00 Uhr. Es bietet regelmäßig Führungen durch das Ried an (Tel. 075 41/818 88).

★ Hegau

A – C 5/6

Der landschaftlich reizvolle Hegau, vom Schriftsteller Ludwig Finckh liebevoll als des Herrgotts Kegelspiel bezeichnet, öffnet sich von den weiten Höhen des Witthoh nach Südosten hin zum Bo-

HEGAU ERLEBEN

AUSKUNFT

Arbeitsgemeinschaft Bodensee-Hegau
August-Ruf-Str. 7
D-78224 Singen
Tel. (077 31) 852 62
Fax 852 34
www.singen.de

densee. Seine Vulkankegel ragen weithin sichtbar über die sanften Hügel empor. Auf allen Erhebungen finden sich noch die Überreste von Burgen.

Beeindruckende Vulkanlanschaft

Die mit Ablagerungen des Molassemeeres und eiszeitlichen Sanden und Geröllen angefüllte Beckenlandschaft ist geprägt von zwei Reihen Vulkanruinen. Die westliche Schlotreihe, deren markanteste Erhebung der Doppelgipfel des Hohenstoffels (844 m) und des Hohenhewens (846 m) ist, entstand vor etwa 16 Mio. Jahren, als gewaltige Tuffmassen und basaltische Schmelzen aus der Tiefe empordrangen. Vor rund 7 Millionen Jahren durchstießen Phonolithe das Deckengebirge und bildeten die östliche Reihe der Hegauvulkane, zu denen der Hohentwiel (686 m), der Hohenkrähen (643 m) und der Mägdeberg (664 m) gehören.

Sehenswertes im Hegau

★ Engen

Das idyllische Städtchen Engen im nördlichen Hegau besticht durch eine malerische, mustergültig sanierte Altstadt mit einem reichen Bestand an mittelalterlichen und frühneuzeitlichen Gebäuden. Es gilt als eine der besterhaltenen Stadtanlagen Süddeutschlands. Die ursprünglich spätromanische, später barock umgestaltete Kirche Mariä Himmelfahrt besitzt zwei interessante romanische Stufenportale mit figürlichen Darstellungen. Beachtenswert ist zudem das Krenkinger Schloss, das auf das 14. Jh. zurückgeht und in seiner heutigen Form aus dem 16. Jh. stammt. Das Städtische Museum (mit Galerie) im Kloster St. Wolfgang zeigt Funde aus der Vorzeit, wertvolle Beispiele sakraler Kunst, darunter einen der ältesten deutschen Tischaltäre, und eine Informationsschau zur Stadt- und Dorfsanierung. Das herausragende Ausstellungsstück ist die 14 000 Jahre alte, aus Gagat geschnitzte »Venus von Engen«, eine stilisierte Frauenfigur. In der angeschlossenen Galerie finden Wechselausstellungen zur modernen Kunst statt. Öffnungszeiten: Di. – Fr. 14.00 – 17.00, Sa., So. 10.00 bis 17.00 Uhr.

Bei dem berühmten Steinzeitlager am Petersfels im Brudertal nordöstlich von Engen wurde eiszeitliche Vegetation angepflanzt. Dadurch erhält man einen Eindruck von der Umwelt der steinzeitlichen Rentierjäger vor 15 000 Jahren.

Das malerische Engen: eine der besterhaltenen Stadtanlagen Süddeutschlands

Eigeltingen Das inmitten lieblicher Landschaft 12 km östlich von Engen gelegene Dorf Eigeltingen ist Ausgangspunkt für Wanderungen in das wildromantische Naturschutzgebiet Krebsbachtal. In der am östlichen Ortsende gelegenen Lochmühle, einem 400 Jahre alten ehemaligen Bauernhaus, ist ein Kutschenmuseum untergebracht, angeschlossen ist zudem ein Streichelzoo. Angeboten werden außerdem Fahrten mit Oldtimertraktoren und Kutschen sowie Ponyreiten.

★ Aachquelle Unweit südwestlich von Eigeltingen sprudelt die idyllische Aachquelle (481 m), der Quellsee der Radolfzeller Aach und die größte Quelle Deutschlands. Hier treten pro Sekunde zwischen 1000 und 24 000 l Wasser aus, wobei es sich hauptsächlich um das weiter nördlich in Immendingen und Fridingen versickerte Wasser der Donau handelt. Im Jahr 1886 wurden die ersten waghalsigen, aber erfolglos verlaufenden Höhlentauchversuche unternommen. Bei weiteren Expeditionen in die Höhle ereigneten sich mehrere tödliche Unfälle. In den 1980er-Jahren wurde die Aachquelle dann systematisch erforscht.

! Baedeker TIPP

Höhenweg

Zu den schönsten Wanderungen im Hegau zählt der Höhenweg (E 1) von Engen nach Singen (Gehzeit: etwa 6 Std.). Er führt über den Hohenhewen, den Hohenstoffel, den Mägdeberg und den Hohenkrähen bis zum Hohentwiel und bietet damit eine Menge an Aussichten.

★ Fasnachtsmuseum Schloss Langenstein

In dem 3 km südlich von Eigeltingen gelegenen Schloss Langenstein (1570–1605) sollte man das interessante Fasnachtsmuseum besuchen. Gezeigt werden hier unter anderem Dokumente zur Geschichte der schwäbisch-alemannischen Fasnacht, diverse Masken aus Holz und Narrengewänder. Eine Besonderheit ist die Kollektion von bunt bemalten Tonfiguren aus Zizenhausen, die im 19. Jh. von Zizenhauser Bauernfamilien hergestellt wurden. Eine Darstelluung von Fastnachtsbräuche in aller Welt rundet die Austellung ab. Während des ganzen Jahres finden in dem Museum Veranstaltungen der Narrenzünfte aus dem Raum Hegau/Bodensee statt. Öffnungszeiten: Mi., Sa., So. 13.00–17.00 Uhr.

Im Fasnachtsmuseum Schloss Langenstein

Das Feriendorf **Steißlingen**, 8 km südlich von Eigeltingen, am Steißlinger See gelegen, besitzt an Sehenswürdigkeiten ein Schloss der Freiherren von Stotzingen sowie einen Torkel aus dem 17. Jahrhundert. Eine einstündige Wanderung führt ostwärts zur Burgruine Homburg (547 m) aus dem 11. Jh., die im Dreißigjährigen Krieg zerstört wurde. Badefreuden verspricht der Steißlinger See.

Die südliche Hegaugemeinde **Hilzingen** spielte eine wichtige Rolle bei den Bauernaufständen im 16. Jahrhundert. Als Barockjuwel des Hegau« gilt die Kirche St. Peter und Paul, die von 1747 bis 1749 von Peter Thumb errichtet wurde. Herrlich ist die prachtvolle Innenausstattung. Das heimatkundliche Museum ist im Küferhaus im Schlosspark eingerichtet. Öffnungszeiten: Apr.–Okt. So. 14.00–17.00 Uhr.

★ Höri

C/D 6/7

Höhe: 400–708 m ü. d. M.

Die 63 km² große idyllische Halbinsel Höri mit dem auf 708 m ansteigenden waldreichen Schiener Berg schneidet tief in den Untersee ein. »Allum ist's fein und schön, hier ist vom Weltenschöpfer

HÖRI ERLEBEN

AUSKUNFT

Tourismus Untersee e. V.
Im Kohlgarten 2
D-78434 Gaienhofen
Tel. (077 35) 91 90 55
Fax 91 90 56
E-Mail: info@tourismus.untersee.de
www.tourismus-untersee.de

Kultur- und Gästebüro
Im Kohlgarten 1
D-78343 Gaienhofen
Tel. (077 35) 818 23, Fax 818 18
E-Mail: info@gaienhofen.de
www. gaienhofen.de

ÜBERNACHTEN

► **Erschwinglich**
In Gaienhofen-Hemmenhofen:
Höri
Uferstr. 20 – 23
Tel. (077 35) 81 10
Fax 81 12 22
E-Mail: info@seehotelhoeri.de
www.seehotel.hoeri.de
80 Z.
Sport- und Tagungshotel Höri verfügt über einen Seepark und einen eigenen Badestrand, ein Fitnesscenter, eine Beauty-Farm; eine Reitstall und eine Kegelbahn.

ein Meisterwerk gescheh'n,« so drückte der einst hier lebende Dichter Josef Victor von Scheffel seine Begeisterung für die Höri aus. Diese kleine Naturoase ist für Leute geeignet, die einen ruhigen und erholsamen Urlaub verbringen möchten.

✶ Idyllisches Urlaubsgebiet

Auf der Halbinsel, deren Uferstreifen fast ganz unter Naturschutz gestellt sind, gibt es seltene Vogel- und Pflanzenarten, so dass auch Naturliebhaber voll auf ihre Kosten kommen. Die Halbinsel wird überwiegend landwirtschaftlich genutzt; Obst- und Gemüseanbau werden hier betrieben. Zur Höri gehören die Gemeinden Gaienhofen, Moos und Öhningen. Mit der politischen Befriedung im 19. Jahrhundert nach jahrhundertelangen blutigen Auseinandersetzungen gewann dieser Teil des Bodensees rasch den Ruf ruhevoller Beschaulichkeit und ländlicher Idylle, was Künstler von überall her anzog. So wurde die Höri bald zum bevorzugten Wohnsitz von Dichtern und Malern (Baedeker Special S. 146/147). Heute wird die Höri als gutes Wandergebiet von immer mehr Touristen geschätzt.

Moos

Gepflegter Ferienort

Die Gemeinde Moos bietet dem Besucher eine gepflegte Seenlandschaft und sanfte Hügel. Die Einwohner leben noch heute zum Großteil vom Gemüseanbau. Die traditionelle, auf ein Gelübde zurückgehende Mooser Wasserprozession, die im Juli veranstaltet wird und nach Radolfzell führt, findet zu Ehren der hll. Theopont, Senes und Zeno statt und soll vor Tierseuchen bewahren.

Solch hübsche Plätzchen kann man auf der Höri entdecken.

Iznang ist der Geburtsort von Franz Anton Mesmer, dem Entdecker des »tierischen Magnetismus«, einer umstrittenen Heilmethode. An Mesmer erinnern heute das Geburtshaus und eine Gedenkstube im Gasthof Adler. **Iznang**

Gaienhofen

Dichterort Gaienhofen wurde mehrfach für seine intakte und liebevoll gepflegte Landschaft ausgezeichnet. Die Gemeinde und ihre Ortsteile Gundholzen, Hemmenhofen und Horn liegen alle ruhig und direkt am See und sind hervorragende Erholungsorte. Sie sind geeignet für Naturliebhaber, die ihren Urlaub z. B. auf dem schönen, umweltorientierten Campingplatz am See verbringen können. Gaienhofen war schon früh bevorzugter Wohnsitz von Malern und Dichtern, von denen der berühmteste Hermann Hesse war. Auf den Spuren der Dichter kann man in Gaienhofen wandeln.

Schloss Unmittelbar neben der Schiffslände steht das Schloss, das im 12. Jh. als Jagdschloss und Verwaltungssitz der Bischöfe von Konstanz erbaut, im Dreißigjährigen Krieg verwüstet und um 1700 als Sitz der bischöflichen Obervögte erneuert wurde. Nachdem im 19. Jh. die letzten der ursprünglich neun Türme abgetragen worden waren, ging das Gebäude in Privatbesitz über und beherbergt heute eine Internatsschule.

Im Hermann-Hess Museum kann ma die ehemaligen Wohnräume des Dichters besichtige

KÜNSTLER AUF DER HÖRI

Vor allem während der ersten Jahrzehnte des 20. Jh.s war die Höri mit ihren beschaulichen Orten wie Gaienhofen und Hemmenhofen Refugium und Inspirationsquelle für zahlreiche Schriftsteller und Maler.

Hermann Hesse zog es als Ersten auf die Höri: »Gaienhofen ist ein ganz kleines schönes Dörflein, hat keine Eisenbahn, keine Kaufläden, keine Industrie, nicht einmal einen eigenen Pfarrer ... Es hat auch keine Wasserleitung, so daß ich alles Wasser am Brunnen hole, keine Handwerker, so daß ich die nötigen Reparaturen im Haus selbst machen muß, und keinen Metzger, also hole ich Fleisch, Wurst etc. jeweils im Boot über den See aus dem nächsten thurgauischen Städtchen. Dafür gibt es Stille, Luft und Wasser gut, schönes Vieh, famoses Obst, brave Leute.« Diese Zeilen schrieb Hesse (1877 – 1962) 1904 an den Schriftsteller Stefan Zweig nach Wien. Nach seinem Erstlingserfolg mit der Erzählung »Peter Camenzind«, der ihn finanziell unabhängig machte, hatte sich Hesse entschlossen, die ländliche Idylle der Großstadt vorzuziehen und jene Naturinnigkeit zu leben, die in seinem literarischen Frühwerk eine wichtige Rolle spielt. Ein Jahr später beschloss sein Dichterfreund Ludwig Finckh (1876 – 1964) aus Tübingen, sich ebenfalls in Gaienhofen niederzulassen. Hermann Hesse fand zunächst Unterschlupf in einem gemieteten alten Bauernhaus und zog nach der Geburt seines Sohnes 1907 in ein eigenes Haus, das er im Erlenloh bauen ließ. Hier schrieb er u. a. »Gertrud«, einen Roman über Künstlertum, Freundschaft und Liebe. Als Hesse 1912 die Höri verließ, hatte die Halbinsel auch unter Malern an Reiz gewonnen, die vor allem nach dem Ersten Weltkrieg die verträumten Winkel entdeckten und ihre Landschaftseindrücke in naturalistischer oder impressionistischer Manier auf der Leinwand festhielten.

Künstlerexil

Otto Dix (1891 – 1969), der Maler des kritischen Realismus, dessen boshaft-satirische Großstadtszenen und Anti-

Das Höri-Museum vermittelt einen Einblick in das Werk von Hermann Hesse.

kriegsbilder in der Weimarer Republik für Diskussionsstoff sorgten, zog sich 1933 nach dem Verlust seiner Professur an der Dresdner Kunstakademie zunächst auf Schloss Randegg bei Singen zu seinem Schwager zurück und wohnte dann ab 1935 im eigenen Haus in Hemmenhofen. Hier schuf er bis 1945 in der inneren Emigration vorwiegend Landschaften als verschlüsselte Seelenzustände in altmeisterlicher Manier und wandte sich anschließend im Spätwerk dem Expressionismus zu. Nach dem Bürgerbräukeller-Attentat auf Hitler 1939 fand bei dem Regimegegner Dix eine Hausdurchsuchung statt. Der Maler **Max Ackermann** (1878 – 1975) gründete 1930 in Stuttgart ein Seminar für »absolute Malerei«, erhielt aber wegen seines Eintretens für die abstrakte Malerei 1936 ebenfalls Lehrverbot und siedelte nach Hornstaad über, wo er insgeheim abstrakte Arbeiten schuf und offiziell Landschaften malte.

Kriegswirren

Mitten im Zweiten Weltkrieg verschlug es den Maler **Erich Heckel** (1883 – 1970) ebenfalls nach Hemmenhofen. Der Mitbegründer der expressionistischen Künstlergruppe »Die Brücke« in Dresden im Jahr 1905 hatte miterleben müssen, dass über 700 seiner Werke als »entartet« deklariert wurden und aus deutschen Museen verschwanden. 1944 bezog er das Sommerhaus des Architekten Wurm. Auch als Heckel nach dem Krieg an der Kunstakademie in Karlsruhe lehrte, behielt er seinen Wohnsitz in Hemmenhofen. Zuflucht vor den Kriegswirren suchten auch noch andere Künstler am Untersee wie der Maler Ferdinand Macketanz, der seit 1942 in Kattenhorn lebte, und der Fotograf Hugo Erfurt. Bei soviel Präsenz moderner Kunst war es kein Wunder, dass eine der ersten großen Ausstellungen zeitgenössischer Kunst schon 1945 in Überlingen präsentiert werden konnte. Auch in den folgenden Jahrzehnten blieb die beschauliche Halbinsel Höri ein beliebtes Künstlerdomizil. Wie vielfältig sich die Künstler literarisch und malerisch der Höri angenommen haben, lässt sich gut in den Dichterzimmern und der kleinen Gemäldegalerie im Hermann-Hesse-Höri-Museum in Gaienhofen nachvollziehen.

Hermann-Hesse-Höri-Museum Die bekannteste Sehenswürdigkeit von Gaienhofen ist das Hermann-Hesse-Höri-Museum (Kapellenstr. 8), das die Hermann-Hesse-Gedächtnisstätte und das Höri-Museum umfasst. Die Gedächtnisstätte zeigt die ehemaligen Wohnräume von Hermann Hesse. Eine Besonderheit ist der Schreibtisch des Dichters, den er an seinen verschiedenen Wohnorten fast 60 Jahre lang benutzt hat. Das Höri-Museum gegenüber präsentiert Dokumente über Hesse und Ludwig Finckh, eine Gemälde- und Skulpturengalerie, darunter Werke von Otto Dix und Erich Heckel, sowie Funde der Pfahlbaukultur aus der Jungsteinzeit am Untersee. Außerdem werden in dem Museum Wechselausstellungen veranstaltet. Um das Museum wurde ein einfacher bäuerlicher Garten angelegt nach Ideen von Hesse, wie er sie in seinem Buch »Freude am Garten« niedergeschrieben hat. Öffnungszeiten: 15. März. – 31. Okt. Di. So. 10.00 – 17.00; 1.Januar bis 14. März Fr., Sa. 14.00 – 17.00, So., Fei. 10.00 – 17.00 Uhr.

Hermann Hesse

Hemmenhofen Im Kur- und Ferienort Hemmenhofen lebte seit 1936 der Maler **Otto Dix** (► Berühmte Persönlichkeiten). 1991 wurde sein ehemaliges Wohnhaus als Gedenkstätte (Otto-Dix-Weg 6) der Öffentlichkeit zugänglich gemacht. Das Museum dokumentiert Leben und Werk des Malers, zudem sind grafische Werke von ihm ausgestellt, darunter der Zyklus »Der Krieg«. Außerdem werden wechselnde Kunstausstellungen mit Werken von Dix und seinen Schülern präsentiert. Öffnungszeiten: eine Woche vor Ostern – Okt. Mi. – Sa. 14.00 – 17.00, So., Fei. 11.00 – 18.00 Uhr. Hemmenhofen schmücken schöne Fachwerkhäuser und eine große ehemalige Zehntscheuer. Die spätgotische Kirche St. Agatha und Katharina (um 1400) besitzt einen teilweise romanischen Chorturm.

Horn Im Ortsbild von Horn fallen die hübschen Fachwerkhäuser ins Auge. Von der einzigartig gelegenen spätgotischen Kirche **St. Johann und St. Veit**, dem Wahrzeichen der Höri, kann man eine fantastische Aussicht auf den Untersee mit der Insel Reichenau genießen. In dem herrlich am See gelegenen Schloss Hornstaad ist das Restaurant **»Schlößli«** untergebracht, in dem man gut essen kann. Das umweltorientierte Campingdorf Horn wurde mehrfach ausgezeichnet.

Öhningen

Öhningen Der Erholungsort Öhningen in der Hinteren Höri geht auf eine frühe alemannische Siedlung zurück. Sein Ortsbild ist von Fachwerkhäusern des 15. bis 19. Jh.s geprägt. Das ehemalige Augustiner-Chorherrenstift wurde 965 gegründet, doch stammen die heutigen Gebäude hauptsächlich aus dem 16. Jahrhundert. In der ehemaligen Stiftskirche **St. Peter, Paul und Hippolyt** (um 1615) sind im barockisierten Innenraum ein Chorgestühl von 1670 und schöne Barockfiguren zu sehen. Der Konventssaal ist mit einer beachtenswerten Stuckdecke und Fresken ausgeschmückt.

Im Ortsteil Oberstaad steht am See ein mittelalterliches Schlösschen, das Jacques-Schiesser-Haus aus dem 12./13. Jh., das vom 17. bis 19. Jh. verändert wurde. **Oberstaad**

Kattenhorn, ein bei Malern beliebtes Dorf, bietet an Sehenswertem ein Schloss, im 12. Jh. erbaut und im 19. Jh. grundlegend umgestaltet, und die kleine Blasiuskapelle aus dem Jahr 1520. Die Petruskirche (1958) ist mit Glasmalereien von Otto Dix zur Petrusgeschichte verziert. **Kattenhorn**

Der ruhige Erholungsort Schienen, am Hang des aussichtsreichen Schiener Berges gelegen, ist als Wanderzentrum beliebt. Sehenswert sind die Wallfahrtskirche **St. Genesius** (10. Jh.), eine frühromanische Pfeilerbasilika, sowie das Propsteigebäude (16. Jh.), in dem heute das Pfarrhaus untergebracht ist. Eine Wanderung führt in 30 Min. nördlich zur 1441 zerstörten Ruine der Schrotzenburg (691 m), wo man eine schöne Aussicht hat. **Schienen**

Der Ortsteil Wangen ist ebenfalls ein bei Künstlern beliebtes Erholungsdorf mit malerischen Fachwerkhäusern. Das älteste Haus (um 1604) wurde von seinem ursprünglichen Standort an die Hauptstraße versetzt und beherbergt als **Höri-Fischerhaus** das Heimatmuseum. Dieses stellt Pfahlbaufunde und Fossilien aus den Öhninger Kalksteinbrüchen aus. Öffnungszeiten: Apr. 1. und 3. So. im Monat, Mai bis Okt. So. 14.30 – 17.00 Uhr. **Wangen**

Das nahe Schloss Marbach, das einen schönen Park besitzt, geht auf eine Raubritterburg des 13. Jh.s zurück. Heute dient es nach Umbau dem Konzern Jacobs-Suchard als Bildungs- und Kommunikationszentrum (»Managerschmiede«). Bei Wangen liegen die an Fossilien reichen Öhninger Kalksteinbrüche.

Immenstaad

F 6/9

Höhe: 407 m ü. d. M. **Einwohnerzahl:** 6000

Immenstaad, idyllisch zwischen Obstgärten und Weinbergen gelegen, ist ein beliebter Touristenort mit schönen Fachwerkhäusern. Er wurde mehrfach für seine Familienfreundlichkeit ausgezeichnet.

Treffpunkte sind die beiden Jachthäfen und die Uferanlagen. Bei Weinkennern geschätzt ist die Sorte »Immenstaader Sonnenufer«.

Sehenswertes in Immenstaad

Von der spätgotischen Pfarrkirche St. Jodokus (Ende 15. Jh.) sind aus der Bauzeit noch der mächtige Wehrturm und der Chor erhalten. **St. Jodokus**

IMMENSTAAD ERLEBEN

AUSKUNFT

Touristinformation
Dr.-Zimmermann-Str. 1
Tel. (075 45) 20 11 10
Fax 20 12 08
E-Mail: tourismus@immenstaad.de
www.immenstaad.de

ESSEN UND ÜBERNACHTEN

► **Erschwinglich**
Seehof
Am Jachthafen
Tel. (075 45) 93 60
Fax 93 61 33
E-Mail: seehof-immenstaad@t-online.de
www.seehof-hotel.de
39 Z.
Das Hotel bietet einen eigenen Strand mit Liegewiese und komfortable Zimmer überwiegend mit Seeblick; das tradtionsreiche Lokal mit gemütlichen Gasträumen – der Weinstube und der Zirbelstube – serviert sehr gute Küche.

Der Rest der Kirche ist modern. Im Innern sollte man den reich verzierten Schnitzaltar und die Madonna von 1479 beachten.

Schwörerhaus Der Pfarrkirche gegenüber steht das Schwörerhaus, ein typisches alemannisch-gestelztes Fachwerkhaus von 1578.

Altes Rathaus Weiter östlich an der Hauptstraße sieht man das Alte Rathaus (1716), das heute als Bürgerhaus genutzt wird. An der Stelle des 1982 erbauten neuen Rathauses stand ursprünglich das Anwesen Deutsch, dessen Staffelgiebel und historischer Keller erhalten sind; hier finden heute Weinproben statt.

Schloss Hersberg Das um 1550 erbaute und von 1650 bis 1780 erneuerte Renaissanceschloss Hersberg am westlichen Ortsrand thront hübsch auf einer Anhöhe zwischen Weinbergen. Es ist heute Bildungsstätte des Pallottinerordens. Im Schlosshof finden im Sommer Konzerte und andere kulturelle Veranstaltungen statt.

Das **Schloss Kirchberg** (18. Jh.), 1 km westlich von Schloss Hersberg gelegen, war bis 1802 als Sommerresidenz der Zisterzienserabtei Salem und ging danach in markgräflich-badischen Besitz über. Es wurde in eine Wohnanlage umgewandelt und dient heute als Altersruhesitz.

! Baedeker TIPP

Historischer Segler

Ein stimmungsvolles Erlebnis ist eine Sonnenuntergangsfahrt mit der Lädine St. Jodok, der Nachbau eines historischen Lastenseglers. Von Mitte April bis Oktober startet die Lädine von Immenstaad aus; neben der Sonnenuntergangsfahrt sind Rundfahrten im Angebot (Informationen: Lädinenverein Bodensee e. V. , Fritz-Kopp-Str. 8, Tel. (0 75 45) 90 17 79, Fax 90 17 78, E-Mail: info@laedine.de, www.laedine.de

Der Ortsteil **Kippenhausen** nordwestlich wurde für sein Ortsbild mehrfach ausgezeichnet. Das Fachwerkhaus Montfort (1796) in der Montfortstraße (Nr. 13) beherbergt das **Heimatmuseum** und die **Montfortgalerie**. Im Heimatmuseum sind Wohnstube, Küche und Eisenwarenhandlung zu sehen (Öffnungszeiten: Apr. – Sept. Sa., So., Fei. 12.00 – 14.00, 18.00 – 20.00 Uhr), während die Montfortgalerie wechselnde Kunstausstellungen präsentiert. Öffnungszeiten: März bis Okt. . Di. – So. 11.00 – 14.00, 17.00 – 23.00 Uhr). Ferner gibt es das hübsche Museum/Café Zum Puppenhaus (Kirchberger Str. 15), das Puppen, Puppenhäuser und Spielzeug aus zwei Jahrhunderten zeigt. Sonderausstellungen finden hier ebenfalls statt. Im Puppenhauscafé kann man sich anschließend bei hausgemachten Kuchen und Torten stärken. Öffnungszeiten: Museum Di.–So. 14.00 – 17.00 Uhr; Café Di., Do. 11.00 – 15.00, Mi., Fr. – So. 11.00 – 18.00 Uhr.

Volle Fahrt voraus!

Umgebung von Immenstaad

Frenkenbach

In Frenkenbach (6 km nordwestlich) steht eine der wenigen romanischen Kirchen des nördlichen Bodenseeufers, St. Oswald und St. Othmar (13. Jh.), deren Mauerwerk aus unverputzten Feldsteinen besteht. Der Innenraum beeindruckt durch Einfachheit und harmonische Proportionen.

★ Konstanz

D/E 6/7

Höhe: 404 m ü. d. M. **Einwohnerzahl:** 80 000

Konstanz liegt reizvoll am Seerhein zwischen Obersee und Untersee, »in einer innigen Umschlingung des Wassers«, wie der Dichter Werner Bergengruen schreibt. Die weitläufig gebaute Neustadt im Norden schmiegt sich an die sanften Hänge des Bodanrücks, während sich die malerische Altstadt in mehr als 1000 Jahren südlich

KONSTANZ ERLEBEN

AUSKUNFT

Touristeninformation Konstanz GmbH
Bahnhofsplatz 13
D-78462 Konstanz
Tel. (075 31) 13 30 30
Fax 13 30 60
E-Mail: info@ti.konstanz.de
www.konstanz.de

ESSEN

► Erschwinglich

① ***Elefant***
Salmannsweilergasse 34
Tel. (075 31) 221 64
Geschl. So.
Restaurant mit rustikaler Einrichtung, das badische und schwäbische Küche offeriert, unter anderem köstliche Bodenseefische.

② ***Rössle***
Wollmatingen
Radolfzeller Str. 19
Tel. (075 31) 9 26 00
Geschl. Mo., Di.Der traditionsbewusste Gasthof strahlt einen gewissen Charme aus; besondere Pluspunkte sind die gepflegte Küche und der umfassende Service.

③ ***Waldhaus Jakob***
Eichhornstr. 84
Tel. (0 75 31) 810 00
Traumhaft gelegenes Fachwerkhaus am Waldrand mit Seeblick und Biergarten; verfeinerte regionale Küche.

ÜBERNACHTEN

► Luxus

Steigenberger Inselhotel
Auf der Insel 1
Tel. (075 31) 125-0
Fax 125-250
E-Mail: konstanz@steigenberger.de
www.konstanz.steigenberger.de, 102 Z.
Eines der schönsten Hotels der Region, in einem ehemaligen Dominikanerkloster untergebracht, direkt am See gelegen; das sehr elegante Haus strahlt historisches Flair aus; das Seerestaurant bietet exquisite Küche und die zirbelholzgetäfelte Dominikanerstube regionale Spezialitäten.

Baedeker-Empfehlung

Seenachtfest
Alljährlich im Sommer veranstaltet Konstanz gemeinsam mit der Schweizer Nachbargemeinde Kreuzlingen das viel besuchte Seenachtfest, das größte Sommerfest am See. Den Besucher erwarten Straßentheater, Attraktionen und natürlich viel Musik. Höhepunkt ist das große Feuerwerk, das sich wirkungsvoll im See spiegelt.

► Komfortabel

① ***Mercure Halm***
Bahnhofplatz 6
Tel. (075 31) 12 10
E-Mail: H2827@accorhotels.com
www.mercure.com, 99 Z.
Stilvolles Haus gegenüber dem Bahnhof; komfortable Zimmer, von denen die zur Altstadt hin gelegenen ruhig sind; Restaurant im prächtigen Maurischen Saal des 19. Jh.s.

② ***Bayrischer Hof***
Rosgartenstr. 30
Tel. (075 31) 1 30 40
Fax 13 04 13
E-Mail: info@bayrischer-hof-konstanz.de
www.bayrischer-hof-konstanz.de
23 Z.
Im Zentrum, unweit des Sees und dennoch ruhig gelegen.

③ ***Barleben am See***
Seestr. 15
Tel. (075 31) 5 00 74
Fax 6 69 73
www.hotel-barleben.de
8 Z.
Das idyllische ruhige Hotel Garni ist in einer historischen, architektonisch ungewöhnlichen Villa untergebracht und liegt direkt an der autofreien Seepromenade von Konstanz; die Zimmer sind liebevoll mit Antiquitäten ausgestattet; ein großer Garten macht das stimmungsvolle Ambiente komplett.

vom Seerhein entwickelte. Seit Jahrhunderten von Kriegszerstörung nahezu verschont, bewahrte sich das geschichtsträchtige Konstanz weitgehend sein mittelalterliches Stadtbild, das von Giebeln, Türmen und Arkaden geprägt ist.

Konstanz ist die größte Stadt sowie wirtschaftliches und kulturelles Zentrum des Bodenseeraums – traditionelle Funktionen, die sich Konstanz bewahrt hat. Bedeutende Faktoren des Kulturlebens sind die Universität und die Fachhochschule, das rege Theater- und Musikleben sowie Museen und Kunstgalerien, zudem gilt die Stadt als bevorzugter Tagungs- und Kongressort. Im Wirtschaftsleben kommt neben Handel, Dienstleistungsgewerbe (Fremdenverkehr), Handwerk und Weinbau insbesondere der Industrie (Elektrotechnik, Metallverarbeitung, chemische Erzeugnisse) Gewicht zu.

Geschichte

Als Keimzelle der Stadt wird eine keltische Fischersiedlung angenommen, die in spätrömischer Zeit den Namen Constantia« erhielt. Das hier um 590 gegründete Bistum war damals das größte im deutschen Raum. Im Schnittpunkt wichtiger Handelswege nach Italien, Frankreich und Osteuropa blühte die Stadt im Mittelalter auf, erhielt im Jahr 900 Marktrecht und war von 1192 bis 1548 Reichsstadt. In Konstanz wirkte im 14. Jh. der Mystiker Heinrich Suso (► Berühmte Persönlichkeiten).

◄ Konstanzer Konzil

Auf dem Konstanzer Reformkonzil (1414 – 1418), dem 16. Ökumenischen Konzil der Kirchengeschichte und mit etwa 20 000 Teilnehmern (bei nur 6000 Stadtbewohnern) der größte mittelalterliche Kongress des Abendlandes, wurde Martin V. zum Papst gewählt und damit das Schisma der Gegenpäpste Johannes XXIII., Gregor XII. und Benedikt XIII. beendet. Den tschechischen Reformator Jan Hus verurteilte das Konzil zum Tod und ließ ihn 1415 auf dem Scheiterhaufen verbrennen. Ambrosius Blarer führte in Konstanz die Reformation ein, worauf die Bischöfe 1526 ihre Residenz nach Meersburg

Highlights Konstanz

Imperia
Faszinierende Statue einer Dirne
► Seite 154

Münster
Bedeutende romanische Kirche
► Seite 156

Rosegartenmuseum
Interessante Exponate zur Stadtgeschichte
► Seite 160

Sea Life
Faszinierende Unterwasserwelt
► Seite 162

verlegten und auch dort blieben, als Konstanz nach der Niederlage des Schmalkaldischen Bundes und der daraus folgenden Einverleibung durch Österreich (1548) zwangsweise wieder katholisch wurde. Beim Preßburger Frieden 1805 schlug man Konstanz dem Großherzogtum Baden zu. Im Jahr 1838 wurde in Konstanz der Luftfahrtpionier und Erbauer lenkbarer Luftschiffe Ferdinand Graf von Zeppelin (► Berühmte Persönlichkeiten) geboren. In der zweiten Hälfte des 19. Jh.s wurde die Stadtbefestigung größtenteils niedergerissen. Jedoch besitzt die während des Zweiten Weltkrieges wegen der Nähe zur neutralen Schweiz von Luftangriffen verschonte Stadt in ihren Bauten zahlreiche Zeugen einer großen Vergangenheit. Im Jahr 2003 wurden bei der Sanierung des Münsterplatzes Reste eine römischen Kastells (4. Jh.) freigelegt.

✶ Altstadt

✶ **»Imperia«**

Am Hafen, an der Südostseite der Altstadt, steht das neue Wahrzeichen von Konstanz: die sich drehende, 9 m hohe Statue der »Imperia«, die der Bildhauer Peter Lenk 1993 geschaffen hat. Die Frauenfigur, die die Kurtisane Imperia darstellt, hält in der einen Hand den Kaiser und in der anderen den Papst. Die »Schöne Imperia«, der der französische Dichter Honoré de Balzac ein literarisches Denkmal gesetzt hat, wird in der Darstellung fälschlicherweise in die Zeit des Konstanzer Konzils verlegt, zu dem viele »Hübschlerinnen« in die Stadt kamen. Die echte Römerin lebte aber erst in der zweiten Hälfte des 15. Jh.s. Imperia galt als eine der begehrtesten Dirnen während des Konzils. So veranschaulicht die Statue den Zusammenhang zwischen Erotik und Macht. Sie löste weithin heftige Diskussionen aus.

Konzil

Das ehemalige Kaufhaus (1388) in der Nähe ist der größte mittelalterliche Profanbau Süddeutschlands. Es wird Konzil genannt nach dem Konstanzer Konzil, bei dem hier im Jahr 1417 Kardinäle und Gesandte zum Konklave eingeschlossen wurden und nach drei Tagen bei der einzigen Papstwahl auf deutschem Boden den Kardinal Od-

Der Hafen mit dem Konzilgebäude und der umstrittenen »Imperia«

done Colonna als Martin V. zum Papst wählten. Heute dient das Gebäude als Konzert- und Kongresshaus.

Zeppelindenkmal

Der Obelisk an der Südseite des kleinen Gondelhafens wurde 1920 zu Ehren des Grafen von Zeppelin aufgestellt. Auf der Spitze ist »Wieland der Schmied« dargestellt.

Dominikanerkloster/ Inselhotel

In dem 1235 gegründeten und 1785 aufgehobenen Dominikanerkloster weiter nördlich befindet sich seit 1875 das Inselhotel. Von 1310 bis 1340 lebte der Dichtermönch Heinrich Suso im Kloster, das während des Konzils Tagungsort verschiedener Nationen und durch Jahrhunderte ein bedeutender Kulturträger im Bodenseeraum war. Nach der Aufhebung dienten die Klosterbauten Genfer Emigranten als Kattunfabrik. Im Jahr 1838 wurde hier Ferdinand Graf von Zeppelin geboren. Die 1966 gegründete Universität war bis 1969 im Inselhotel untergebracht. Die gotische ehemalige Klosterkirche, die heute als Festsaal genutzt wird, ist an der Nordwand mit mittelalterlichen Fresken geschmückt, der sehenswerte frühgotische Kreuzgang mit Fresken des ausgehenden 19. Jh.s.

Stadttheater

Jenseits der Bahngleise steht das 1609 als Jesuitenkolleg errichtete Stadttheater, die älteste noch bespielte Bühne in Deutschland.

Konstanz Orientierung

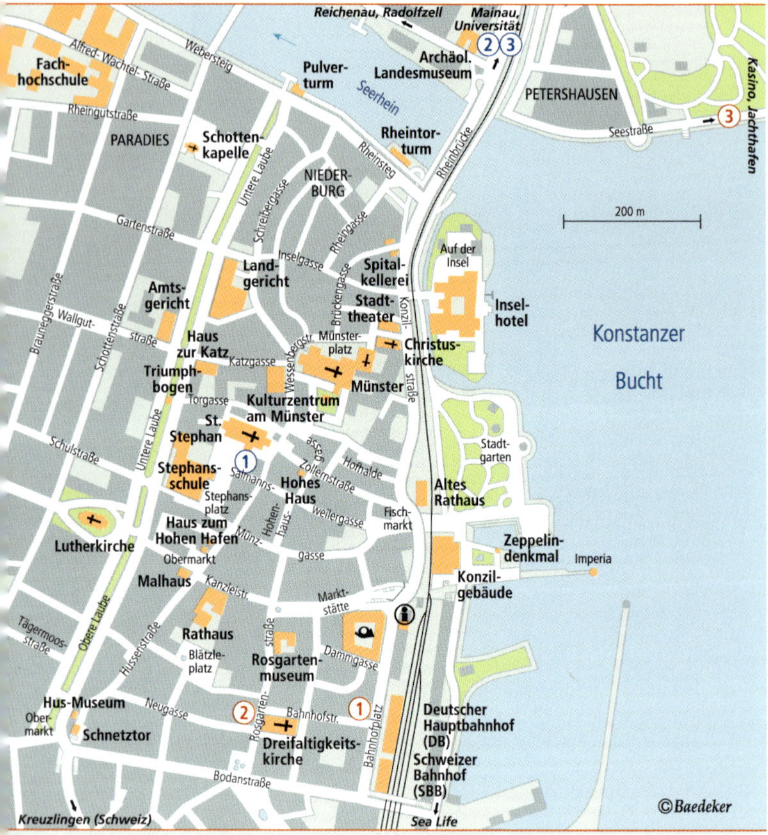

Übernachten
① Mercure Halm
② Bayrischer Hof
③ Barleben am See

Essen
① Elefant
② Rössle
③ Waldhaus Jakob

✶✶ Münster Das von 1052 bis 1089 im romanischen Stil erbaute Münster Unserer Lieben Frau, ein historisch und kunsthistorisch sehr bedeutender Bau, wurde im 14. und 15. Jh. gotisch umgestaltet und erweitert, 1680 barock eingewölbt und von 1846 bis 1860 mit einem neugotischen Turmaufsatz versehen. Die Turmhöhe beträgt insgesamt 76 m. An der Südseite des Münsters erhebt sich eine Mariensäule von 1683. Das Hauptportal ist mit 20 kunstvoll geschnitzten Reliefs (1470) von Simon Hayder geschmückt; darüber hängt der »Konstanzer Herrgott«, ein Holzkruzifix von 1518. Das Innere des Münsters

Inneres ►

wurde durch den Schweizer Reformator Ulrich Zwingli, der hier 1505 zum Priester geweiht worden war, größtenteils seiner wertvollen Ausstattung beraubt. Beachtenswert sind die Renaissanceorgelbühne (1517 – 1520), die hochgotische Welserkapelle (1474 – 1491), die erste Kapelle links, mit modernen Glasfenstern von Hans Gottfried von Stockhausen, die Kanzel (1680) und das Chorgestühl (1465 – 1470). Im Thomaschor befinden sich der marmorne Thomasaltar (um 1680), das Hauptwerk von Christoph Daniel Schneck, und links der Schnegg genannte steinerne Treppenturm (1438).
In der frühromanischen Krypta (995), ein dreischiffiger Raum mit sechs teilweise mit Akanthusblättern verzierten Säulen, hängen die vier berühmten großen **vergoldeten Kupferscheiben** (11. – 13. Jh.). Von der Konradikapelle gelangt man zum spätgotischen Kreuzgang, von dem noch zwei Flügel erhalten sind. Hier ist der Zugang zur Mauritiusrotunde (13. Jh.), die mit Renaissancemalerei (1578) ausgestattet ist. Ein Meisterwerk ist das **Heilige Grab** (13. Jh.) mit herrlicher Maßwerkarchitektur und reichem Figurenschmuck. Öffnungszeiten: tgl. 8.00 bis 17.30 Uhr.

Haus »Zur Kunkel«

Am Münsterplatz, der von den ehemaligen stattlichen Domherrenhöfen eingerahmt ist, steht das rote Haus »Zur Kunkel« (Nr. 5), ein ehemaliges Mesnerhaus. Die bedeutenden Wandfresken im zweiten Stock stammen aus der Zeit um 1300 und sind damit die ältesten erhaltenen profanen Wandmalereien nördlich der Alpen. Sie stellen die Arbeit der Leinweber dar (Besichtigung nur bei Stadtführungen).

Kulturzentrum am Münster

Das 1998 eröffnete Kulturzentrum am Münster (Wessenbergstr. 39) ist ein multifunktionales Gebäude, in das historische Bauten an der Katzgasse und der Wessenbergstraße mit einbezogen sind. Hier sind Wessenberg-Galerie, Kunstverein, Volkshochschule und Stadtbücherei untergebracht. Der Kunstverein präsentiert zeitgenössische Kunst.

✶ ◄ Wessenberg-Galerie

Im 1617 aus verschiedenen Teilen gebauten Wessenberghaus mit klassizistischer Fassade ist die Wessenberg-Galerie untergebracht. Die Galerie, eine Gründung des Generalvikars und Bistumsverwesers Ignaz Heinrich Freiherr von Wessenberg (1774 – 1860), ist eine hochrangige Kunstsammlung. Sammlungsschwerpunkte sind die Malerei und Grafik des Bodenseeraums und des deutschen Südwestens; die umfangreichen Bestände werden in wechselnden Präsentationen gezeigt. Die Räume im zweiten Stock sind Freiherrn von Wessenberg gewidmet. Außerdem finden in der Galerie überregional interessante Sonderausstellungen statt. Öffnungszeiten: Di. – Fr. 10.00 bis 18.00, Sa., So. 10.00 – 17.00 Uhr.

St. Stephan

Die spätgotische St.-Stephans-Kirche südlich vom Kulturzentrum wurde von 1424 bis 1486 erbaut. Im Innern bemerkenswert sind die barocke Orgel und Teile des Chorgestühls (um 1300), auf dem Fabeltiere und Blumen abgebildet sind. Das schöne Sakramentshäuschen (1594) im Chor schuf der Konstanzer Bildhauer Hans Morinck.

MÜNSTER KONSTANZ

★★ Stadtbildbeherrschend erhebt sich das Münster Unserer Lieben Frau in der Altstadt von Konstanz. »Das bedeutendste Bauwerk an der Südgrenze Deutschlands« ist das steinerne Zeugnis für einst das bedeutendste Bistum des Reichs. Der Bau des Münsters geht auf das Jahr 1089 zurück und erfuhr einige Umgestaltungen.

Öffnungszeiten:
9.00 – 18.00 Uhr

1 »Schnegg«

Ein sehr schönes Werk ist der »Schnegg« genannte zierliche freistehende Treppenturm (1438) im Thomaschor. Das nach französischen Vorbild gestaltete Bauwerk ist mit Reliefs mit der Darstellung Mariens geschmückt.

2 Goldscheiben

Berühmt sind die vier vergoldeten Kupferscheiben (11. – 13. Jh.) in der frühromanischen Krypta, auf denen die Majestas, die Kirchenpatrone Konrad und Pelagius und der Adler des Evangelisten Johannes dargestellt sind.

3 Heiliges Grab

Die Mauritiusrotunde wurde nach dem Vorbild der Grabeskirche Christi geschaffen. Sie enthält ein Meisterwerk: das Heilige Garb (13. Jh.) mit herrlichem Maßwerk und reichem Figurenschmuck.

4 Kreuzgang

Zwei Flügel des Kreuzgangs haben einen Brand überstanden. An ihnen lässt sich der schnelle Wandel in der Entwicklung der gotischen Maßwerkformen erkennen. An den Kreuzgang schloss einst die Domschule und der Kapitelsaal an.

Münster Unserer Lieben Frau *Orientierung*

1 Hauptportal (1519)
2 Orgel (1517-1520)
3 Wandbilder des hl. Christophorus (15. Jh.)
4 Vermuteter Standort des Jan Hus bei seiner Verurteilung durch das Kirchenkonzil im Jahr 1414 (dunklere Bodenplatte)
5 Kanzel (um 1680)
6 Flügelaltar (1524)
7 Treppenturm "Schnegg" (1438)
8 Chorgestühl (1467-1470)
9 Hochaltar (1774)
10 Kreuzigungsbild (1348)
11 Heiliges Grab (1303)
12 Maria-End-Altar

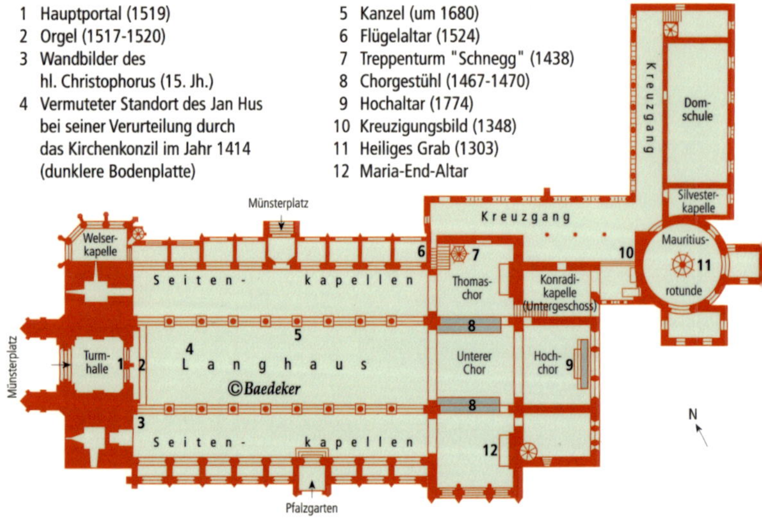

Eine de
scheiber
lung de
Evangel

Hohes Haus Östlich der Stephanskirche, an der Zollernstraße sieht man das Hohe Haus, das mit fünf Stockwerken für das Baujahr 1294 ungewöhnlich hoch ist.

Altes Rathaus Das Alte Rathaus an der Konzilstraße stammt aus dem 15. Jh. und wurde 1733 von Johann Michael Beer weitgehend umgebaut. Es dient auch heute noch als Sitz von städtischen Ämtern.

Obermarkt Die Wessenbergstraße mündet südlich auf den Obermarkt, der im Mittelalter auch Hinrichtungsstätte war. Am Haus zum Hohen Hafen (um 1420) an seiner Nordseite schildern die Wandmalereien (um 1900) das Konstanzer Konzil. Das Hotel Barbarossa daneben, das schon seit 1419 Wirtschaft und seit 1865 Hotel ist, wurde nach dem Friedensschluss benannt, den hier Kaiser Friedrich I. (»Barbarossa«) 1183 mit den lombardischen Städten schloss. An der Südseite des Obermarkts steht das Malhaus (13./14. Jh.), das seit dem 14. Jh. als Apotheke genutzt wird.

Rathaus Das Rathaus südöstlich vom Obermarkt, an der Kanzleistraße, wurde von 1589 bis 1594 von Alexander Guldinast aus dem alten Zunfthaus der Leinweber und Krämer (14. Jh.) im florentinischen Renaissancestil zur Stadtkanzlei umgebaut. Die Außenmalereien mit Themen zur Stadtgeschichte schuf Ferdinand Wagner d. Ä. 1864. Das Rathaus besitzt einen reizvollen Innenhof, in dem im Sommer Serenadenkonzerte stattfinden.

Marktstätte Die Kanzleistraße öffnet sich ostwärts zur Marktstätte, dem geschäftigen Zentrum der Stadt, das vor allem im Sommer mit seinen Außenlokalen sehr beliebt ist. Bemerkenswerte Gebäude an dem Platz sind der **Kaiserbrunnen** (1897); der ehemalige Gasthof zum Goldenen Adler (Nr. 8), im 18. Jh. das beste Quartier der Stadt und heute Sitz einer Bank; das Haus zum Roten Korb (Nr. 18); auf der Südseite die mächtige Hauptpost (1888–1891) und beim Ostende das ehemalige Spital zum Heiligen Geist (Nr. 4; seit 1225). Die Figuren (1990) des Kaiserbrunnens wurden von Gernot und Barbara Rumpf geschaffen. Dargestellt sind mit nationalistischem Pathos die Kaiser Friedrich I., Maximilian I. und Otto I. Das achtbeinige Pferd erinnert an Kaiser Friedrich II., der 1212 nach einem Gewaltritt aus Apulien in Konstanz eintraf.

✶ **Rosgartenmuseum** Gleich südlich der Marktstätte trifft man in der Rosgartenstraße auf das mittelalterliche Zunfthaus der Metzger, das »Haus zum Rosgarten« (Nr. 3), in dem das seit 1871 bestehende Rosgartenmuseum untergebracht ist. Es ist das zentrale Museum für die Kunst und Kultur des Bodenseeraumes und seines historischen Mittelpunktes Konstanz. Die Räume des Zunfthauses bilden einen stim-

Kaiserbrunnen: ein beliebter Treffpunkt für Jung und Alt →

SPARKASSE

mungsvollen Rahmen für die Sammlungen, die von der Steinzeit bis zur Gegenwart reichen. Im Vordergrund steht die Stadtgeschichte; ein Stadtmodell gibt das Stadtbild um 1600 wieder. Mehrere Wohnräume, von der mittelalterlichen Stube bis zum Nierentischwohnzimmer der 1950er-Jahre, veranschaulichen verschiedene Lebenswelten. Der gotische Zunftsaal enthält eine besondere Kostbarkeit des Museums: die illustrierte Chronik des Konstanzer Konzils von Ulrich Richental. Bemerkenswert ist der »Historische Saal« mit der Museumsausstattung des 19. Jh.s. Er enthält die umfangreichen archäologischen Bestände, die Exponate zur Petrografie, Paläontologie sowie zur Vor- und Frühgeschichte. Von hervorragender Bedeutung sind die paläolithischen Funde aus der Höhle Kesslerloch bei Thayngen/Kanton Schaffhausen mit Ritzzeichnungen (12 000 bis 9000 v. Chr.) sowie die wohl umfassendste Sammlung zur Pfahlbaukultur. Vielfältige kulturgeschichtliche Sammlungen und Kunsthandwerk aller Epochen machen vergangene Lebensformen anschaulich. Öffnungszeiten: Di. – Fr. 10.00 – 18.00, Sa., So. 10.00 – 17.00 Uhr.

Dreifaltigkeitskirche

Die gotische Dreifaltigkeitskirche am Südende der Rosgartenstraße entstand kurz vor 1300 für den Augustinerorden. Ihre mittelalterliche Innenausstattung wurde beim Bildersturm des 16. Jh.s zerstört, später erhielt die Kirche aber Stuckdecken sowie schöne Barockaltäre aus Einsiedeln. Bedeutend sind vor allem die an den Obergaden freigelegten Fresken aus der Konzilszeit, die die Geschichte des Augustinerordens zum Thema haben.

Hushaus / Hus-Museum

Westlich der Dreifaltigkeitskirche steht das Hushaus (Hussenstr. 64; 15./16. Jh.), das man fälschlicherweise für das Wohnhaus des böhmischen Reformators **Jan Hus** während des Konstanzer Konzils hielt. Der Reformator wurde auf dem Konzil zum Tod verurteilt und vor den Toren der Stadt 1415 verbrannt. Die Prager Museumsgesellschaft erwarb das Haus und richtete darin das Hus-Museum ein. In dem Museum wird anhand von Bildern und Dokumenten das Leben und Wirken des Reformators sowie die Geschichte der Hussitenbewegung nachgezeichnet. Öffnungszeiten: Mai – Sept. tgl. 10.00 – 17.00; Okt. bis Apr. Di.– So. 10.00 – 12.00, 14.00 – 17.00 Uhr.

✶ Sea Life

Eine viel besuchte Attraktion ist die Aquarienanlage Sea Life (Hafenstr. 9) hinter dem Bahnhof. Hier leben zahllose Süß- und Salzwasserfische. Bei einem beeindruckenden Rundgang folgt man dem Verlauf des Rheins von der Quelle bis zur Mündung ins Meer. Dann kommt man in die Mittelmeerausstellung, die die hier lebenden Meerestiere zeigt und Wissenwertes über Mythologie und Ökologie des Mittelmeers vermittelt. Man durchquert diesen Lebensraum in einem begehbaren Unterwassertunnel. Außerdem gibt es die Zusatzausstellung »Riesenkrabben – Raubritter der Meere«, in der über das Leben dieser Meerestiere und deren Gefährdung informiert wird. Bezaubernd ist die Sammlung von Seepferdchen. Die Ausstellung »Gejagte Jäger – Von Menschen und Haien« von Greenpeace stellt das Leben der Haie und deren Gefährdung vor. Öffnungszeiten: Juli – Sept. tgl. 10.00 – 19.00, Mai, Juni, Okt. 10.00 – 18.00, Nov., Apr. Mo. – Fr. 10.00 – 17.00, Sa., So. 10.00 – 18.00 Uhr.

◄ Bodensee-Naturmuseum

Angeschlossen ist das Bodensee-Naturmuseum, das einzige seiner Art im Bodenseeraum. Seine Themen sind die Entstehung des Sees und seine Eiszeiten sowie der See und seine Umwelt. Außerdem wird Wissenswertes über Hydrobiologie, Fischerei, Wasserwirtschaft sowie in der Vogelabteilung über das Leben der im Wollmatinger Ried brütenden Vögel vermittelt. Öffnungszeiten beider Museen: Juli – Sept. tgl. 10.00 – 19.00, Apr. – Juni, Okt. tgl. 10.00 – 18.00, Nov. bis März 10.00 – 17.00, So., Fei. generell 10.00 – 18.00 Uhr.

Am eindrücklichsten lässt sich die Vergangenheit der Stadt auf einem Spaziergang durch die zwischen Münster und Rhein sich erstreckende malerische Niederburg erleben. In den verwinkelten Gassen des ursprünglich von Fischern und Handwerkern bewohnten ältesten Stadtteils stehen auch die ältesten Häuser der Stadt aus dem 13. bis 16. Jahrhundert. Winzige Geschäfte – vom italienischen Spezialitätenladen bis zum Trödler – in diesen massiven Häusern vermitteln etwas vom mittelalterlichen Leben in dem Viertel. Einladend wirken die zahllosen, seit Jahrhunderten hier ansässigen Weinstuben.

! *Baedeker* TIPP

Köstliche Tropfen

Die seit 1272 bestehende Spitalkellerei (Brückengasse 12), eine der ältesten deutschen Weinkellereien, empfiehlt sich für eine Besichtigung und vor allem für eine Weinprobe. Die ökologisch ausgerichtete Kellerei ist für außerordentlich gute Einzellagen bekannt. Angebaut werden die Rebsorten Müller-Thurgau, außerdem Chardonnay, Auxerrois, Traminer und Spätburgunder. Eine Besonderheit der Kellerei ist der mittelalterliche Holzfasskeller mit handgeschnitzten Weinfässern.
Öffnungszeiten: Mo. – Fr. 9.00 – 12.00, 14.00 – 18.00, Sa. 9.00 – 13.00 Uhr.

Außerhalb der Altstadt

Kloster Petershausen

Jenseits der Rheinbrücke liegen Trakte der ehemaligen Benediktiner-Reichsabtei Petershausen, die dem Stadtteil den Namen gab. Sie gehörten von 983 bis 1803 zum Kloster und dienten von 1814 bis 1977 als Kaserne. Später wurden die Gebäude zu einem Kulturzentrum umgestaltet. Der U-förmige Konventbau des Klosters am Benediktinerplatz (Nr. 5) beherbergt im Westflügel das Stadtarchiv.

✶ Archäologisches Landesmuseum

Im Mittelbau und im Ostflügel des Konvents ist das interessante Archäologische Landesmuseum untergebracht, das eine schön gestaltete Präsentation der Exponate bietet. Die Themenpalette reicht von steinzeitlichen Pfahlbauten über keltische Hügelgräber, römisches Stadtleben, alemannische Adelsgräber bis zum Mittelalter. Herausragende Ausstellungsstücke sind die Kupferscheibe von Hornstaad, das älteste Metall von Baden-Württemberg, ferner der Schatzfund von Ladenburg aus römischer Zeit und das Totenbett von Lauchheim aus alemannischer Zeit. In der Schifffahrtsabteilung werden die Schifffahrtsgeschichte des Bodensees und die Entwicklung der Binnenschifffahrt in Baden-Württemberg veranschaulicht. Das Prunkstück dieser Abteilung ist ein um 1330 gebauter, fast vollständig erhaltener Lastensegler, der älteste Schiffsfund im Bodensee. Für den 18 m langen Segler, der 1991 im Bodensee bei Immenstaad gefunden wurde, erstellte man einen eigenen Anbau. Öffnungszeiten: Di. – So., Fei. 10.00 – 18.00 Uhr. Das Museum bietet seinen Besuchern auch ein Mitmachprogramm an; so kann man nach Originalrezepten aus der Römerzeit kochen oder Steinzeitgeräte herstellen (Informationen: Tel. 0 75 31 / 9 80 40).

★ Lastensegler ►

Seestraße Von der Rheinbrücke zieht die Seestraße am Casino Konstanz vorbei zum Jachthafen. Von dieser platanenbestandenen Promenade hat man schöne Ausblicke auf die Altstadtsilhouette. Bemerkenswert ist das qualitätsvolle Ensemble der sich die Seestraße entlangziehenden Häuserzeile im Stil des Historismus.

Universität Etwa 4 km nördlich der Rheinbrücke erstreckt sich auf dem Gießberg in aussichtsreicher Lage das Areal der Universität Konstanz, wo funktionsbetonte Architektur eine gelungene Synthese mit künstlerischem Formempfinden eingeht. Die 1966 gegründete Hochschule war zunächst provisorisch im Inselhotel, dann auf dem Sonnenbühl untergebracht, bis sie 1972 die ersten Bauten auf dem Gießberg bezog. Der Neubau geht auf Pläne des Architektenteams Wenzel Ritter von Mann und Wilhelm von Wolff zurück. Eindrucksvoll sind die durch ein Labyrinth von Gängen, Treppen und Wasserspielen miteinander verbundenen, um einen formbewegten Innenhof angeordneten Baugruppen. Zahlreiche Künstler setzten durch Kunst am Bau wirkungsvolle Akzente in der Anlage.

Litzelstetten Eine sonnige Hanglange am Überlinger See zeichnet den zu Konstanz gehörenden Luftkurort Litzelstetten aus. Vom Hausberg Purren (508 m) bietet sich ein schöner Blick auf den See und die Alpen.

Dingelsdorf Der Stadtteil Dingelsdorf wird als Erholungsort am Überlinger See gern besucht. Sehenswert sind hier die hübschen Fachwerkhäuser aus dem 17. und 18. Jh. und die im Innern barockisierte Kirche St. Nikolaus (1493). Unzählige Wanderwege führen durch die ortsnahen Wälder und durch das Naturschutzgebiet Dingelsdorfer Ried sowie entlang des Sees. Der weitläufige und flache Strand in Dingelsdorf ist für Kinder geeignet.

Wallhausen Der Stadtteil Wallhausen, das 800 Jahre alte ehemalige Fischerdorf am Überlinger See, hat sich zum beliebten Feriendorf (»Wallorca«) und Wassersportzentrum entwickelt. Er ist idealer Ausgangspunkt für Wanderungen auf dem Bodanrück und für Radtouren. Ein Fußweg führt in 30 Minuten nordwestlich zur wildromantischen Marienschlucht (s.u.).

Allensbach

Ort der Demoskopie

Der Ferienort Allensbach ist vor allem bekannt als Sitz des Instituts für Demoskopie, das 1947 von Elisabeth Noelle-Neumann gegründet wurde (► Baedeker Special S. 166). Der Ort, am Nordufer des Gnadensees gelegen, war einst Richtstätte des Klosters Reichenau, auf dessen heiligem Boden nicht hingerichtet werden durfte. Wenn bei der Überführung des Verurteilten der Abt das Armesünderglöcklein läuten ließ, war der Gefangene frei – daher der Name **»Gnadensee«**. Allensbach, das Dorf am See , wird besucht als Luftkurort und Kneippbad sowie als Tourenzentrum für den Bodanrück.

St. Nikolaus

Die Kirche St. Nikolaus, das Wahrzeichen von Allensbach, wurde um 1300 erbaut, von 1732 bis 1735 bis auf den spätgotischen Turm abgetragen und im Barockstil erneuert. Das saalartige Innere ist mit schönen Stuckarbeiten und Deckengemälden ausgestattet. Der klassizistische Hochaltar von Alois Dürr entstand 1805, die beiden Rokokoseitenaltäre wurden um 1750 angefertigt.

Von Allensbach hat man einen unmittelbaren Blick auf die Insel Reichenau.

Elisabeth Noelle-Neumann, die Gründerin des bekanntesten deutschen Meinungsforschungsinstituts

DIE PYTHIA VOM BODENSEE

Die Journalistin Elisabeth Noelle-Neumann betrat Neuland, als die 1947 das erste deutsche Meinungsforschungszentrum, das Institut für Demoskopie Allensbach, gründete.

Die aus Berlin gebürtige Institutsleiterin Elisabeth Noelle-Neumann hatte während ihrer Schulzeit auf Schloss Salem Gefallen am Bodensee gefunden. Später bekam sie dann noch preiswerten Wohn- und Arbeitsraum in einem alten Fachwerkhaus (Radolfzeller Str. 8) im Bodenseeort Allensbach, so dass mit wenigen Mitarbeitern in Ludwigshafen 1947 die erste Feldforschung betrieben werden konnte. Noelle-Neumann hatte während eines Auslandsstipendium 1937 in Missouri die amerikanische Lebensart kennen gelernt und besuchte dann im Auftrag eines Papierherstellers Kunden in Fernost. 1940 promovierte sie schließlich über die Meinungsforschung in den USA, die der Demoskop George Gallup entwickelt hatte. Seine wissenschaftlichen Methoden wurden fortan weiter entwickelt, um immer besser herauszufinden, was die Menschen über Politik, Wirtschaft und sich selbst dachten. Noelle-Neumann wollte den Wiederaufbau Deutschlands durch kritische Umfragen begleiten und Trends durch repräsentative Meinungsauswertung einschätzen.

Analysen

Mittlerweile beschäftigt das Institut für Demoskopie in Allensbach unter Leitung von Renate Köcher rund 90 Mitarbeiter, denen 1800 Interviewer landesweit zur Seite stehen. Bekannt geworden ist die weise Frau der Umfrageforschung, die »Pythia vom Bodensee«, wie Noelle-Neumann ironisch genannt wird, hauptsächlich durch Untersuchungen zur aktuellen Politik, zum Wahlverhalten und zur Parteienstruktur. Ein wichtiger Anteil der wissenschaftlichen Arbeit des Instituts entfällt aber auch auf die Markt- und Medienforschung. Große sozialwissenschaftliche Untersuchungen wie die über den Wertewandel in über dreißig Ländern zählen zu den weiteren Aufgaben des international anerkannten Instituts. Um das Institut auch weiterhin abzusichern, wurde 1996 eine Stiftung gegründet. Ein Jahr später konnte das Allensbacher Institut für Demoskopie sein 50-jähriges Jubliläum feiern. Auch weiterhin können die Bundesbürger aus dem kleinen Ort am Bodensee erfahren, welche Trends in ihrem Leben maßgeblich sind.

Heimatmuseum

Im Fachwerkbau der alten Schule neben der Kirche ist das Heimatmuseum untergebracht. Es werden Ausstellungsstücke zur Vor- und Frühgeschichte und zur Ortsgeschichte sowie Fasnachtsfiguren gezeigt: Öffnungszeiten: Pfingsten – Okt. Sa. 10.00 – 12.00, Juli / Aug. auch Do. 10.00 – 12.00 Uhr.

Wild- und Freizeitpark Allensbach

4 km nordwestlich von Allensbach erstreckt sich auf dem Bodanrück, in einer schönen, naturgeschützten Parkanlage, der Wild- und Freizeitpark Allensbach. Hier sind mehr als 350 überwiegend einheimische Wildtiere zu sehen. Neben Rot-, Schwarz-, Dam-, Muffel- und Sikawild leben dort auch selten gewordene Arten wie Wolf, Luchs, Bär und Wisent. Auch ein Erlebnisgarten mit Heilpflanzen ist angeschlossen. Bei Kindern besonders beliebt ist der Streichelzoo. Öffnungszeiten: Mai – Sept. tgl. 9.00 – 18.00; Okt. – Apr. 10.00 – 17.00 Uhr.

Freudental

Das **Barockschloss** (1699) im 8 km nördlich von Allensbach gelegenen Ortsteil Freudental besitzt im Innern schöne Stuckdecken, ferner Gemälde mit Themen aus der griechisch-römischen Sagenwelt. Es ist heute Bildungszentrum des Humboldt-Instituts der Fachhochschule Konstanz.

Langenrain

Etwa 3 km nördlich von Freudental liegt der Ortsteil Langenrain. In dem **Barockschloss** (1684 – 1686) hier sind heute ein Hotel und Tagungszentrum untergebracht. Sehenswert in Langenrain sind außerdem die barocke Kirche **St. Joseph** (1699) und das **Bauernmuseum**, das dem Besucher Einblick in die bäuerliche Arbeitswelt vermittelt.

Burg Kargegg

2 km nordöstlich von Langenrain erhebt sich die 1525 im Bauernkrieg zerstörte mittelalterliche Burg Kargegg, von wo man eine schöne Aussicht hat.

✶ Marienschlucht

An der Ruine Kargegg beginnt die wildromantische Marienschlucht (Naturschutzgebiet), eines der beeindruckendsten Naturdenkmäler am Bodensee. Die 100 m lange und stellenweise nur 2 m breite Felsspalte führt zum Überlinger See. Die Schlucht erreicht man, wenn man von Langenrain 300 m in Richtung Dettingen fährt und dann nach links abbiegt zu einem Wanderparkplatz. Von dort sind es noch 400 m bis zur Ruine Kargegg und zum Anfang der Marienschlucht.

Hegne

Der Ortsteil Hegne (4 km südöstlich von Allensbach) ist mit seinem Campingplatz direkt am See, den zahlreichen Rad- und Wanderwegen sowie gemütlichen Unterkünften ein beliebter Ferienort. Es wartet mit einem **Renaissanceschloss** auf, das den Bischöfen von Konstanz als Sommersitz diente und im 19. und beginnenden 20. Jh. mehrfach umgestaltet wurde. Seit 1892 ist es das Provinzialmutterhaus der Barmherzigen Schwestern vom Heiligen Kreuz. In den Sommermonaten gibt es im Schloss Übernachtungsmöglichkeiten.

★ Kressbronn

G 7

Höhe: 400 – 520 m ü. d. M. **Einwohnerzahl:** 7100

Der beliebte Erholungsort Kressbronn, 1934 durch die Zusammenlegung von Hemigkofen und Nonnenbach entstanden, liegt direkt am Bodensee, östlich der Argenmündung. Er wurde als familienfreundlicher Ferienort ausgezeichnet.

Weinreben, Obstplantagen und Hopfengärten dominieren das Landschaftsbild. Während der Blüte von Kirsch- und Apfelbäumen bietet sich dem Besucher ein beeindruckendes Naturerlebnis. Über die Region hinaus bekannt ist der Ort durch die Bodan-Werft, die sogar Schiffe bis nach Afrika exportiert. Das Kressbronner Blütenfest wird Ende April gefeiert. Kressbronn ist Geburtsort des Barockmalers Andreas Brugger (1737 – 1812); er schuf Werke in vielen Kirchen und Schlössern Oberschwabens.

KRESSBRONN ERLEBEN

AUSKUNFT

Touristinformation
Im Bahnhof
D-88079 Kressbronn
Tel. (075 43) 9 66 50
Fax 96 65 15
E-Mail: tourist-info@kressbronn.de
www.kressbronn.de

ESSEN UND ÜBERNACHTEN

Campingplatz Gohren
Gohren
Tel. (075 43) 60 50-0
Fax 80 32
www.campingplatz-iriswiese.de
In Gohren, einem südlichen Ortsteil von Kressronn, gibt es einen beliebten riesigen Campingplatz, der über einen 2 km langen Naturstrand verfügt; das hiesige Wassersportzentrum hält für die Gäste ein umfangreiches Angebot bereit: Segeln, Surfen, Tauchen, Wasserski können betrieben werden; außerdem ist an den Campingplatz der größte Jachthafen des Bodensees angeschlossen.

► Erschwinglich

Strandhotel
Uferweg 5
Tel. (075 53) 9 61 00
Fax 70 02
Hotel mit eigenem Badestrand; die komfortablen Zimmer haben meistens Seeblick; das Restaurant »Am Kretzergrund« besitzt eine eigene Metzgerei, ein Fischteich und ein Wildgehege; schöner Ausblick.

Baedeker-Empfehlung

Schorsch´s Heuhotel
Kirchstr. 19/1
Tel./Fax (075 53) 61 53
Ein besonderer Spaß vor allem für Familien mit Kindern ist das Übernachten im Heuhotel; übernachtet wird in Schlafnischen im Heu (Schlafsack mitbringen!), es sind aber auch Zimmer vorhanden; Frühstück gibt es auf Wunsch.

Sehenswertes in Kressbronn

Eligiuskapelle

In der Ortsmitte ist die barocke Eligiuskapelle (1748 – 1752) sehenswert, die heute als Kriegergedenkstätte hergerichtet ist.

Schlösslepark

Südwestlich davon erstreckt sich an der Straße zum See der schöne Schlösslepark mit herrlichen Bäumen. Im ehemaligen Stall- und Gesindehaus, das zum »Haus des Gastes« umgewandelt wurde, ist das **Museum Lände** untergebracht, das heimische Künstler vorstellt. Öffnungszeiten: Mai – Sept. Mo. – Fr. 9.30 – 12.00, Sa. 9.30 – 12.00; Okt. – Apr. Di. – So. 15.00 – 17.00 Uhr.

* Argen-Hängebrücke

In der Nähe führt die von 1896 bis 1898 erbaute Argen-Hängebrücke über den Fluss. Sie ist die älteste erhaltene Hängebrücke in Deutschland und war Vorbild für die weltberühmte Golden Gate Bridge in San Francisco / Kalifornien, obgleich sie im Unterschied zu dieser keine stählernen, sondern aufgemauerte Tragepfeiler besitzt.

Über die Argen spannt sich eine Hängebrücke.

Umgebung von Kressbronn

Ein beliebter hübscher Spaziergang führt von Kressbronn in einer halben Stunde ostwärts auf den Ottenberg; vom Turm dort hat man bei schönem Wetter sogar Alpensicht. Von dort geht es 2 km weiter südöstlich zum aussichtsreichen Antoniusberg mit der Kapelle St. Antonius.

Auf einer weiteren empfehlenswerten Wanderung gelangt man nordöstlich über den Nunzenberg in einer Stunde zum malerischen **Schleinsee** und weiter zum östlich gelegenen **Degersee**, wo man sich in einem Strandbad erfrischen kann.

Tettnang

Hopfenstadt

Die Hopfenstadt Tettnang, 8 km nördlich von Kressbronn, ist Mittelpunkt des Obst- und Hopfenanbaugebiets am Bodensee. Bedeutung erlangte der Ort durch die Herrschaft der Grafen von Montfort, die von 1246 bis 1780 die Grafschaft regierten und ihn 1268 zur Residenz erhoben. Zeugen jener Zeit machen heute das Flair der Stadt aus. Aber auch eine schöne Lage mit weitem Blick über See und Alpen zeichnet Tettnang aus.

Montfortplatz

Im Westen der Altstadt, die schöne Bürgerhäuser des 17. und 18. Jh.s besitzt, liegt der Montfortplatz. Die Südostseite des Platzes nimmt das 1667 erbaute **Alte Schloss** (1667) mit Staffelgiebel ein, das jetzt als Rathaus dient. An der gegenüberliegenden Seite des Platzes steht die Rokokokapelle St. Georg.

★ Neues Schloss

Vom Montfortplatz führt ein Weg zu dem von 1712 bis 1720 errichteten viertürmigen Neuen Schloss, das nach einem Brand 1753 erneuert wurde. Die barocken Räume in der Belétage (1. Obergeschoss), die heute als **Schlossmuseum** zugänglich sind, wurden u. a. von Joseph Anton Feuchtmayer mit reichen und feinen Stuckierungen versehen. Künstlerische Höhepunkte sind die lebendigen Malereien von Andreas Brugger. Öffnungszeiten: Apr. – Okt. tgl. 14.30, 16.00, Mai – Sept. zus. So. 10.30, Juli, Aug. zus. Mi., Fr. 10.30 Uhr.

Mit imposanter Fassade präsentiert sich das Neue Schloss in Tettnang.

Im Torschloss (15. – 17. Jh.) hat sich das **Montfort-Museum** etabliert, das Dokumente zur Stadtgeschichte präsentiert.
Öffnungszeiten: Di. – Fr. 16.00 bis 19.00, Sa. 10.00 – 19.00, So., Fei. 15.00 – 19.00 Uhr.

! *Baedeker* TIPP

»Hopfenerlebnis«

Ein umfassendes »Hopfenerlebnis« verspricht die 4 km lange Wanderung auf dem Hopfen-Erlebnispfad, der von der Kronenbrauerei im Zentrum von Tettnang zum Hopfenmuseum nach Siggenweiler führt. In der Brauerei wird man bei einer Führung in der Geheimnisse der traditionellen Braukunst eingeweiht. Entlang des Pfads durch Hopfengärten, Obstanlagen und Wiesen wird auf Informationstafeln der Hopfenanbau erläutert. Den Abschluss bildet der Besuch des Hopfenmuseums.

Das **Hopfenmuseum** (Hopfengut 20) im Ortsteil Siggenweiler vermittelt auf verschiedene Weise Einblick in den Hopfenanbau: In der Hopfendarre wird die 150-jährige Geschichte des Hopfenanbaus dargestellt. Die riesige Hopfenpflückmaschine in der Maschinenhalle ist zur Zeit der Hopfenernte Anfang September in Betrieb. Schließlich wird in der Siegelhalle Technik und Geschichte des Bierbrauens veranschaulicht. Öffnungszeiten: Mai – 20. Okt. Di. – So. 10.30 – 18.00 Uhr.

★ Kreuzlingen

D/E 7

Staat: Schweiz
Einwohnerzahl: 17 000
Höhe: 404 m ü. d. M.

Kreuzlingen, die Schwesterstadt von Konstanz, ist nur durch die schweizerisch-deutsche Grenze, die mitten durch Stadtviertel verläuft, von dieser getrennt.

Die beiden Orte veranstalten alljährlich im Sommer gemeinsam das viel besuchte Seenachtfest. Ihren Namen verdankt die Stadt einer Reliquie vom Kreuz Christi, die in der Klosterkirche aufbewahrt wird.

Sehenswertes in Kreuzlingen

Augustinerkirche

An der Hauptstraße sieht man den ehemaligen Augustinerkonvent (1668), ein Werk von Michael Beer und Jakob Sayler, und die barocke Klosterkirche. Die Kirche wurde nach einem Brand 1963, bei dem bis auf den Chor und die Ölbergkapelle alles zerstört wurde, rekonstruiert. Sie verfügt über einige beachtenswerte Ausstattungsstücke: Deckenfresken (18. Jh.) von Franz Ludwig Herrmann und ein schönes Chorgitter (1737 – 1740). Außergewöhnlich ist in der linken Ölbergkapelle der **Ölberg** mit etwa 300 geschnitzten Figuren (um 1730), die in 18-jähriger Arbeit geschaffen wurde. Das große gotische Gnadenkreuz ist mit natürlichem Haupthaar versehen.

KREUZLINGEN ERLEBEN

AUSKUNFT

Verkehrsbüro
Hauptstr. 39
CH-8280 Kreuzlingen
Tel. (071) 672 38 40
Fax 672 17 36
E-Mail: info@kreuzlingen-tourismus.ch
www.kreuzlingen.ch

ESSEN

► Fein & Teuer

Seegarten
Promenadenstr. 40
Tel. (071) 688 28 77
Geschl. Mo.
Außergewöhnlich ist der Salon Admiral mit vielen Spiegeln; fantastische Küche und eine hervorragende Weinkarte; im Sommer kann man im Garten am Jachthafen speisen.

► Erschwinglich

Schloss Seeburg
Seeburgpark
Seeweg 1
Tel. (071) 688 47 75
Geschl. Mo.
Restaurant in dem ehemaligen Landsitz der Konstanzer Bischöfe aus dem 16. Jh.; von den holzgetäfelten Gasträumen hat man einen Blick nach Meersburg; schöne Aussichtsterrasse in einem idyllischen Garten; mediterrane Küche.

ÜBERNACHTEN

► Komfortabel

Bahnhof-Post
Nationalstr. 2
Tel. (071) 672 79 72
Fax 672 49 82
25 Z.
www.hotel-bahnhof-post.ch
Traditionsreiches Bahnhofshotel gegenüber dem Bahnhof; das Spektrum der Übernachtungsmöglichkeiten reicht vom Schlafsaal bis zum Doppelzimmer; gut bürgerliche Schweizer Küche.

Museen Im Rathaus verdient das Feuerwehrmuseum einen Besuch sowie weiter südlich das Heimatmuseum Rosenegg. Öffnungszeiten beider Museen: 1. So. im Monat 14.00 – 17.00 Uhr.

★ Seeuferanlage Die Seeuferanlage, eine ungewöhnliche Mischung aus Park und naturnahen Teilen, zieht sich östlich des Zentrums am See entlang und bietet seltenen und gefährdeten Tier- und Pflanzenarten einen Lebensraum. Es gelang sogar, hier Weißstörche anzusiedeln. Besondere naturschützerische Bedeutung hat die aufgeschüttete **Wollschweininsel** im Hafen. Hier gibt es viele brütende und durchziehende Vögel, die vom Aussichtsturm am Parkufer gut zu beobachten sind. Der Name der Insel kommt daher, dass im Winter hier Wollschweine ausgesetzt werden, um die Vegetation kurz zu halten. Außerdem leben in Gehegen der Seeuferanlage einheimische Tiere.

Seeburg ► Die Seeburg im nördlichen Teil der Seeuferanlage wurde 1598 als Landsitz für die Konstanzer Bischöfe erbaut, im Dreißigjährigen Krieg weitgehend zerstört und im 19. Jh. als Herrschaftssitz im historistischen Stil umgebaut. Sie war Drehort für den Film »Martha« von Rainer Werner Fassbinder. Heute sind hier das Didaktische Zentrum des Kantons Thurgau und ein Restaurant (s. o.) untergebracht.

◂ Seemuseum

In der nahe gelegenen ehemaligen Kornschütte wurde ein Seemuseum eingerichtet, das die Themen Schifffahrt und Handel, Fischerei und Fischkunde, Seenforschung, Gewässerschutz sowie Malerei, Tourismus und Landschaft der Bodenseeregion vorstellt. Öffnungszeiten: Apr. – Juni Mi., Sa., So. 14.00 – 17.00, Juli, Aug. Di. – So. 14.00 bis 17.00, Nov. – März So. 14.00 – 17.00 Uhr.

Sternwarte

Südwestlich vom Zentrum, in der Braitenrainstr. 21, findet man die Sternwarte Kreuzlingen. Öffnungszeiten: Mi. 19.00 – 22.00 Uhr. Zwischen Kreuzlingen und Konstanz wurde ein 6 km langer Planetenweg angelegt, auf dem die Sonne und die Planeten erläutert werden (Informationen: Tel. 071/6 72 58 55).

Puppenmuseum/ Zeppelinmuseum

Im ehemaligen Pächterhaus des Schlossguts Girsberg westlich des Zentrums sind im Puppenmuseum 500 Puppen aus verschiedenen Epochen und Ländern ausgestellt. Außerdem gibt es hier ein Zeppe-

Die Seeburg war schon einmal eine romantische Filmkulisse.

linzimmer mit originalen Arbeitsmöbeln und einer Fülle von Erinnerungsstücken an Graf von Zeppelin (► Berühmte Persönlichkeiten), der hier von 1890 bis 1900 an seinen Erfindungen arbeitete. Öffnungszeiten: März – 6. Jan. Mi., So. 14.00 – 17.00 Uhr.

Grossweiher, Pfaffenweiher, Neuweiher

Die idyllische Stimmung des Naturschutzgebiets Grossweiher / Pfaffenweiher / Neuweiher zieht seit langem viele Menschen an. Die Sumpflandschaft bietet Lebensraum für viele gefährdete Tier- und Pflanzenarten. Zu den verschiedenen hier lebenden Wasservögeln gehören Eisvögel, Flussseeschwalben, Haubentaucher, Graureiher und Kormorane. In dem Naturschutzgebiet gedeiht beispielsweise die Sumpfwurz, eine seltene Orchideenart, außerdem das Knabenkraut und die Gelbe Schwertlilie.

Umgebung von Kreuzlingen

Conny-Land

Im Familienpark Conny-Land, 12 km südwestlich von Kreuzlingen, bei Lipperswil, stehen eine Delphin-Lagune, Papageienzirkus und Seelöwenarena auf dem Programm. Außerdem werden Fahrgeschäfte, ein Piratenschiff, einen Streichelzoo und einen Dino Park geboten. In der Unterwasserbar kann man Seelöwen beobachten. Öffnungszeiten: Ende März – Ende Okt. tgl. 9.00 – 18.00 Uhr.

★ Gottlieben

Das ehemalige Fischerdorf Gottlieben 5 km westlich zeichnet sich durch eine idyllische Lage unmittelbar an der Riedlandschaft des Seerheins aus. Mit seinen gepflegten Bauten, gediegenen Hotels und Restaurants sowie guten Einrichtungen für den Wassersport ist Gottlieben ein beliebtes Ausflugsziel. In Gottlieben lebte der Lyriker, Erzähler und Dramatiker Emanuel Freiherr von und zu Bodman. Die bekannten Gottlieber Hüppen sind ein lokales Gebäck, das sich hervorragend als Mitbringsel eignet.

Den Ort, dessen ursprüngliche Anlage noch erkennbar ist, schmücken schöne alte Riegelhäuser wie die Drachenburg und das Waaghaus sowie die so genannte Burg und das Haus Rheineck.Die Konstanzer Bischöfe erbauten 1251 ein **Schloss** als Nebenresidenz, in dem 1415 der böhmische Reformator Jan Hus und der Pisaner Gegenpapst Johannes XXIII. gefangen saßen. Louis Napoléon, der spätere Kaiser Napoleon III., erwarb 1836 das Gebäude und ließ es 1837/1838 neugotisch umgestalten. Heute ist das Anwesen in Privatbesitz.

Ein besonders schönes Beispiel eines Fachwerkhauses ist die **Drachenburg** (17. Jh.) am Dorfplatz, bennannt nach der Form der Wasserspeier. Sie ist mit zwei Erkern mit Zwiebeldach versehen. Heute ist hier ein Hotel untergebracht. Im **Bodman-Haus**, einem ehemaligen Handelshaus (um 1800), ebenfalls am Dorfplatz, ist eine Gedenkstätte für den Dichter Freiherr von und zu Bodman eingerichtet, der von 1920 bis zu seinem Tod 1946 hier wohnte. Außerdem finden hier Lesungen und Wechselausstellungen statt.

Ermatingen

Der alte Fischerort Ermatingen liegt 2 km westlich von Gottlieben, am Untersee, auf der Landzunge Staad. Seinen Reiz machen die kleinen Fischerhäuser, hübschen Gässchen und idyllischen Winkel aus. Heute leben allerdings nur noch wenige Einwohner vom Fischfang; in dem Ort befindet sich die kantonale Fischbrutanstalt. Weltbekannt ist die altertümliche **Groppenfasnacht** – die Groppe ist eine Gangfischart –, die nur alle drei Jahre und erst drei Wochen vor Ostern gefeiert wird; die nächste findet 2007 statt. Der Ort besitzt mehrere malerische Fachwerkhäuser: das Haus zum Schiff (1708), der Kehlhof (1694) und das stattliche Hotel **»Adler«**. Dieses Gebäude ist das älteste Thurgauer Hotel, in dem schon Graf Zeppelin, Thomas Mann und Hermann Hesse übernachtet haben.

◂ Vinorama

Das neue Museum Vinorama (Hauptst. 62) stellt die Geschichte und Gegenwart des Weinbaus dar. Auch Weinproben bietet es an. Außerdem gewährt es Einblick in die reiche Regionalgeschichte. Öffnungszeiten: Mai – Okt. Mi., Fr.–So. 14.00 – 19.00; Nov. – Apr. Sa., So. 14.00 - 19.00 Uhr.

★ Schloss Arenenberg

Westlich von Ermatingen erhebt sich hoch über dem Untersee Schloss Arenenberg (458 m), das schönste Schloss am Bodensee, das von 1540 bis 1546 errichtet und später umgebaut wurde. Von 1830 bis zu ihrem Tod 1837 war es Wohnsitz der Hortense de Beauharnais, der ehemaligen Königin von Holland und Stieftochter Napoleons I. Ihr Sohn Louis Napoléon, der spätere Kaiser Napoleon III., verlebte hier seine Jugendjahre. Kaiserin Eugénie, die Gemahlin Napo-

Im Schloss Arenenberg verlebte der spätere Kaiser Napoleon III. seine Jugend.

! Baedeker TIPP

Besondere Lichtgestalten

Eine neue Attraktion des Schlosses Arenenberg ist die Son-et-Lumière-Schau. Klang und Licht lassen die napoleonische Zeit auf ganz neue Weise lebendig werden: Besondere Gestalten werden auf die Schlossmauern projiziert. Im Schlosspark werden zudem Figuren aus hier aufgeführten Ballettvorstellungen zu neuem Leben erweckt (Vorführungen: 25. Juli – 27. August, Fr. 22.00 Uhr; Tel. 071/663 32 60).

leons III., erwarb das Schloss 1855 und schenkte es 1906 dem Kanton Thurgau, der hier das Napoleonmuseum einrichtete. Das Schloss ist mit einer exklusiven Empireeinrichtung ausgestattet, die wertvolles Mobiliar und kostbare Gemälde umfasst. Außerdem gehören herrliche Parkanlagen dazu, in denen man spazieren und den schönen Blick auf den Untersee genießen kann. Öffnungszeiten: Mo. 14.00 bis 18.00, Di. – So. 10.00 – 18.00 Uhr.

Münsterlingen Das ehemalige Benediktinerinnenkloster Münsterlingen liegt 5 km südöstlich von Kreuzlingen. Die Klosterkirche wurde in den Jahren 1709 bis 1716 von dem Barockbaumeister Franz Beer in das Klosters eingefügt. Sie ist ein kleines Meisterwerk in der Zusammenfügung von einem tonnengewölbten Langhaus, das durch Wandpfeiler gegliedert ist, mit einem querschiffartigem Ovalkuppelbau und Rechteckchor, der von einer Tambourkuppel abgeschlossen wird. Eine Besonderheit ist die spätgotische Büste des Johannes (16. Jh.), die nach altem Brauch bei **»Seegfrörne«** – wenn der Bodensee völlig zugefroren ist – in einer feierlichen Prozession abwechselnd in die hiesige Kirche oder in die Pfarrkirche von Hagnau gebracht wird. Zuletzt wurde die Figur 1963 über das Eis hierhergebracht.

Landschlacht Die romanische Einraumkapelle **St. Leonhard** (um 900) in Landschlacht (2 km südöstlich von Münsterlingen) birgt wertvolle gotische Wandmalereien. Die bedeutendsten Werke sind die Passionsfolge (14. Jh.) im Langhaus und Szenen aus dem Leben des Kirchenpatrons (1432) im Chor (1400), die vor allem durch ihre feine, harmonische Farbigkeit beeindrucken.

Langenargen

G 7

Höhe: 400 m ü. d. M. **Einwohnerzahl:** 7100

Langenargen liegt umgeben von Obstgärten direkt am Bodensee zwischen der Mündung der Argen und der Schussen. Es ist ein viel besuchter freundlicher Erholungsort, der mit einem Umweltgütesiegel ausgezeichnet wurde.

Langenargen ist der Geburtsort des Barockmalers Franz Anton Maulbertsch, dem im Kunstmuseum ein Raum gewidmet ist.

LANGENARGEN ERLEBEN

AUSKUNFT

Tourist-Information
Obere Seestr. 2/1
D-88085 Langenargen
Tel. (075 43) 93 30-92
E-Mail: touristinfo@langenargen.de
www.langenargen.de

ESSEN

► Fein & Teuer

Adler
Oberdorfer Str. 11
Tel. (075 43) 30 90
Geschl. So.
Gourmetrestaurant mit Terrasse; besonders zu empfehlen sind die Fischgerichte.

► Erschwinglich

Löwen
Obere Seestr. 4
Tel (075 43) 30 10
Geschl. Di.
Restaurant/Café mit Wintergarten, großer Seeterrasse und Biergarten; eigene Konditorei; eine saisonale Spezialität ist Spargel; Spitzenweine vom Bodensee.

ÜBERNACHTEN

► Komfortabel

Baedeker-Empfehlung

Schwedi
Schwedi 1
Tel. (075 43) 934 95-0
Fax 934 95-100
E-Mail: schwedi@hotel-schwedi.de
www.hotel-schwedi.de, 28 Z.
Hotel in sehr schöner Lage direkt am See und Naturschutzgebiet; große Gartenterrasse und Liegewiese; das Restaurant ist bekannt für seine leckeren Fischgerichte.

Sehenswertes in Langenargen

St. Martin

Am Marktplatz im so genannten Städtle, dem historischen Ortskern, steht die barocke Kirche St. Martin. Herausragende Werke im Innern sind das Schutzengelbild (um 1762) am linken Pfeiler der Eingangshalle von Johann Konrad Wengner und die Rosenkranzreliefs aus der Zürnschule. Die Deckengemälde stammen von Anton Maulbertsch, dem Vater des berühmten Franz Anton.

★ Kunstmuseum

Das ehemalige Pfarrhaus gegenüber der Kirche beherbergt heute ein Kunstmuseum, das Werke vom Mittelalter bis zur Neuzeit aus dem Bodenseegebiet zeigt. Ein eigener Raum ist Franz Anton Maulbertsch (►Berühmte Persönlichkeiten) gewidmet.
Außerdem besitzt das Museum eine Sammlung des Spätimpressionisten Hans Purmann (1880 – 1966), der zeitweise in Langenargen wohnte. Zudem finden Wechselausstellungen hier statt. Öffnungszeiten: Apr. – Mitte Okt. Di. – So. 10.00 – 12.00, 15.00 – 17.00 Uhr; Führungen: Mi. 10.00 Uhr.

Schloss Montfort: markantes Wahrzeichen von Langenargen

Schloss Montfort Das Schloss auf der Spitze der Halbinsel, das prägnant im Ortsbild erscheint, ist das Wahrzeichen von Langenargen. Es wurde von 1861 bis 1866 im maurischen Stil erbaut (»Bodensee-Miramare«) und 1976/1977 zum Kultur- und Kongresszentrum umgestaltet. Vom Turm (zugänglich Apr. – Okt.) bietet sich eine weite Aussicht. Das Kavalierhaus am Rand des Schlossparks beherbergt eine Galerie und ein Café.

Argen-Hängebrücke Östlich von Langenargen führt eine Kabelhängebrücke, die älteste ihrer Art in Deutschland, über die Argen nach ►Kressbronn.

★ Liechtenstein

außerhalb

Souveräner Staat
Hauptstadt: Vaduz
Höhe: 460 – 2124 m ü. d. M.

Fläche: 160 km²
Einwohnerzahl: 32 000

Das nur 24 km lange und 12 km breite Fürstentum Liechtenstein, eines der kleinsten, aber reichsten selbstständigen Staaten der Welt, liegt im Alpengebiet zwischen Österreich (Bundesland Vorarlberg) und der Schweiz. Das Land erstreckt sich von der Westabdachung des Rätikon zum Rhein.

LIECHTENSTEIN ERLEBEN

AUSKUNFT

Liechtenstein Tourismus
Städtle 37
FL-9490 Vaduz
Tel. (0 75) 239 63 00
Fax 239 63 01
E-Mail: info@tourismus.li
www.tourismus.li

ESSEN IN VADUZ

► **Fein & Teuer**

① *Torkel*
Hintergass 9
Tel. (075) 232 44 10
Geschl. So.
Restaurant in einem Torkel aus dem 17. Jh., in den Weinbergen der Fürstlichen Hofkellerei gelegen; ausgezeichnete internationale und französische Küche mit frischem Fisch aus heimischen Gewässern; schön bepflanzte Terrasse mit Ausblick; Spitzenweine und Sekt aus der Fürstlichen Hofkellerei.

ÜBERNACHTEN

► **Komfortabel**

① *Sonnenhof*
Mareestrasse 29
Tel (075) 239 02 02
Fax 239 02 03
E-Mail: real@sonnenhof.li
www.sonnenhof.li, 29 Z.
In einem schönen Park gelegenes, absolut ruhiges Hotel mit exklusivem Ambiente; Blick auf die Alpen und ins Rheintal.

Löwen
Herrengasse 35
Tel. (075) 238 11 44, Fax 2 38 11 45
E-Mail: office@hotel-loewen.li
www.hotel-loewen.li, 8 Z.
Ältestes Hotel in Liechtenstein in einem Gebäude von 1380 mit historischen Räumlichkeiten; große Gartenwirtschaft mitten im hauseigenen Weinberg mit Blick aufs Schloss.

Das Landschaftsbild des Zwergstaates wird von den Alpen und dem Tal des Alpenrheins bestimmt. Aus der 430 m ü. d. M. liegenden Rheinebene im Norden ragen vereinzelt Hügel und niedrigere Berge auf, während der von Ausläufern des Rätikons geprägte Süden des Landes sehr gebirgig ist und mit der Grauspitze, dem höchsten Berg, eine Höhe von 2599 m erreicht.

★ **Unabhängiges wohlhabendes Fürstentum**

Alles in allem besteht der Staat zu zwei Dritteln aus Gebirge, rund 35 % der Landesfläche sind bewaldet. Obwohl weitere 40 % der Landesfläche landwirtschaftlich genutzt werden – Obst- und Gemüseanbau in der dichter besiedelten Rheinebene, Milch- und Viehwirtschaft in der Gebirgsregion –, sind mittlerweile nur noch 1 % der Erwerbstätigen im Agrarbereich beschäftigt. Reich geworden ist Liechtenstein, dessen Bewohner über eines der höchsten Pro-Kopf-Einkommen der Welt verfügen, einerseits als Industriestandort – in der Metallverarbeitung, chemisch-pharmazeutischen Industrie, Textil- und Lebensmittelindustrie arbeitet rund die Hälfte aller Erwerbstätigen –, andrerseits als international bedeutender Finanzplatz. We-

Liechtenstein und Vaduz Orientierung

Essen

1 Torkel

Übernachten

1 Sonnenhof

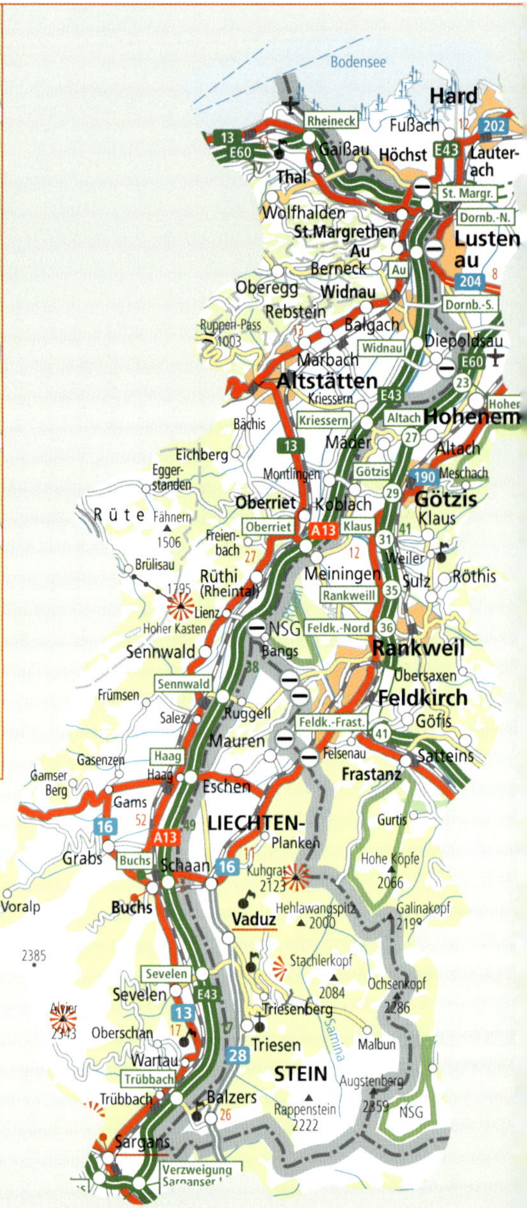

gen der günstigen Steuergesetze wurde das Land zum Sitz zahlreicher Holdinggesellschaften, so dass schätzungsweise zwischen 40 000 und 100 000 dieser Briefkastenfirmen in dem Ländchen registriert sind. Die Amtssprache im Fürstentum ist Deutsch; die Bevölkerung spricht jedoch einen alemannischen Dialekt. Etwa 80 % der Einwohner sind katholisch, 7 % protestantisch. Die im Land lebenden Ausländer, vor allem Schweizer, Österreicher, Deutsche, machen rund ein Drittel der Gesamtbevölkerung aus. Größere Orte sind eher die Ausnahme, die Hälfte der Einwohner lebt im ländlichen Raum.

Geschichte

Die Geschichte des selbstständigen Fürstentums Liechtenstein, dessen Gebiet bereits während der Jungsteinzeit besiedelt war, ab ca. 15 v. Chr. zur römischen Provinz Rätien gehörte und im 5. Jh. von alemannischen Germanen besetzt wurde, beginnt im 14. Jahrhundert. Im Jahr 1342 entstand die Grafschaft Vaduz. 1712 erwarb sie der aus einem niederösterreichischen Adelsgeschlecht stammende Fürst Hans Adam von Liechtenstein und vereinte sie mit der Herrschaft Schellenberg. Im Jahr 1719 erhob Kaiser Karl VI. die beiden Herrschaften zum unmittelbaren Reichsfürstentum Liechtenstein.
Nach dem Ende des Heiligen Römischen Reiches Deutscher Nation 1806 schloss Napoleon das Fürstentum dem Rheinbund an; 1815 trat Liechtenstein dem Deutschen Bund bei, dem es als souveräner Fürstenstaat bis zum Ende des Bundes 1866 angehörte. In der Zwischenzeit näherte sich Liechtenstein dem östlichen Nachbarn Österreich-Ungarn an, mit dem es von 1852 bis 1919 ein gemeinsames Zoll- und Steuergebiet bildete. 1923 ging das Fürstentum, das 1918 mit dem Untergang der k. u. k.-Monarchie seinen wichtigsten Partner verloren hatte, mit der Schweiz eine Zoll- und Währungsunion ein. Im Zweiten Weltkrieg blieb das kleine Land, das 1868 sein Militär aufgelöst hatte, wie in allen europäischen Auseinandersetzungen zuvor, neutral. Seit 1990 steht Fürst Hans-Adam II. (geb. 1945), der schon 1984 die Regierungsgeschäfte übernommen hat, an der Spitze des Staates.

Verfassung

Das Fürstentum Liechtenstein ist seit 1921 eine in männlicher Linie erbliche konstitutionelle Monarchie. Das Parlament (Landtag) besteht aus 25 in geheimer Wahl für vier Jahre gewählten Abgeordneten. Durch Initiativen und durch Referenden kann die Bevölkerung direkt auf die Gesetzgebung einwirken.

Mitgliedschaften

Seit 1923 bildet das kleine Land mit der Schweiz eine Zoll- und Währungsunion; seither ist der Schweizer Franken gesetzliche Währung, nur die Briefmarken, die – weltweit begehrt – dem Ländchen reichlich Devisen einbringen, stammen aus dem Fürstentum selbst. Liechtenstein ist Mitglied des Europarates, der Europäischen Freihandelszone (EFTA) und der Vereinten Nationen (UN); 1995 trat es dem Europäischen Wirtschaftsraum (EWR) bei. Liechtenstein strebt zudem die EU-Mitgliedschaft an.

Obwohl Schloss Vaduz unzugänglich ist, lohnt sich ein Ausflug dorthin wegen des schönen Ausblicks.

★ Urlaubsland

Nicht nur für historisch Interessierte, Kunstliebhaber und Briefmarkensammler lohnt sich ein Abstecher in den Kleinststaat. Das friedliche Fürstentum ist auch für Freunde eines gemütlichen Urlaubs ein wahres Paradies. 400 km gut ausgebaute und markierte Wanderwege, die fast alle 11 Gemeinden des Landes miteinander verbinden und von denen viele durch wildromantische Täler entlang rauschender Bergbäche oder über Alpweiden führen, stehen Besuchern zur Verfügung, die das Ländle zu Fuß erkunden möchten. Auch Radfahrer kommen auf ihre Kosten – sowohl im Unterland mit seinen nur geringen Steigungen als auch im Oberland, wo eine gewisse Kondition schon erforderlich ist. Im Winter werden den Gästen in den verschneiten Bergen reichhaltige Sportmöglichkeiten geboten.

Vaduz

Hauptstadt des Fürstentums

Die Stadt Vaduz (460 m; 5100 Einw.), Residenz und Regierungssitz des Fürstentums Liechtenstein, ist Sitz der Behörden und des Parlaments sowie Zentrum des Fremdenverkehrs. Sie liegt unweit vom rechten Ufer des Rheins am Fuß der mächtigen Gipfel des Rätikon. In der belebten Stadt mit den vielen Cafés und einladenden Geschäften findet alljährlich im Sommer das internationale Open-Air-Pop-Festival Little Big One statt, und der Staatsfeiertag am 15. August endet immer mit einem prächtigen Feuerwerk.

Schloss Vaduz

Östlich über der Stadt erhebt sich Schloss Vaduz (unzugänglich), dessen Anfänge in das 12. Jh. zurückreichen. Der Bergfried und die Bauten der Ostseite bilden den ältesten Teil der Anlage. Die Kapelle stammt vermutlich aus dem Spätmittelalter. Nachdem die Eidgenossen das Schloss im Schwabenkrieg von 1499 in Brand gesteckt hatten, wurden zu Beginn des 16. Jh.s die beiden Rundbastionen im Nordosten und im Südwesten angelegt. Die Westseite erhielt ihr heutiges Aussehen im 17. Jahrhundert. Von 1901 bis 1910 wurde das Schloss im Stil des 16. Jh.s restauriert.

Briefmarkenmuseum

Eine beliebte Attraktion der Stadt ist das Briefmarkenmuseum (Am Städtle 37) im so genannten Engländerbau. Es zeigt die berühmten Ausgaben der **Liechtensteinischen Briefmarken**, historische Dokumente sowie Einrichtungen und Geräte zur Postgeschichte. Außerdem finden hier Sonderausstellungen statt. Öffnungszeiten: tgl. 10.00 – 12.00, 13.00 — 17.00 Uhr.

Kunstraum

Im zweiten Obergeschoss des Engländerbaus wird im Kunstraum zeitgenössische Kunst präsentiert. Öffnungszeiten: Di., Do. 13.00 bis 20.00, Mi., Fr. 13.00 – 17.00, Sa., So. 11.00 – 17.00 Uhr.

✶ Kunstmuseum Liechtenstein

Schräg gegenüber vom Briefmarkenmuseum befindet sich das 2000 eröffnete Kunstmuseum Liechtenstein (Städtle 32), die wohl größte

Attraktion des Orts, mit Exponaten aus den Sammlungen des Fürsten von Liechtenstein, die zu den ältesten und reichhaltigsten Privatsammlungen Europas gehören. Es ist ein klar strukturierter, monolithischer schwarzer Baukörper aus Beton und Glas der Schweizer Architektengemeinschaft Morges, Degalo und Kerez. Die Sammlungen umfassen die klassische Kunst bis zum Wiener Biedermeier – u. a. Rubens, Frans Hals, van Dyck, Brueghel – und Werke der internationalen modernen und zeitgenössischen Kunst. Öffnungszeiten: Di. bis So. 10.00 – 17.00, Do. bis 20.00 Uhr.

Liechtensteinisches Landesmuseum

Am Städtle folgt weiterhin im historischen Gasthaus Zum Hirschen (Nr. 43) das Liechtensteinische Landesmuseum, das 2003 nach langjähriger Renovierung wiedereröffnet wurde. Das Museum hat die liechtensteinische und regionale Geschichte vom Neolithikum bis ins Frühmittelalter zum Thema. Die Sammlung umfasst Gebrauchsgegenstände, Waffen, sakrale Kunst, Münzen, landwirtschaftliche Geräte und Handwerkszeuge sowie Kartografie. Zudem sind ein gotisches Zimmer und eine Bauernstube eingerichtet. Auch eine naturkundliche Abteilung ist angeschlossen, in der die Fauna und Flora des Alpenraums vorgestellt wird. Öffnungszeiten: Di. – So. 10.00 – 17.00, Mi. bis 20.00 Uhr.

Josef-Rheinberger-Archiv

Einen Besuch lohnt besonders das Musikarchiv (geöffnet n. V.) mit Handschriften, Ausgaben und Literatur von und über den liechtensteinischen Komponisten Josef Gabriel Rheinberger (1839 – 1901).

Ski-Museum

Im interessanten Ski-Museum (Fabrikstr. 5) sind über hundert Jahre Ski-Geschichte in Europa dargestellt. Besondere Ausstellungsstücke sind **Toni Sailers** Skier von der Weltmeisterschaft 1958 und Hanni Wenzels Olympiaausrüstung von 1980. Öffnungszeiten: Mo. – Fr. 14.00 – 18.00 Uhr.

Ruine Wildschloss

Ein beliebtes Ausflugsziel ist die hoch über Vaduz gelegene Ruine Wildschloss (840 m).

Weitere Ziele in Liechtenstein

Triesenberg

Eine aussichtsreiche Bergstraße führt von Vaduz in steilen Windungen 6 km hinauf ins schön gelegene Triesenberg (884 m), einem Ort mit typischen alten Walserhäusern. Das modern gestaltete **Walser-Heimatmuseum** im Dorfzentrum beinhaltet eine bedeutende heimatkundliche Sammlung zur Kulturgeschichte der im 13. Jh. am Triesenberg angesiedelten Walser. Öffnungszeiten: Di. – Fr. 13.30 – 17.30 Sa. 13.30 – 17.00; Juni – Aug. auch So. 14.00 – 17.00 Uhr.

Masescha

In der alten Walsersiedlung Masescha (1235 m) auf der Straße nach Gaflei gibt es das älteste Walserkirchlein des Landes, ein Gotteshaus aus dem 14. Jahrhundert.

Etwa 4 km südlich von Vaduz liegt Triesen (463 m) mit altem Ortskern im Oberdorf. Die gotische St.-Mamertus-Kapelle hat eine romanische Apsis sowie eine wertvolle Innenausstattung aus gotischen Vesperbildern und Schnitzaltären. Der Ort ist Ausgangspunkt für Touren in das Lavena-, Rappenstein- und Falknisgebiet. **Triesen**

Balzers (476 m) erreicht man 5 km südlich von Triesen. Einen Besuch lohnt die Burg Gutenberg, die die Schriftstellerin Grete Gulbransson-Jehly (1882 – 1934) ins Schwärmen brachte: »Ein Ort, der mir der begehrenwerteste auf Erden scheint«. Im Gebiet von Balzers fand man bei Grabungen Objekte aus prähistorischer und historischer Zeit. **Balzers**

Etwa 3 km nördlich von Vaduz liegt am Fuß des Drei-Schwestern-Massivs der lebhafte Industrieort Schaan (450 – 500 m), die mit 5200 Einwohnern größte Gemeinde des Landes. Die spätgotische Kapelle St. Peter steht auf den Grundmauern eines römischen Kastells aus dem 4. Jahrhundert. **Museum und Galerie** (DoMuS) zeigen eine permanente Ausstellung zur Geschichte der Gemeinde Schaan mit Multivisionsschau; außerdem finden hier Wechselausstellungen zum Kunstschaffen aus der Region statt. Öffnungszeiten: Fr. 14.00 – 20.00, Sa., So. 14.00 – 18.00 Uhr. **Schaan**

Im Technopark (Altes Riet 121) ist das **Rechenmaschinen-Museum** untergebracht, in dem rund 2000 größtenteils historische Raritäten zu sehen sind, darunter die kleinste Rechenmaschine der Welt (Besichtigung n. V., Tel. 2 32 11 41). Über dem Ort befindet sich in idyllischer Lage die barocke Wallfahrtskapelle **Maria zum Trost** (»Dux«; 18. Jh.), einer der wenigen Barockbauten des Landes. In der Umgebung von Schaan stieß man bei Grabungen auf Reste aus römischer Zeit.

Von Schaan führt eine Nebenstraße zu der kleinen Walsersiedlung Planken (800 m), von deren Bergterrasse man einen weiten Blick über das Rheintal und die Schweizer Berge hat. Planken ist Ausgangspunkt für Wanderungen im Drei-Schwestern-Gebiet. **Planken**

5 km nordöstlich von Schaan erreicht man über die Straße Nr. 16 das Dorf Nendeln, das zusammen mit dem weiter westlich gelegenen Eschen das Zentrum des Liechtensteiner Unterlandes bildet. In beiden Orten kamen bemerkenswerte Funde zutage: u. a. in Nendeln die Grundmauern einer römischen Villa mit beheizbarem Wohnzimmer, Warm- und Kaltbad, Umkleide- und Gymnastikräumen, Gesindestube und Pferdestall. **Nendeln, Eschen, Mauren**

Im historischen Pfrundhaus Eschen werden in Wechselausstellungen regionale Küstler vorgestellt und auch Weingustationen der Unterländer Winzer ausgerichtet.

In Mauren locken die Freizeitanlage »Weiherring« und das Vogelparadies »Birka« viele Besucher an.

Gamprin-Bendern, Schellenberg

Unweit westlich, am westlichen Ausläufer des Eschenberges, liegt die Gemeinde Gamprin-Bendern. Von führt der Historische Höhenweg Eschnerberg nach Schellenberg mit den Ruinen der Oberen und der Unteren Burg Schellenberg; beide Burgen waren im 13. Jh. im Besitz der aus dem süddeutschen Raum stammenden Herren von Schellenberg. Das **Biedermann-Haus** (Im Dorf 12) in Schellenberg, ein Holzbau aus dem 16. Jh., gibt als Zweigstelle des Landesmuseums Einblick in die bäuerliche Wohnkultur um 1900. Öffnungszeiten: Apr. – Okt. erster und letzter So. im Monat 14.00 – 17.00 Uhr. Vor dem Gasthaus Zum Löwen erinnert ein Denkmal an 500 schwerbewaffnete russische Soldaten, die in der deutschen Wehrmacht gekämpft hatten und in der Nacht vom 2./3. Mai 1945 in Schellenberg nach Liechtenstein übergetreten waren, um sich dem Zugriff der Alliierten zu entziehen. Die liechtensteinische Regierung verweigerte der in Vaduz einquartierten sowjetischen Repatriierungskommission strikt die Auslieferung der vom Tod bedrohten Exilrussen und ließ diese nach zwei Jahren Gastfreundschaft nach Argentinien auswandern.

! *Baedeker* TIPP

Aussichtslokal

Für manchen ist der Löwen in Schellenberg das schönste Restaurant in Liechtenstein. Im Sommer genießt man auf der üppig bepflanzten Terrasse beim Essen den Blick über das Tal.

Ruggeller Ried

Westlich der Ortschaft Schellenberg erstreckt sich in der Rheinniederung bei Ruggell das Naturschutzgebiet Ruggeller Ried mit interessanter Flora und Fauna.

★★ Lindau

G/H 7

Höhe: 400 m ü. d. M. **Einwohnerzahl:** 24 000

Die ehemalige Reichsstadt Lindau, unweit der deutsch-österreichischen Grenze in Bayern gelegen, besteht aus der Gartenstadt auf dem Festland und der malerischen Inselstadt, die durch eine Brücke und einen Bahndamm mit dem Festland verbunden ist. Eindrucksvoll ist die Lage des bayerischen Venedig im See, wie Lindau anerkennend genannt wird.

Auf dem Gebiet der Gartenstadt befinden sich Wohn- und Erholungsgebiete sowie Industrieanlagen, während sich auf der Insel die malerische Altstadt ausbreitet. Obwohl die Stadt ein viel besuchtes Touristenziel ist, hat sie sich noch ein angenehmes Flair bewahrt. Sie ist auch als Tagungsort beliebt; so treffen sich hier jedes Jahr Nobelpreisträger aus aller Welt. Die Region ist das größte Obstanbaugebiet Deutschlands.

LINDAU ERLEBEN

AUSKUNFT

Verkehrsverein e. V. Lindau
Ludwigstr. 68
Gegenüber dem Hauptbahnhof
D-88131 Lindau
Tel. (083 82) 26 00 30
Fax 26 00 26, 26 00 32 (Zimmerreservierung)
26 00 33 (Pauschalen, Führungen)
E-Mail: info@lindau-tourismus.de
www.lindau-tourismus.de

ESSEN

► Fein & Teuer

① ***Hoyerberg Schlössle***
Hoyren
Hoyerbergstr. 64
(083 82) 252 95
Geschl. Mo., Di.mittag
Elegantes, vornehmes Gourmetrestaurant mit traumhafter Aussicht; auf der Speisekarte stehen Bodenssefische, und die Weinkarte ist wohlsortiert.

► Erschwinglich

② ***Alte Post***
Fischergasse 3
Tel. (083 82) 934 60
Geöffnet ab 17.00 Uhr
Gemütliches historisches Restaurant nahe Seeufer und Spielkasino mit Biergarten; serviert werden Saisonspezialitäten.

③ ***Stift***
Stiftsplatz 1
Tel. (083 82)) 935 70
Das Restaurant, in einem Haus von 1728 untergebracht, bietet durchgehend warme bodenständige Küche mit schwäbisch-bayerischen Speisen und Fischgerichten.

④ ***Schachener Hof***
Bad Schachen
Schachener Str. 76
Tel. (082 83) 31 16 Geschl. Mi.
Der Gast hat die Wahl zwischen schwäbischer Hausmannkost und Haute Cuisine, alles vom Feinsten; auch das Preis-Leistungs-Verhältnis stimmt; ausgesuchte Weine aus der Region ergänzen das kulinarische Angebot.

ÜBERNACHTEN

► Luxus

① ***Bad Schachen***
Bad Schachen 1
Tel. (083 82) 298-0
Fax 253 90, 125 Z.
Vornehmes ruhiges Hotel in einem alten Park mit Seerestaurant und -terrasse; medizinische Badeabteilung und Arztpraxis sowie Schönheitsfarm.

② ***Bayerischer Hof***
Seepromenade
Tel. (083 82) 91 50
Fax 91 55 91
E-Mail: hotel@bayerischerhof-lindau.de
www.bayerischerhof-lindau.de, 97 Z.
Zum Bayerischen Hof gehören noch die Hotels Reutemann und Seegarten; schöne Lage an der verkehrsfreien Seepromenade mit Blick über den

See, die Hafeneinfahrt und die Alpen; Garten mit Schwimmbad; im Restaurant mit Terrasse bekommt man bayerische und internationale Küche, darunter auch Vollwertkost.

► **Komfortabel**

③ ***Lindauer Hof***
Seepromenade
Tel. (083 82) 40 64
Fax 242 03
E-Mail: info@lindauer-hof.de
www.lindauer-hof.de, 30 Z:
Historisches Haus in schöner Lage direkt an der verkehrsfreien Seepromenade mit stilvollen Zimmern und Garten; Restaurant mit WinTergarten und Terrasse; hier werden u. a. Bodenseefischspezialitäten, aber auch Kuchen und Eis serviert.

④ ***Lindenhof***
Bad Schachen
Dennenmoosstr. 3
Tel. (083 82) 9 31 90
Fax 93 19 31
E-Mail: info@lindenhofhotel.de
www.lindenhofhotel.de
19 Z.
Villa mit modern eingerichteten Zimmern; die Küche zeichent sich durch die Zubereitung von marktfrischen Lebensmitteln aus der Bodenseeregion aus und variiert je nach Jahreszeit; Wellnessbereich mit Hallenbad und Sauna.

Geschichte Der Name des aus einer Fischersiedlung hervorgegangenen Orts leitet sich von dem im 9. Jh. gegründeten Damenstift Unserer Lieben Frau unter den Linden her. Aus Schutzgründen verlegten die Stiftsdamen den Markt 1079 vom Festland auf die Insel und ermöglichten im 13. Jh. den Aufstieg zur Reichsstadt, wenngleich die Bürger immer wieder, vor allem im 14. Jh., Kämpfe mit den Stiftsdamen ausfochten. Das beim Korn-, Salz- und Leinenhandel verdiente Geld legten die Patrizier u. a. in schönen Häusern entlang der Maximilianstraße an. Der verheerende Stadtbrand von 1728 hatte den Wiederaufbau im Barockstil zur Folge. 1805 kam Lindau an das Königreich Bayern.

✶ Altstadt

Hafen Der Hafen an der Südseite der Inselstadt wurde 1812 angelegt und 1856 ausgebaut. An seiner Nordseite steht der Alte Leuchtturm oder Mangturm, ein Rest der ehemaligen Stadtbefestigung aus dem 13. Jahrhundert. Auf den beiden Molen, die den Seehafen südlich umschließen, sieht man die beiden Wahrzeichen Lindaus: der Bayerische Löwe und der Neue Leuchtturm. Die 6 m hohe marmorne Tierskulptur wurde von dem Bildhauer Johann von Halbig in den Jahren 1853 bis 1856 geschaffen. Wer die 139 Stufen des 33 m hohen Neuen Leuchtturms (1856) überwunden hat, der wird mit einer herrlichen Aussicht auf die Stadt und die Alpen belohnt.

Maximilianstraße In der zu großen Teilen als Fußgängerzone gestalteten, überaus malerischen Altstadt gibt es noch viele von Gotik, Renaissance und Ba-

Die Weiße Flotte legt auch im malerischen Hafen von Lindau an.

rock geprägte Straßenbilder. Besonders malerisch ist die Maximilianstraße, die Hauptachse der Stadt. Hier bestimmen schöne Patrizierhäuser wie »Sünfzen«, »Regenbogen«, »Bären«, «Schnegg« und »Pflug« sowie Laubengänge (»Brodlauben«), Brunnen, Blumenkästen und Straßenlokale das Bild.

✶ **Altes Rathaus**

Das Alte Rathaus am Bismarckplatz wurde von 1422 bis 1436 errichtet und 1578 im deutschen Renaissancestil umgebaut. Die Hauptfront mit dem dekorativen Treppengiebel weist zum Reichsplatz hin, der als Versammlungsstätte der Bürger bei Kundmachungen gedacht war. Besonders schön sind die detaillierten Wandmalereien zur Lindauer Geschichte. Kostbar ist der gotische Rathaussaal. Im Alten Rathaus befinden sich das Stadtarchiv und die ehemalige Reichsstädtische Bibliothek, die über 23 000 Werke aus allen Wissensgebieten vom 14. Jh. bis zur Gegenwart (kostbare Handschriften, Inkunabeln, Atlanten u. v. a.) besitzt. Im Rungesaal finden Kunstausstellungen statt (Besichtigung nur mit Führung). Der Bismarckplatz wird vom Lindavia-Brunnen (1884) geschmückt.

Peterskirche

Die ehemalige Peterskirche am nordwestlich gelegenen Schrannenplatz wurde um 1000 gegründet und 1928 zu einer Kriegergedenkstätte umgestaltet. Besondere Beachtung verdienen an der Nordwand die von 1485 bis 1490 entstandenen Fresken, die aufgrund der

Lindau Orientierung

Signatur HH **Hans Holbein d. Ä.** zugeschrieben werden. Es sind insgesamt 19 Bilder, davon 12 Passionsszenen; die Signatur findet man im zwölften Bild auf dem Ärmel der Magdalena.

Diebsturm

Neben der Peterskirche erhebt sich der Diebsturm oder Malefizturm (1380), ein Rest der ehemaligen Stadtbefestigung. Von oben bietet sich eine schöne Aussicht.

★ **Haus zum Cavazzen/ Stadtmuseum**

Im Ostteil der Altstadt sieht man am Marktplatz (Nr. 6), den ein Neptunbrunnen (1841) ziert, das 1729 erbaute Haus zum Cavazzen, das als schönstes Bürgerhaus am Bodensee gilt. Besonders prachtvoll sind das Portal mit Pfeilern, Säulen und Volutengiebel sowie die rötlich-grauen Wandmalereien. In dem hier untergebrachten Stadtmuseum werden Wohnkultur vom 15. Jh. bis zum Jugendstil sowie Gemälde und Skulpturen vom 15. bis 18. Jh. gezeigt. Eine Besonderheit ist die Sammlung mechanischer Musikinstrumente. Aus dem reichen grafischen Bestand werden Wechselausstellungen veranstaltet. Öffnungszeiten: Apr. - Okt. Di. – Fr., So. 11.00 - 17.00, Sa. 14.00 bis 17.00 Uhr.

St. Stephan

Die evangelische Stadtpfarrkirche St. Stephan an der Ostseite des Marktplatzes stammt aus dem Jahr 1180 und wurde von 1781 bis 1783 umgebaut. Infolge des Bildersturms der Reformation ist die Innenausstattung wenig opulent. Der Rokokostuck an Gewölben, Altar, Kanzel und Taufstein wurde 1781 ausgeführt.

Die malerische Maximilanstraße mit ihren hübschen alten Häusern

Marienkirche / Stiftskirche

Die Stiftskirche Maria Himmelfahrt daneben wurde von 1748 bis 1752 von Giovanni Gaspare Bagnato als Kirche des 1802 aufgehobenen reichsfürstlich-freiweltlichen Damenstiftes erbaut. Die weitgehend erneuerte Stuckierung und Freskomalerei der Rokokozeit stammen ursprünglich von Franz Pozzi und Giuseppe Appiani, die stuckmarmornen Altäre gestaltete Georg Figl.

Spielbank

An der Nordostecke der Inselstadt wurde im Jahr 2000 der Neubau der Spielbank eingeweiht, ein Werk des Architekten Hans Lechner. Es handelt sich um einen Rundbau in Zylinderform, der den Blick frei gibt auf das herrliche Naturpanorama. Mehr als die Hälfte der Nutzfläche liegt unter der Erdoberfläche.

Bad Schachen

Nordwestlich der Inselstadt Lindau erstreckt sich der Ortsteil Bad Schachen inmitten einer Parklandschaft. Aufgrund seiner Eisen- und Schwefelquellen, die im Hotel Bad Schachen Anwendung finden, wird er zu Heilkuren besucht.

◄ Villa Lindenhof/ Friedensmuseum Lindau

Unmittelbar am Bodensee steht in dem herrlichen Lindenhofpark die spätklassizistische Villa Lindenhof (Lindenhofweg 25). Sie wurde von 1842 bis 1845 als Sommerresidenz für einen Großkaufmann erbaut und beherbergt heute das Friedensmuseum Lindau. Drei Bereiche werden in dem Museum thematisiert: Psychologie des Friedens, Verarbeitung ziviler Konflikte und positive Beispiele für Friedensarbeit. Öffnungszeiten: Mitte Apr. – Mitte Okt. Di. – Sa. 10.00 – 12.00, 14.00 – 17.00, So. 10.00 – 12.00 Uhr.

Lola-Montez-Schlösschen Im so genannten Lola-Montez-Schlösschen (18. Jh.) im nördlichen Stadtteil Aeschach soll die spanische Tänzerin Lola Montez (1818 – 1861), die Geliebte des Bayernkönigs Ludwig I., vorübergehend gelebt haben.

★ Wasserburg

Malerische Lage Malerisch liegt der bayerische Luftkurort Wasserburg 5 km westlich von Lindau auf einer schmalen, weit in den Bodensee vorgeschobenen Halbinsel. Der hübsche Ort mit herrlicher Aussicht, insbesondere vom Malerwinkel im Westen, ist ein idealer Ausgangspunkt für Spaziergänge am Seeufer, in die nahe gelegenen Naturschutzgebiete sowie durch Wälder und Obstanlagen ins reizvolle Hinterland. Wasserburg ist Geburtsort des Schriftstellers Martin Walser (geb. 1927).

Schloss Auf der Halbinsel erhebt sich das Schloss aus dem 14. Jh., das später mehrfach umgebaut wurde. Ursprünglich war es im Besitz der Grafen von Montfort und von 1592 bis 1755 gehörte es den Fuggern. Heute wird es als Hotel genutzt. Gegenüber dem Schloss wurden mittelalterliche Mauerreste freigelegt.

Museum im Malhaus Im Malhaus (1596/1597) gegenüber dem Schloss ist heute das Heimatmuseum untergebracht. Ausstellungsschwerpunkte sind die Bodenseefische und der heimische Obstanbau. Der Gerichtssaal und die Gefängniszellen erinnern an die Wasserburger Hexenprozesse. Zudem finden hier Wechselausstellungen statt. Öffnungszeiten: tgl. 10.00 – 12.00, Mi., Sa. auch 15.00 – 17.00 Uhr.

St. Georg Auf der Spitze der Halbinsel steht die Kirche St. Georg, die ursprünglich aus der Zeit um 1400 stammt, aus der noch der Chor erhalten ist. Im Jahr 1607 wurde das Schiff angefügt. Von 1918 bis 1920 nahm man im Innern neubarocke Umbauten vor.

Friedhof Vom Friedhof bietet sich eine schöne Aussicht auf die Halbinsel und das Bergpanorama. Hier findet man das Grab des Schriftstellers Horst Wolfram Geißler (1893 – 1983), der das Buch über den lieben Augustin schrieb.

Birkenried Das Naturschutzgebiet Birkenried östlich kann man auf einem Biotoplehrpfad erkunden. Zu diesem Gebiet gehört der idyllisch gelegene Bichelweiher.

Nonnenhorn

Guter Ausgangspunkt für Ausflüge Die bayerische Gemeinde Nonnenhorn breitet sich inmitten von Obst- und Weingärten an dem hier ein Horn bildenden Bodenseeufer, 3 km nordwestlich von Wasserburg aus. Der gepflegte Ort ist idealer Ausgangspunkt für Ausflüge ins Allgäu, nach Vorarlberg und

Der Bodensee Radweg führt auch durch Nonnenhorn.

in die Schweiz. Alle 7 Jahre findet hier der traditionelle Schäfflertanz statt. Er wird zur Erinnerung an eine Seuche im Jahr 1517 veranstaltet, an deren Ende ein Umzug der Schäffler – die alte Bezeichnung für Küfer – abgehalten wurde. Der nächste Schäfflertanz ist für das Jahr 2005 vorgesehen.

Sehenswertes

In der Ortsmitte, am Kapellenplatz, steht die frühgotische Kapelle St. Jakobus aus dem 15. Jahrhundert. Davor erinnert ein Gedenkstein an die Seegfrörne von 1880. Der Torkel (1591) südöstlich ist der älteste im ganzen Bodenseeraum.

★ Mainau ✓ May 2008

E 6

Fläche: 0,45 km² **Höhe:** 399 – 426 m ü. d. M.

Die Mainau, wegen ihrer überaus reichen subtropischen, teilweise tropischen Vegetation auch Blumeninsel genannt, ist mit ihren prachtvollen ausgedehnten Park- und Gartenanlagen eines der Highlights am Bodensee und eines der meistbesuchten Ziele in Süddeutschland.

Hier gedeihen im Frühjahr Tausende von Tulpen, im Sommer verzaubert der Duft von unzähligen Rosen und im Herbst leuchten die

MAINAU ERLEBEN

AUSKUNFT

Mainau GmbH
D-78465 Insel Mainau
Tel. (075 31) 303-0, Fax 303-2 48
E-Mail: info@mainau.de
www.mainau.de

VERKEHR

Die Mainau ist gut von allen Bodenseehäfen mit dem Schiff, aber auch mit dem Bus zu erreichen. Vom Hauptbahnhof Konstanz verkehrt ein Bus zur Insel. Für Autos steht ein großer Parkplatz am Inseleingang zur Verfügung. Ein behindertengerechter Inselbus fährt im Pendelverkehr von April bis Oktober vom Inseleingang zum Parkplatz des Restaurants Schwedenschenke beim Schloss. Einen Fahrradtransfer vom Inseleingang bis zum Hafen oder umgekehrt wird in den Sommermonaten von 10.00 bis 17.00 Uhr angeboten.

ESSEN

► Erschwinglich

Schwedenschenke
Tel. (075 31) 30 31 56
Das als umweltorientierter Betrieb ausgezeichnete Terrassenrestaurant, eine ehemalige Kutscherschenke, offeriert vor allem fangfrische Fische und Wild aus eigener Jagd; bei den Weinen dominieren die Meersburger Gewächse. Bei Reservierungen entfällt ab 18.00 Uhr der Inseleintritt.

Dahlienfelder in herrlichen Farben. Ein besonderes Flair vermitteln die teilweise sehr alten Palmen und die Mediterran-Terrassen. Kurzum: die Mainau ist ein wahres Paradies für alle Blumenliebhaber und Gartenfreunde.

Öffnungszeiten:
Mitte/Ende März bis Okt. 7.00 – 20.00;
Nov. – März 9.00 – 18.00

Die Insel war seit 724 im Besitz der Abtei Reichenau, von 1272 bis 1805 Deutschordenskommende, dann Teil des Großherzogtums Baden. Im Jahr 1827 kaufte sie Fürst Esterházy und pflanzte dort exotische Bäume an. Nach mehrmaligem Wechsel erwarb 1853 Großherzog Friedrich I. von Baden die Mainau, der sie als Sommerresidenz nutzte. Da sein Sohn Friedrich II. kinderlos starb, fiel sie an seine Tochter Victoria, Königin von Schweden. Victoria vermachte die Insel ihrem jüngeren Sohn Prinz Wilhelm, in dessen Auftrag sie sein Sohn, Graf Lennart Bernadotte af Wisborg, verwaltete.
Dieser Graf Lennart kaufte sie 1951 von seinem Vater und verwandelte sie in ein Blumenparadies. 1974 brachte er die Mainau und auch den festländischen Besitz in die Lennart-Bernadotte-Stiftung zur Förderung der Wissenschaften, der Landespflege, des Umwelt- und Denkmalschutzes (Grüne Charta) ein. Die Geschäftsführung liegt aber nach wie vor in den Händen der gräflichen Familie; 1981 übertrug sie Graf Lennart an seine zweite Frau Sonja. Der Graf, Schöpfer dieses Blumenparadieses, starb im Jahr 2004 im Alter von 95 Jahren.

Rundgang

Von den Parkplätzen auf dem Festland gelangt man über eine Brücke auf die Insel. Kurz nach der Brücke sieht man rechts im Wasser das Schwedenkreuz, eine bronzene Kreuzigungsgruppe von 1577, die die Schweden der Sage nach im Dreißigjährigen Krieg versucht haben zu entführen.

Schwedenkreuz

Am Restaurant Lauenstüble vorbei kommt man zum Kinderland. Hier können sich die Kleinen auf dem Spielplatz austoben. Ein Anziehungspunkt für junge und alte Eisenbahnfans ist die Märklin-Garteneisenbahn mit historischen Loks und Wagen, die in einer Minibodenseelandschaft fahren. Außerdem sind hier Blumentiere gestaltet. Zudem gibt es die Naturerlebniswelt mit Bauernhof, Streichelzoo und Ponyreitbahn. Angeschlossen ist das Zwergendorf für Kinder zwischen 1 und 4 Jahren, wo die Kleinen in Wasserspielzonen und Holzhütten tollen können. Öffnungszeiten: tgl. 11.00 – 16.00 Uhr.

Kinderland

Unweit oberhalb verläuft die Promenade der Wild- und Strauchrosen, die zur Blütezeit mit Dufterlebnissen und historischen Kostbarkeiten lockt. Die Sammlung umfasst mehr als 800 Sorten.

★ Promenade der Rosen

Mainau Orientierung

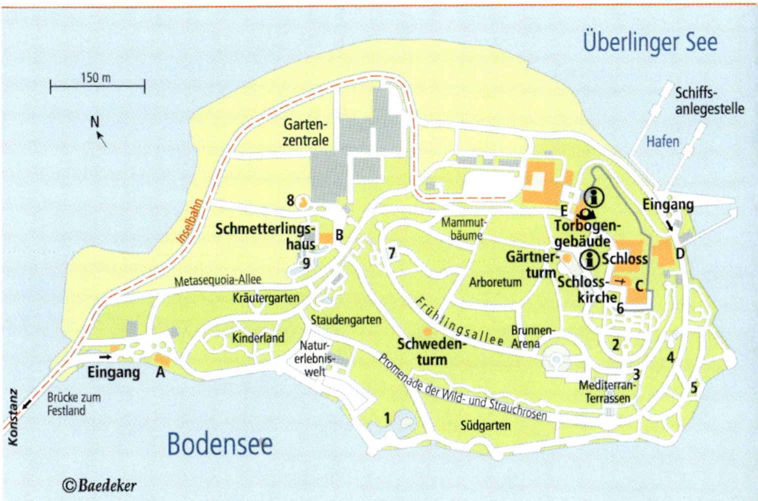

A Café Lauenstüble
B Schmetterlingsbistro
C Schlosscafé
D Restaurant Comtureykeller
E Restaurant Schwedenschenke

1 Teich
2 Italienischer Rosengarten
3 Viktoria-Linde
4 Rhododendronhain
5 Ufergarten mit Bodenseerelief

6 Schlossterrasse
7 Großherzog-Friedrich-Terrasse
8 Energiepavillon
9 Garten für Alle

An der Frühlingsallee östlich parallel blühen von Ende März bis Mitte Mai Tausende von Tulpen, Narzissen und Hyazinthen. **Frühlingsallee**

Die Frühlingsallee führt zu den Mediterran-Terrassen, wo im Sommer Palmen, Agaven, Kakteen, Bougainvilleen mediterranes Flair vermitteln. Von hier kann man ein herrliches Panorama über die Bodenseelandschaft und die Alpen genießen. **Mediterran-Terrassen**

Südlich breitet sich der Südgarten aus, wo von September bis Oktober die Dahlien ihre ganze Farbenpracht entfalten. Im östlich anschließenden Ufergarten wachsen Frühlings- und Sommerblumen, darunter eine Sammlung verschiedener Fuchsienarten. Ein beliebtes Fotomotiv ist das Bodenseerelief, ein nach Jahreszeit unterschiedlich gestaltetes Blütenbild in Form des Bodensees. **Südgarten, Ufergarten**

An der Nordostseite der Insel liegt der kleine Hafen mit Schiffsanlegestelle, wo die Ausflugsschiffe anlegen und es einen weiteren Eingang gibt. Im Restaurant Comturey-Keller kann man mit Blick auf den See essen. Eine besondere Attraktion des Lokals ist das 25 000 l fassende Zehntfass . **Comturey-Keller**

Westlich kommt man zu dem in italienischem Stil angelegten Rosengarten, einer streng geometrischen Anlage mit Pergolen, Skulpturen und Brunnen. Hier wurden 400 Sorten, vor allem Beetrosen, angepflanzt. Über eine Barocktreppe steigt der Besucher hinauf zur aussichtsreichen Schlossterrasse. Im Palmenhaus wachsen mehr als 20 Palmenarten, darunter eine über 15 m hohe Kanarische Dattelpalme (Phoenix canariensis), die 1888 gepflanzt wurde. **✶ Italienischer Rosengarten, Palmenhaus**

Die Schlosskirche St. Marien (1732 – 1739), ein Werk von Giovanni Gaspare Bagnato, besitzt eine üppige barocke Ausstattung. Altäre, Kanzel und Skulpturen schuf Joseph Anton Feuchtmayer. Deckengemälde und Hochaltarbild stammen von Franz Joseph Spiegler, die Stuckarbeiten von Francesco Pozzi. In der Krypta befindet sich Bagnatos Grab. **✶ Schlosskirche**

Das dreiflügelige Schloss daneben wurde von 1739 bis 1746 ebenfalls von Giovanni Gaspare Bagnato um einen Ehrenhof gebaut. Am Giebel sieht man das große Deutschordenswappen. Im Mitteltrakt werden Wechselausstellungen gezeigt, und der linke Flügel ist der Wohnsitz von Graf Lennart Bernadotte. **Schloss**

Im Gärtnerturm westlich gegenüber, ein Teil der mittelalterlichen Festungsanlage, ist eine Multivisionsschau zur Bodenseelandschaft zu sehen. Das Torgebäude nahebei stammt aus dem 18. Jh., der Anbau ist klassizistisch. **Gärtnerturm, Torbau**

← Ein Meer von Farben leuchtet zur Zeit der Tulpenblüte.

Zur Zeit der Rosenblüte ist der Rosengarten eine wahre Augenweide.

★ **Arboretum**

Auf der Hochfläche nordwestlich vom Schloss dehnt sich das wertvolle parkartige Arboretum mit vielen exotischen Bäumen aus. Hier wachsen 500 verschiedene Arten von Laub- und Nadelgehölzen, darunter riesige Mammutbäume, kostbare Zedern, Metasequoien und Tulpenbäume – um nur die berühmtesten zu nennen.

★ **Schmetterlingshaus**

Im Schmetterlingshaus weiter nordwestlich, dem größten seiner Art in Deutschland, leben 25 Arten farbenprächtiger Falter aus der ganzen Welt frei in einer üppigen Tropenlandschaft. Aus nächster Nähe kann man hier die wunderschönen Insekten beobachten. Die Gartenanlage um das Schmetterlingshaus wurde als Lebensraum für heimische Schmetterlinge gestaltet. Angeschlossen ist noch ein Duftgarten mit mehr als 150 Duftpflanzenarten.

MAINAU ERLEBEN

BLÜTENKALENDER

April – Mai
Beginn des Mainauer Blumenjahres mit großer Orchideenschau im Palmenhaus; Tulpen, Narzissen und Hyazinthen, Stiefmütterchen, Vergissmeinnicht und Primeln

Mai/Juni
Rhododendren und Azaleen (200 Sorten), Rosen (1200 Sorten)

Juli
Engelstrompeten, Bougainvilleen, Hibiscus, Fuchsien

August
Exotische Kübelpflanzen und Passionsblumen

September/Oktober
Dahlien, von denen etwa 250 Sorten zu sehen sind

★★ Meersburg

E 6

Höhe: 444 m ü. d. M. **Einwohnerzahl:** 5500

Die malerische und stimmungsvolle Stadt Meersburg, das sich reizvoll an einem steilen Rebhang am Nordufer des Bodensees hinaufzieht, ist der Hauptort des Fremdenverkehrs am Bodensee. Mächtig thront die Meersburg, das Wahrzeichen der Stadt, über dem See.

Literaturbegeisterte können auf den Spuren der Dichterin Annette von Droste-Hülshoff, die einige Jahre hier lebte, wandeln. Wellnessanhänger finden in der neuen Therme Entspannung. Meersburg ist zudem Schwerpunkt des Weinbaus am Bodensee, der seit 1324 hier urkundlich belegt ist.

★★ **Stadtbild**

Unterstadt und Oberstadt zeichnen sich durch ein gut erhaltenes historisches Stadtbild aus. Enge, verwinkelte Gässchen, hübsche Plätze und prächtige Fachwerkhäuser mit Erkern verleihen ihm romantisches Flair. Beherrscht wird das am Hang gestaffelte Stadtbild, das den schönsten Anblick vom See aus bietet, von der Meersburg und dem Neuen Schloss. Die trutzige Meersburg, das Alte Schloss, ist als

Meersburg Orientierung

Essen und Übernachten

① Zum Bären
② Zum Becher
③ 3 Stuben
④ Löwen
⑤ Wilder Mann

MEERSBURG ERLEBEN

AUSKUNFT

Meersburg Tourismus
Kirchstr. 4
D-88790 Meersburg
Tel. (075 32) 440-4 00, Fax 440-40 40
E-Mail: info@meersburg.de
www.meersburg.de

ESSEN UND ÜBERNACHTEN

► Erschwinglich

① ***Zum Bären***
Marktplatz 11
Tel. (075 23) 432 20, Fax 43 22 44
E-Mail: gasthofzumbaeren@t-online.de, 20 Z.
Der älteste Gasthof (1605) von Meersburg am malerischen Marktplatz wirkt mit seinem Staffelgiebel und den markanten Erkertürmchen gemütlich; gediegene Inneneinrichtung und urige Gaststube; die Küche bietet Fisch, aber auch oberschwäbische Spezialitäten.

② ***Zum Becher***
Höllgasse 4
Tel. (075 32) 90 09
Geschl. Mo.
Stilvolles gutes Restaurant, dessen drei Gaststuben, jede in einem anderen Holz getäfelt, Behaglichkeit vermitteln; die Küche offeriert badische und internationale Gerichte, und die erlesene Weinkarte enthält u. a. seltene badische Gewächse.

③ ***3 Stuben***
Winzergasse 1 – 3
Tel. (075 32) 800 90, Fax 13 67
E-Mail: info@3stuben.de
www.3stuben.de, 34 Z.
Designerhotel mitten in der Altstadt in einem romantischen Fachwerkhaus; zum Hotel gehören noch die am Hang, hinger dem Neuen Schloss gelegene Villa Bellevue und ein preisgünstigeres Gästehaus mit Blick auf die Meersburg und den See.

④ ***Löwen***
Marktplatz 2
Tel. (075 32) 4 30 40
Fax 43 04 10
E-Mail: info@hotel-loewen.meersburg.de
www.hotel-loewen-meersburg.de
21 Z.
Romantisches, familiär geführtes Hotel in einem 500 Jahre alten Haus am malerischen Marktplatz; angeschlossen ist die Villa Sonnenschein mit Ferienapartments; das Hotel beitzt eine gemütliche Gasthstube mit zirbelholzgetäfelten Wänden; ungewöhnliche Zubereitung von Bodenseefischen.

⑤ ***Wilder Mann***
Bismarckplatz 2
Tel. (075 32) 90 11
Fax 90 14, 31 Z.
Traditionsreiches Haus in historischem Gebäude direkt am See in der trubeligen Unterstadt, mit Liegewiese, Bademöglichkeit und Bootsanlegestelle; schöne Seeterrasse mit altem Baumbestand; gediegene Innenausstattung und behagliche komfortable Zimmer, teilweise mit Seeblick; das Restaurant bietet regionale Spezialitäten und klassische Küche sowie Süßes aus eigener Konditorei.

ehemaliger Wohnsitz der Dichterin Annette von Droste-Hülshoff einer der Hauptanziehungspunkte der Stadt. Die Unterstadt, der älteste Teil von Meersburg, lädt mit der Seepromenade, die mit vielen Straßencafés aufwartet, zum Verweilen ein.

Sehenswertes in Meersburg

Unterstadt

Vom nordwestlichen Stadteingang gelangt man durch das Seetor, einen Rest der alten Stadtbefestigung, in die Unterstadt. Oberhalb der Unterstadtstraße steht die 1390 als Burgkapelle erbaute, 1535 umgestaltete und 1590 ausgemalte Unterstadtkapelle. Sie besitzt schöne gotische Schnitzaltäre (1470 – 1490).

Grethaus

Am Ostende der Seepromenade steht das rötliche Grethaus, ein Kornspeicher von 1505. Es dient als Verkaufsstelle für die Bodenseeschifffahrt.

Meersburg Therme

Die neueste Attraktion der Stadt ist die Meersburg Therme (Uferpromenade 12), die Bade- und Saunafreuden mit einem Panoramablick auf den See verbindet. Eine weitere Besonderheit sind Saunen in zwei nach historischen Vorbildern erbauten Pfahlbauhäusern. Öffnungszeiten: Mo. - Fr. 10.00 – 22.00, Sa. 10.00 – 20.00, So. 9.00 – 21.00 Uhr

Steigstraße, Burgweg

In die Oberstadt gelangt man entweder vom Seetor auf der malerischen, von Fachwerkhäusern gesäumten Steigstraße oder auf dem

Die malerische Steigstraße führt tatsächlich steil hinauf in die Oberstadt.

Burgweg. Dieser Weg verläuft über Treppen und in einer 1334 gegrabenen Schlucht unter der Schlossbrücke hindurch und an der Schlossmühle (1620) mit einem oberschlächtigen Wasserrad (Durchmesser: 9 m) vorbei.

Omas Kaufhaus

Nicht nur Kinder werden an der Ausstellung in Omas Kaufhaus, das im ersten Stock eines Fachwerkhauses am Ende der Steigstraße untergebracht ist, Freude haben; sind sie kleiner als 1 m, müssen sie keinen Eintritt zahlen. Handgefertigte Blechschiffe, historisches Spielzeug und eine Blecheisenbahn lassen nostalgische Gefühle aufkommen.

★★ Meersburg

Der Westteil der Oberstadt wird von der Meersburg, dem Alten Schloss, beherrscht, das in seinem ältesten Kern möglicherweise aus dem 7. Jh. stammt. Die Meersburg vermittelt dem Besucher einen anschaulichen und lebendigen Einblick ins mittelalterliche Leben. Die seit dem 12. Jh. bewohnte Anlage war ab 1268 Sommerresidenz und ab 1526 ständiger Wohn- und Regierungssitz der Konstanzer Fürstbischöfe. 1803 verstaatlicht, wurde das Anwesen 1838 von Freiherr Joseph von Laßberg, dem Schwager der Dichterin Annette von Droste-Hülshoff, erworben; auch heute ist es immer noch in Privatbesitz. Vor der Meersburg steht eine Büste der Droste (1898), ein

Meersburg: die bekannteste Sehenswürdigkeit der Bodenseestadt

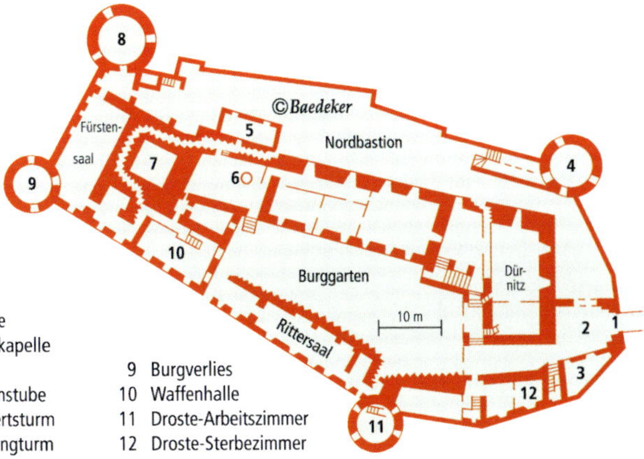

Meersburg

1 Brücke
2 Torbau
3 Torstube
4 Schlosskapelle
5 Stall
6 Brunnenstube
7 Dagobertsturm
8 Schückingturm
9 Burgverlies
10 Waffenhalle
11 Droste-Arbeitszimmer
12 Droste-Sterbezimmer

Werk von Emil Stadelhofer. In den rund 30 Burggemächern – u. a. Dürnitz, Palas, Burgküche, Waffenhalle, Wehrgang, Fürstensaal und Verlies – erlebt man eine Zeitreise vom Mittelalter bis ins 19. Jahrhundert. »Auf der Burg haus' ich am Berge, / unter mir die blaue See, / Höre nächtlich Koboldzwerge, / Täglich Adler auf der Höh' / Und die grauen Ahnenbilder / Sind mir Stubenkameraden, / Wappentruh' und Eisenschilder / Sofa mir und Kleiderladen«, so schreibt Annette von Droste-Hülshoff (▶ Baedeker Special S. 60/61), die von 1841 bis zu ihrem Tod auf der Burg lebte. Einen nachhaltigen Eindruck von ihrem Dichterleben erhält man in ihrem Arbeits- und Sterbezimmer am Ende des Rundgangs. Öffnungszeiten: März - Okt. tgl. 9.00 - 18.30, Nov. - Feb. 10.00 – 18.00 Uhr. Die Besteigung des Dagobertturms ist nur mit Führung möglich; in der Folterkammer des Turms wird der Besucher über Hexenprozesse informiert.

Neues Schloss

Am Schlossplatz steht das Neue Schloss. Da das Alte Schloss als Residenz der Fürstbischöfe nicht mehr repräsentativ genug war, veranlasste Fürstbischof Johann Franz Schenk von Stauffenberg den Neuen Bau zu Beginn des 18. Jh.s. Doch erst sein Nachfolger Damian Hugo von Schönborn ließ den Bau nach Entwürfen von Balthasar Neumann vollenden. Von 1762 bis 1802 war das Schloss dann die Residenz der Fürstbischöfe von Konstanz. Nach vielfältigen Funktionen beherbergt es heute Museen. Das großartige Treppenhaus im Inneren besitzt feine Schmiedeeisengitter. Das Deckengemälde hier wie auch im Festsaal stammt von Joseph Ignaz Appiani. Die Stuckarbeiten im Festsaal und

> **! Baedeker TIPP**
>
> **Fürstliches Cafe**
>
> Im stilvollen Café in der Meersburg kann man Kaffee und Kuchen entweder im fürstbischöflichen Barocksaal oder im Sommer auf der herrlichen Aussichtsterrasse genießen. Der Besuch des Cafés ist auch ohne Besichtigung der Burg möglich. Öffnungszeiten: Mo. – Sa. 10.00 – 18.30, So. 10.00 – 19.00 Uhr.

in den verschiedenen Repräsentationsräumen schuf Carlo Pozzi. Die zweigeschossige Schlosskapelle im Ostflügel des Schlosses wurde von Joseph Anton Feuchtmayer und Gottfried Bernhard Goetz ausgestattet. Öffnungszeiten: Ende März – Okt. tgl. 10.00 – 13.00, 14.00 – 18.00 Uhr.

Städtische Galerie ► Im ersten Stock des Schlosses ist die Städtische Galerie untergebracht, die neben einer Dauersammlung mit Werken von Kasia von Szadurska, Waldemar Flaig und Hans Dieter auch wechselnde Kunstausstellungen zeigt.

Dornier-Museum ► Im Dornier-Museum, ebenfalls im ersten Stock, wird die Geschichte der Luftfahrt und ihres Pioniers Claude Dornier (1884 – 1969) dargestellt. Zu sehen sind zahlreiche Modelle des Flugzeugkonstrukteurs, u. a. auch das Modell der Do X.

Zeppelin-Museum

Das private Zeppelin-Museum (Schloßplatz 8) beleuchtet die Entwicklung der Luftschifffahrt anhand von zahlreichen Originalausstellungsstücken wie Uniformen und Möbel. Öffnungszeiten: Ende März – Mitte Nov. 10.00 – 18.00 Uhr.

Galerie Bodenseekreis

Das historische Hofkanzlerhaus (Schloßplatz 13) ist Ausstellungsort für moderne Kunst der Region Bodensee-Oberschwaben. Die Sammlung umfasst Malerei, Zeichnung, Grafik und Fotografie.

Staatsweingut

Ein Durchgang führt vom Schloss nordöstlich zum Staatsweingut von Baden-Württemberg. Sowohl die Gebäude wie auch die hervorragenden Weinlagen stammen aus dem ehemaligen Besitz der Fürstbischöfe von Konstanz. Im Weinverkauf können die angebotenen Weine auch verkostet werden. Öffnungszeiten: Mo. – Fr. 9.00 – 18.00, Sa. 9.00 – 16.00 Uhr. Die Gutsschänke nebenan bietet neben guten Tropfen einen herrlichen Seeblick.

Weinbaumuseum

Im ehemaligen Heilig-Geist-Spital (Vorburggasse 11) in der Nähe hat das Staatsweingut ein Weinbaumuseum eingerichtet, in dem Küferwerkzeug und eine historische Flaschensammlung zu sehen sind. Herausragende Ausstellungsstücke sind der Heilig-Geist-Torkel, eine große, noch funktionsfähige Weinpresse von 1607, und das 50 000 l fassende Türkenfass, ein reich verziertes Zehntgefäß der Deutschordenskommende Mainau. Öffnungszeiten: Apr. – Okt. Di., Fr., So. 14.00 – 18.00 Uhr. Von April bis Oktober finden freitags um 19.00 Uhr Weinproben mit Kellerführung statt; Anmeldung beim Weinverkauf (075 32/3 57) oder bei Meersburg Tourismus.

★ Marktplatz

Der kleine malerische Marktplatz nördlich bietet mit seinen Fachwerkhäusern und dem Obertor eines der bekanntesten deutschen Stadtbilder. Die gemütlichen historischen Restaurants laden den Besucher zu einer Rast ein. Obwohl hier reges Kommen und Gehen herrscht, vor allem an Markttagen, hat sich der Platz eine beschauliche Atmosphäre bewahrt.

In der Nähe, in der Kirchgasse Nr. 4, befindet sich das Alte Kloster, ein ehemaliges Dominikanerinnendomizil (15. Jh.). In der hier untergebrachten Bibel-Galerie wird die Entstehungs-, Überlieferungs- und Wirkungsgeschichte der Bibel bis zur Gegenwart dargestellt. So kann man beispielsweise an der Gutenbergpresse den Psalm 23 drucken oder in einer Klosterschreibstube mit Feder und Tinte auf Pergament schreiben. Öffnungszeiten: Ende März – Mitte Nov. Di. – So. 11.00 – 13.00, 14.00 – 17.00 Uhr.

Bibel-Galerie, Stadtmuseum

Das Stadtmuseum, das ebenfalls im alten Kloster zu finden ist, beleuchtet ausgewählte Epochen der Stadtgeschichte, insbesondere die Frühzeit des Tourismus. Außerdem wird das Wirken von Franz Anton Mesmer, des Entdeckers des »animalischen Magnetismus«, dargestellt.

Östlich vom Obertor steht in den Weinbergen das Fürstenhäusle, so benannt nach den Konstanzer Fürstbischöfen, in deren Besitz es sich einst befand. 1843 hat Annette von Droste-Hülshoff das Haus erworben, heute beherbergt es das reizvolle Droste-Museum. Es ist mit Möbeln, Bildern und Büchern ausgestattet. Originalhandschriften und persönliche Erinnerungsstücke prägen die private Atmosphäre der Räume (Öffnungszeiten: Apr. – Okt. 10.00 – 12.30, 14.00 – 17.00 Uhr). Die Dichterin ist auf dem nahe gelegenen Friedhof begraben.

Droste-Museum im Fürstenhäusle

! *Baedeker* TIPP

Dichterinnenleben

Sonntags um 11.00 Uhr kann man auf dne Spuren der Dichterin Annette von Droste-Hülshoff durch Meersburg wandeln. Eingeschlossen in die Führung ist der Besuch des Droste-Museums im Fürstenhäusle, wo man einen Einblick in das Leben der Dichterin erhält.

Umgebung von Meersburg

Ein kunsthistorisches Kleinod ist die barocke Wallfahrtskapelle Maria zum Berg Karmel im 3 km nördlich gelegenen Ort Baitenhausen, von wo man eine schöne Aussicht hat. Auftraggeber des von 1702 bis 1704 errichteten Gotteshauses waren die zwischen Konstanz und Meersburg in einen Seesturm geratenen Fürstbischof Kardinal Marquard Rudolph von Roth und Kaplan Johann Georg Roth, die Hilfe durch die Anrufung des seit dem 16. Jh. verehrten Gnadenbildes (um 1550) in Baitenhausen erfuhren. Das mehrfach ausgestaltete Gnadenbild schmückt den Hochaltar. Die kleine kreuzförmige Kapelle wurde erst 1760 mit Deckenbildern und von 1761 bis 1765 mit Altären ausgestattet. Der Augsburger Historienmaler Johann Wolfgang Baum-

★ Wallfahrtskapelle Maria zum Berg Karmel

gartner malte Pietà, Himmelfahrt und Krönung Mariens sowie Anbetung der Hirten. Besonders gelungen sind die zwei Veduten zur Verherrlichung Mariens: Maria so schön wie der Mond mit der Bodenseelandschaft zwischen Konstanz und Meersburg sowie Maria auserwählt wie die Sonne mit einem Blick in die Linzgaugegend, ins Salemer Tal und sogar zum Säntis.

Hagnau Eingebettet in Weinberge und Obstgärten breitet sich das Fischer- und Winzerdorf Hagnau 3 km südöstlich von Meersburg direkt am Bodensee aus. Der idyllische und beliebte Ferienort besitzt schöne Fachwerkbauten und ein umfangreiches Hotel- und Gastronomieangebot. An den sanft ansteigenden Rebhängen wachsen Spätburgunder-, Ruländer-, Müller-Thurgau- und Traminertrauben. Auch der Obstanbau ist in Hagnau ein traditionsreicher Wirtschaftszweig.

Sehenswertes ► Wahrzeichen von Hagnau ist die spätgotische, 1729 barock umgestaltete Kirche **St. Johann Baptist**, deren 48 m hoher Turm in seinem unteren Teil romanisch ist. Im Innern bemerkenswert sind Schnitzfiguren des 15. Jh. s. Die vier modernen Glasfenster (1980) im Chor schuf Peter Valentin Feuerstein. Nach altem Brauch wechselt bei einer Seegfrörne , wenn der Bodensee völlig zugefroren ist, die Büste des Evangelisten Johannes (16. Jh.) den Standort; sie wird abwechselnd in der Kirche von Hagnau und der Klosterkirche von Münster-

Das Winzerdorf Hagnau, umgeben von Weinbergen

lingen (► Kreuzlingen) in der Schweiz aufbewahrt. Diese Figur, seit 1830 in Hagnau aufbewahrt, wurde zuletzt 1963 in einer feierlichen Prozession über das Eis zur Klosterkirche in Münsterlingen gebracht, wo sie bis zu der nächsten Seegfrörne bleibt.
Von den einst 26 Weinpressen des Orts ist der **Torkel** von 1747 erhalten geblieben. Das kleine **Museum** (Neugartenstr. 20) neben der evangelischen Kirche zeigt eine Privatsammlung von Puppenstuben, Puppen und Spielzeug von 1830 bis 1950. Öffnungszeiten: Mitte März – Ende Okt. tgl. 10.00 – 12.00, 14.00 – 17.00 Uhr. Empfehlenswert sind die **Traubenwege** rund um Hagnau wie die mit einer gelben Traube markierte Wanderung zum Schloss Kirchberg. Zudem ist der Obst- und Weinwanderweg interessant, ein 4 km langer Rundweg, an dem regioanle Reb- und Obstsorten erläutert werden.

Markdorf

Der Ferienort Markdorf liegt 9 km nordöstlich von Meersburg, im östlichen Linzgau, am Fuß des Gehrenbergs inmitten von Wald, Wiesen und Obstplantagen. Es ist ein idealer Ausgangspunkt für Ausflüge zum Bodensee (Balkon zum Bodensee).

◄ Sehenswertes in Markdorf und Umgebung

In der Ortsmitte steht die spätgotische ehemalige Kollegiatstiftskirche **St. Nikolaus** (15. Jh.), deren Innenraum barockisiert wurde. Schön ist die Mondsichelmadonna von David Zürn über dem Südportal. In der nördlich angebauten barocken Marienkapelle, die von Johann und Joseph Schmuzer vortrefflich stuckiert wurde, steht auf dem Altar eine kostbare geschnitzte Schutzmantelmadonna (um 1470). Mauertürme der Stadtbefestigung des 16. Jhs beherrschen das Stadtbild: das Obertor, der Hexenturm und das Untertor. Das **Schloss**, die ehemalige Sommerresidenz der Fürstbischöfe von Konstanz, umfasst einen Staffelgiebelbau von 1510 und den Neuen Bau von 1740. Heute ist hier ein Hotel untergebracht.

◄ Bermatingen

Etwa 4 km westlich von Markdorf breitet sich im Tal der Salemer Aach am Fuß des Gehrenbergs das malerische Dorf Bermatingen (435 m) aus, umgeben von Obstgärten und großen Weinbergen. Das Ortsbild zeichnet sich durch schöne Fachwerkhäuser aus.

◄ Gehrenberg

Lohnend ist ein Ausflug von etwa einer Stunde Fußweg nordostwärts zum Gehrenberg (754 m), dem Hausberg von Markdorf. Vom Aussichtsturm oben bietet sich eine großartige Alpensicht, die manchmal bis zum Berner Oberland reicht.

Deggenhausertal

Die Gemeinde Deggenhausertal, nördlich von Markdorf, setzt sich aus den Teilorten Deggenhausen, Homberg, Roggenbeuren, Untersiggingen, Urnau und Wittenhofen zusammen. Die hügelige Wiesen- und Waldlandschaft des Deggenhausertals bietet Ruhe und Entspannung, gepaart mit viel Natur; sie eignet sich gut zum Wandern. Unterwegs kann man in Landgasthöfen einkehren, die bekannt sind für gute badisch-alemannische Küche und Bodenseeweine.
In diesem Gebiet erhebt sich der Höchsten (833 m), der höchste Berg in Oberschwaben, von dem man eine weite Aussicht auf den See sowie die Allgäuer und Schweizer Alpen genießt.

★ Radolfzell

C/D 6

Höhe : 395 – 675 m ü. d. M. **Einwohnerzahl :** 30 000

Die Stadt Radolfzell am Zeller See besticht durch ihre malerische Altstadt mit verwinkelten Gassen sowie schöne Adels- und Patrizierhäuser. Kur- und Freizeiteinrichtungen auf der Halbinsel Mettnau machen Radolfzell zum Heil- und Kneippkurort sowie zu einem beliebten Ferienzentrum.

Durch seine zentrale Lage im westlichen Bodenseebereich ist Radolfzell ein idealer Ausgangspunkt für Wanderungen und Radtouren sowie für Ausflüge. Der Name der Stadt geht auf das von Bischof Radolf von Verona 826 gegründete Kloster, die Radolf-Zelle , zurück.

Sehenswertes in Radolfzell

★ Münster

Der Marktplatz im Mittelpunkt der Altstadt wird beherrscht von dem gotischen Münster Unserer Lieben Frau, 1436 an der Stelle der von Bischof Radolf von Verona errichteten Zelle erbaut. Im 18. Jh. wurde es teilweise barockisiert. Im Innern sind sehenswert das Grab des hl. Radolf, der Rosenkranzaltar der Brüder Zürn und der barocke Hausherrenaltar (1750), benannt nach den Stadtheiligen Theopont, Senes und Zeno.

Altstadt, überragt vom Münster

Neben dem Münster sieht man zwei interessante Gebäude: das **Österreichische Schlösschen**, ein Renaissancebau mit Staffelgiebel, der 1620 begonnen und im 18. Jh. fertig gestellt wurde, in dem heute die Stadtbibliothek untergebracht ist, und das Reichsritterschaftsgebäude der Adelsgesellschaft zu St. Georgenschild, ein mächtiger Renaissance- und Barockbau von 1626, der heute als Amtsgericht fungiert.

Das **Stadtmuseum** (Teggingerstr. 16) nördlich des Marktplatzes präsentiert archäologische Funde, Exponate zur Stadtgeschichte und Zeugnisse bürgerlicher Wohn- und

RADOLFZELL ERLEBEN

AUSKUNFT

Touristinformation
Bahnhofsplatz 2
D-78315 Radolfzell
Tel. (0 77 23) 81-5 00
Fax 81-5 10
E-Mail: touristik@radolfzell.de
www.radolfzell.de

FESTE

Bemerkenswert sind das traditionelle Radolfzeller Hausherrenfest (3. So. im Juli) zu Ehren der Stadtpatrone Theopont, Senes und Zeno sowie die am darauf folgenden Montag stattfindende Mooser Wasserprozession mit blumengeschmückten Booten.

ESSEN

► Erschwinglich

Basilikum
Löwengasse 30
Tel. (077 23) 97 05 70
Geschl. So., Mo.
Restaurant mit schönem Garten und ausgezeichneter internationaler Küche.

Mettnau-Stube
Strandbadstr. 23
Tel. (077 32) 36 44
Geschl. Mo.
Restaurant mit hervorragenden Fischspezialitäten.

ÜBERNACHTEN

► Komfortabel

Adler
Güttingen
Schlossbergstr. 1
Tel. (077 32) 150 20
Fax 15 02 50
E-Mail: info@landgasthaus-adler.de
www.landgasthaus-adler.de, 28 Z.
Behaglicher Landgasthof in ruhiger

sonniger Südhanglage mit Sauna, Kegelbahn und Fahrradverleih; gemütliche Gasträumen und Gartenlokal, in denen gute Küche serviert wird; angeschlossen ist das Gästehaus Sonnenhalde.

Am Stadtgarten
Höllturmpassage 2
Tel. (077 32) 924 60
Fax 92 46 46
E-Mail: info@hotel-am-stadtgarten.de
31 Z.
Hotel garni in idyllischer Lage am Stadtgarten, teils in der Stadtmauer.

Baedeker-Empfehlung

ArtVilla am See
Rebsteig 2/2
Tel. (077 32) 944 40
Fax 94 44 10
E-Mail: hotel@artvilla.de
www.artvilla.de, 10 Z. Das exklusive Hotel liegt in sehr ruhiger Lage auf der Halbinsel Mettnau in unmittelbarer Nähe zum Kurzentrum; alle Zimmer sind in einem anderen Stil eingerichtet, sie heißen z. B. Aix-en-Provence, Manhattan oder Sea Cloud.

Lebensformen. Außerdem wird die wirtschaftliche Entwicklung der Stadt erläutert. Öffnungszeiten: März bis Okt. Di. – So. 14.00 bis 18.00 Uhr.

Griener Winkel Bauhistorisch interessant sind die Griener Winkel genannten Teile einer Bauern- und Fischersiedlung aus dem 18. Jh. beim Stadtgarten.

Städtische Galerie Künstler der Region werden in der Städtischen Galerie in der Villa Bosch in der Scheffelstraße neben der Mettnaubrücke vorgestellt.

✶ Halbinsel Mettnau Südöstlich der Altstadt breitet sich auf der Halbinsel Mettnau das Kurgebiet Mettnau aus mit ausgedehnten Park-, Sport- und Freizeitanlagen um das ruhige Kurzentrum. In den verschiedenen Kliniken werden Herz-, Kreislauf- und Stoffwechselerkrankungen sowie Schäden am Bewegungsapparat behandelt. Vom Mettnauturm am östlichen Ufer der Halbinsel hat man eine schöne Aussicht.

Scheffelschlösschen ► Im Scheffelschlösschen am Südostende der Halbinsel ist die Kurverwaltung untergebracht. Außerdem sind in dem von Joseph Victor von Scheffel (►Berühmte Persönlichkeiten) erbauten und bewohnten Gebäude noch zwei original ausgestattete Wohnräume des Dichters zu sehen.

Naturschutzgebiet ► Den östlichen Teil und die Spitze der Halbinsel nimmt ein Naturschutzgebiet ein. Bei einer naturkundlichen Führung kann man Kolbenenten, Teichrohrsänger und Graureiher beobachten und viele seltene Pflanzen sehen. In dem DBV-Naturschutzhaus (Moerickeweg 1) wurde eine Ausstellung zu Natur und Umwelt am See zusammengestellt. Öffnungszeiten: März - Okt. Sa., So. 14.00 – 18.00 Uhr.

Mindelsee Etwa 4 km nordöstlich von Radolfzell breitet sich in einem Naturschutzgebiet der Mindelsee aus, ein eiszeitlicher Moränensee mit Schilfgürtel. Das Gebiet ist Lebensraum für seltene Tieren und Pflanzen. So kann man hier Zwergdommeln, Bekassinen und Kolbenenten beobachten.

✶✶ Reichenau

D 6

Inselfläche: 4,3 km² **Höhe:** 477 m ü. d. M.
Bewohnerzahl: 3300

»Dort, wo die Fluten des Rheins den Ausonischen Alpen entströmen / in den gewaltigen See, der weit nach Westen sich ausdehnt, / dort erhebt sich inmitten der Flut die liebliche Insel. / Reichenau wird sie genannt, im Herzen Germaniens liegt sie«, so beschreibt Walahfrid Strabo, berühmter Abt des Klosters Reichenau, im 9. Jh. die Lage der Insel. Heute dagegen klingt die Lagebeschreibung we-

REICHENAU ERLEBEN

AUSKUNFT

Tourist-Information Reichenau
Pirminstr. 145
D-78479 Reichenau
Tel. (075 34) 92 07-0, Fax 92 07-77
touristinfo-reichenau@t-online.de
www.reichenau.de

FESTE

Drei traditionelle Kirchenfeste sind heute noch von großer Bedeutung. Sie werden auf der Insel alljährlich mit Prozessionen begangen. Es sind dies das Markusfest (25. April) und das Fest Mariä Himmelfahrt (15. Aug.) zu Ehren der beiden Patrone des Münsters Mittelzell sowie als höchster Inselfeiertag das Heilig-Blut-Fest (Mo. nach Dreifaltigkeitssonntag), das zurückgeht auf ein dem Kloster im Jahr 925 geschenktes Abtskreuz mit blutgetränkter Erde von Golgatha.

ESSEN

► Erschwinglich

Fischerstube
Berggässle 1
Tel. (075 34) 75 73
Restaurant mit Terrasse, in dem Fischspezialitäten serviert werden.

Kreuz
Zelleleweg 4
Tel. (075 43) 3 32
Geschl. Mo., Do.
Traditionsreiches beliebtes Lokal mit Terrasse; die Küche bietet frische Bodenseefische unter Verwendung von Reichenauer Gemüse und Salat; Weine von der Insel.

Löwen
Pirminstr. 144
Tel (075 34) 229
Geschl. Di.abend, Mi
Café/Restaurant mit Gartenterrasse; regionale Küche mit Fisch sowie Reichenauer Gemüse und Salate; außerdem große Kuchenauswahl.

Übernachten

► Komfortabel

Seeschau
An der Schiffslände 8
Tel. (075 43) 72 10, Fax 72 64
www.seeschau.mdo.de, 22 Z.
Kleines feines Hotel gegenüber der Schiffsanlegestelle mit Seegarten; Zimmer mit Balkonen zur Seeseite; Gourmetküche mit Bodenseefischen und Produkten von der Reichenau.

Strandhotel Löchnerhaus
An der Schiffslände 12
Tel. (075 43) 80 30, Fax 582
E-Mail: strandhotel-reichenau.mdo.de, 45 Z.
Das direkt am See gelegene Hotel verfügt über eine Seeterrasse sowie ein eigenes Strandbad und eine Liegewiese; die Küche bietet regionale Gerichte, z. B. Fischspezialitäten.

niger poetisch: Die Insel liegt im Untersee, dem westlichen Teil des Bodensees. Sie ist mit 5 km Länge und 1,5 km Breite die größte Insel im Bodensee.

Die Kirchen der einst weltberühmten Abtei gehören in ihrer Anlage und mit den großartigen Wandbildern zu den bedeutendsten Zeugen frühromanischer Kunst in Deutschland. Sie wurden deswegen in die Liste des Weltkulturerbes der UNESCO aufgenommen. Die Reichenau ist aber auch als Gemüseinsel bekannt. Ihr Name leitet sich von der Reichen Au ab, was so viel wie reiche Insel bedeutet.

Wirtschaft Das milde Inselklima, der fruchtbare Boden und künstliche Beregnung ermöglichen einen ertragreichen Gemüseanbau, der teilweise in Gewächshäusern betrieben wird. Hauptanbauprodukte sind Gurken, Salat und Tomaten. Der Gemüsebau basiert heute durchweg auf kleineren und mittleren Familienbetrieben. Im Frühbeet Deutschlands sind zwei bis drei Ernten im Jahr möglich. Auf einer kleineren Fläche wird auch Wein kultiviert. Das zweitwichtigste wirtschaftliche Standbein ist der Tourismus. In der bereits 1927 gegründeten Fischbrutanstalt in Mittelzell in der Seestraße werden Fischeier ausgebrütet und die Jungfische im See ausgesetzt (tgl. geöffnet). Von Bedeutung ist auch die Fischerei.

Geschichte Das 724 von Karl Martell durch den hl. Pirmin 753 gegründete Kloster Reichenau, das erste Benediktinerkloster auf deutschem Boden,

Reiche Ernte im »Gemüsebeet« Deutschlands

war während seiner Blütezeit im 9. bis 11. Jh. ein geistliches Zentrum mit künstlerischer und literarischer Ausstrahlung. Von den berühmten Äbten sind besonders zu nennen: Bischof Waldo (786–806), Begründer der Reichenauer Gelehrtenschule und der Bibliothek, Heito I. (806–823), Berater Karls des Großen und Erbauer des Marienmünsters, Walahfrid Strabo (838–849), bedeutender Dichter und Verfasser eines Buches über Gartenbau, und Hatto III. (883–913), Erzbischof von Mainz und Kanzler des Deutschen Reichs sowie Erbauer der Kirche von Oberzell. Im 11. Jh. erlebte die Reichenauer Malerschule mit ihren kunstfertigen Büchern eine Hochblüte (►Baedeker Special S. 44/45). Seit dem 13. Jh. verarmte das Kloster, bis es 1538 an das Hochstift Konstanz kam. 1757 wurde das Kloster aufgehoben und seine wenigen Mönche auf andere Klöster verteilt.

Oberzell

Burg Schopfeln

Von der Halbinsel Bodanrück erreicht man die Reichenau auf einem 1838 erbauten, 1,5 km langen, von hohen Pappeln gesäumten Damm. Dieser Damm ist der Endpunkt der Deutschen Alleenstraße, die auf Rügen beginnt. An der Ostspitze findet man die Reste der 1384 zerstörten Burg Schopfeln (10. Jh.), die einst den Äbten gehörte.

*** St. Georg**

Nach 2 km erreicht man den Ortsteil Oberzell, dessen wichtigste Sehenswürdigkeit die ehemalige Stiftskirche St. Georg ist. Die unter Abt Hatto III. (888–913) erbaute dreischifffige Säulenbasilika ist das großartigste Beispiel spätkarolingischer Baukunst. Die Westapsis entstand um 1000, die Vorhalle im 11. Jh. Die Vierung wurde im 15. Jh. gotisch eingewölbt.

Reichenau St. Georg Orientierung

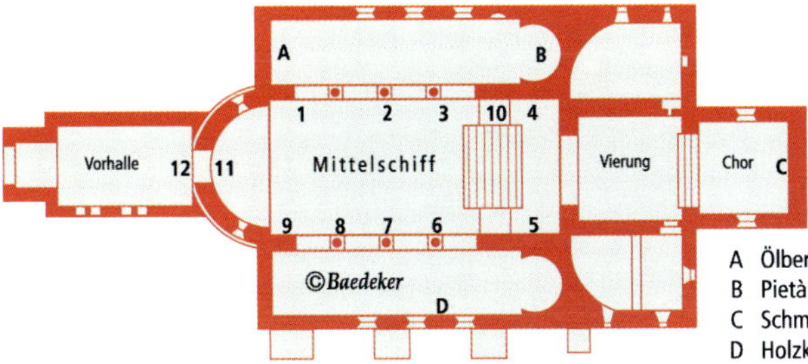

A Ölberggruppe (15. Jh.)
B Pietà (um 1470)
C Schmerzensmann (15. Jh.)
D Holzkruzifix (17. Jh.)

Ikonografie der Wandmalereien

1 Heilung des Besessenen
2 Heilung der Wassersüchtigen
3 Stillung des Sturmes
4 Heilung des Blindgeborenen
5 Heilung des Aussätzigen
6 Erweckung des Jünglings zu Nain
7 Erweckung der Tochter des Jairus
8 Heilung des Blutflüssigen
9 Erweckung des Lazarus
10 Frauengeschwätz (um 1376)
11 Weltgericht (1708)
12 Jüngstes Gericht (um 1200)

★★ Romanische Wandmalereien ►

Einmalig sind die romanischen monumentalen Wandmalereien (um 1000) im Innern, das einzige, außerdem gut erhaltene Beispiel einer vollständigen Kirchenschiffausmalung nördlich der Alpen. Dargestellt sind die Wundertaten Christi, darunter die Heilung des Wassersüchtigen und des Aussätzigen, die Beruhigung des Sturms auf dem See Genezareth sowie die Erweckung des Lazarus. Der Erzählstil fasst die zeitlich nacheinander folgenden Geschehnisse nach byzantinischer Art in einem Bildraum zusammen. Ausdrucksträger ist die übergroße, durch Kreuznimbus gekennzeichnete Christusfigur mit von magischer Kraft erfüllter Gebärde, die die Menschen in ihren Bann zieht.

In der Tradition spätantiker Stadtbilder stehen dabei die Hintergrundszenen, die farblich fein abgestuft sind, von Braun-Grün bis zu Blau. Unter dem Chor befindet sich die Krypta vom Anfang des 9. Jh.s. Im ehemaligen Oratorium ist über der Vorhalle ein Jüngstes Gericht aus dem 11. Jh. sehenswert. Krypta und Oratorium sind nur mit Führungen zugänglich, die von Juli bis August montags um 17.00 Uhr stattfinden.

Einmalig sind die romanischen Wandmalereien von St. Georg in Oberzell.

Reichenau St. Maria und St. Markus Orientierung

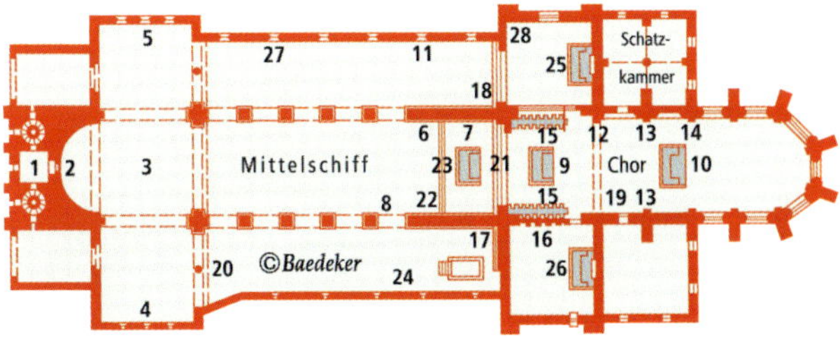

1 Kaiserloge (1048)
2 Markusaltar (1477)
3 Grab des Abtes Berno (✝ 1048)
4 Abtsgrabsteine
5 Kreuzigungsgruppe (1690)
6 Muttergottesstatue (um 1300)
7 Christophorusbild (1320)
8 Christus am Ölberg (1350)
9 Heiligblutaltar (1739)
10 Allerheiligenaltar (1498)
11 Vesperbild (Ende 14. Jh.)
12 Wandnische (um 1310)
13 Wandbilder (1555)
14 Sakramentshäuschen (1450)
15 Chorgestühl (15. Jh.)
16 Orgel (1964)
17 Klosterinsel (1624)
18 Klosterbild (1738)
19 Grab Karls des Dicken (✝ 888)
20 Witigowosäule (10. Jh.)
21 Chorgitter (1746)
22 Muttergottesbild (1471)
23 Volksaltar (1970)
24 Stephanusaltar (1590)
25 Ölberg (1480)
26 Christus mit Aposteln (15. Jh.)
27 Kreuzweg (1972)
28 Taufe (16. Jh.)

Mittelzell

Museum Reichenau

Im 2 km entfernten Ortsteil Mittelzell steht das alte Rathaus auf der Ergat, ein Fachwerkbau aus dem 14. Jh., der einst Sitz des Amtmanns war. In dem hier untergebrachten Museum Reichenau wird die Entwicklung der Landwirtschaft und des Weinbaus sowie die Geschichte der Abtei und der Buchmalerei dargestellt. In der Galerie finden Sonderausstellungen statt. Öffnungszeiten: Ende März – Ende Okt. Di. bis So. 14.30 – 17.30 Uhr.

★ Münster

Das Münster St. Maria und St. Markus unweit nördlich vom alten Rathaus ist eine ursprünglich aus dem 8. Jh. stammende, in ihrer jetzigen Gestalt im 11. Jh. erbaute romanische Basilika mit zwei Querschiffen, wuchtigem Westbau mit Turm und hohem gotischen Chor (15. Jh.). Bei der von 1964 bis 1970 erfolgten Restaurierung wurde der Dachstuhl mit seiner 700 Jahre alten Eichenbalkenkonstruktion freigelegt. In der westlichen Querhalle steht der Markusaltar, ein gotisches Steingehäuse (1477), in dem die 830 auf die Reichenau gelangte Markusreliquie in einer Kopie des Markusschreins (Original in der Schatzkammer) aufbewahrt wird. In der Apsis darüber befindet sich die Loge von Kaiser Heinrich III., eines Gönners des Abts Berno (gest. 1048), dessen Grabplatte man im Boden sieht. Eine bedeutende Plastik ist die gotische Muttergottesstatue (um 1310) im Mittelschiff. In dem 1746 durch ein kunstvoll gestaltetes Barockgitter

Münster in Mittelzell: bedeutende romanische Basilika

abgeschlossenen Chor (nur während der Öffnungszeiten der Schatzkammer zugänglich) sind beachtenswert der Heiligblutaltar (1739), der in einer Monstranz die Heiligblutreliquie verwahrt, der Allerheiligenaltar, ein spätgotischer vielfiguriger Flügelaltar (1498), eine Wandnische für die Kana-Krug-Reliquie mit Malereien des frühen 14. Jh.s sowie weitere Wand- und Deckenmalereien. Führungen: Juli – Aug. Di. 17.00 Uhr. In der gotischen Sakristei befindet sich die Schatzkammer. Zu sehen sind hier fünf kostbare Reliquienschreine der frühen und späten Gotik, ferner eine Elfenbeinpyxis (5. Jh.), der so genannte Krug aus Kana (vermutlich 5. Jh.), und ein um 1070 entstandenes romanisches Kruzifix. Öffnungszeiten: Mai – Sept. Mo. bis Sa. 11.00 - 12.00, 15.00 – 16.00 Uhr.

★ Schatzkammer ▶

Klostergebäude Südlich an das Münster angrenzend, gruppieren sich um einen großen Hof die einstigen Klostergebäude (1605 – 1610), die heute der Gemeindeverwaltung dienen. Im Klosterhof finden Konzerte und andere kulturelle Veranstaltungen statt.

Kräutergarten ▶ Folgt man dem Walahfrid-Strabo-Weg rechts der Kirche, kommt man zum Kräutergarten. Zwischen 830 und 840 schrieb Walahfrid Strabo, einer der berühmtesten Äbte des Klosters, sein Gedicht »De cultura hortorum«, kurz »Hortulus« (»Gärtlein«) genannt. In dieser ersten Schrift über Gartenbau in Deutschland werden Heilkräuter, Küchen- und Zierpflanzen beschrieben. Nach diesem Muster wurde der Klosterkräutergarten angelegt. Führungen: Do. 17.00 Uhr.

Hochwart Südöstlich von Mittelzell erhebt sich die Hochwart (438 m), der höchste Punkt der Insel, der leicht zu ersteigen ist. Von dort bietet sich ein prächtiger Ausblick. Ein Teil des Wegs ist gleichzeitig Weinlehrpfad. Auf der Hochwart war einst der Wohnsitz des Flurwärters, der aufpasste, dass nichts vom Acker gestohlen wurde.

Das Wollmatinger Ried kann man nur im Rahmen einer Führung erkunden.

Niederzell

Die dritte der bedeutenden Kirchen auf der Reichenau ist die ehemalige Stiftskirche St. Peter und Paul in Niederzell an der Nordwestspitze. Es handelt sich um eine zweitürmige, dreischiffige Säulenbasilika des 11./12. Jh.s, deren Ursprung auf eine Zelle des Bischofs Egino von Verona (8. Jh.) zurückgeht. An die Stelle der einstigen Flachdecke trat 1756/1757 ein stuckiertes Rokokogewölbe. In der Hauptapsis wurden wertvolle spätromanische Wandmalereien (1104–1126) entdeckt, die den thronenden Christus, umgeben von den Evangelistensymbolen und den Kirchenpatronen Petrus und Paulus, zeigen. Ferner erscheinen in zwei übereinander geordneten Bogenreihen Propheten und Apostel. Führungen: Juli/Aug. Fr. 17.00 Uhr.

*** Stiftskirche**

Das Bürgle genannte Schloss Windegg an der äußersten Landspitze der Insel wurde im 14./15. Jh. als klösterliches Gästehaus erbaut und ist heute Tagungshotel der Energie Baden-Württemberg (EnBW).

Schloss Windegg

Umgebung der Reichenau

Südöstlich der Reichenau dehnt sich am Nordufer des Gnadensees das 767 ha große Naturschutzgebiet Wollmatinger Ried in einer schilfbewachsenen Sumpflandschaft aus, zu der zwei kleine Inseln gehören. Mächtige Schilfwälder, flache Seebuchten und blumenreiche

**** Wollmatinger Ried**

Wiesen von seltener Artenvielfalt prägen das Landschaftsbild. Es ist das größte Schutzgebiet am deutschen Bodenseeufer. In dieser reizvollen Mischung aus Natur- und Kulturlandschaft kommen zahlreiche gefährdete Pflanzen- und Tierarten vor. Von den etwa 230 hier beobachteten Vogelarten, darunter viele Zugvögel aus Skandinavien und Russland, brütet etwa ein Viertel im Ried, so der Graureiher, die seltene Kolbenente, die Löffelente, der Schwarzhalstaucher, die Uferschnepfe und die Flussseeschwalbe, gelegentlich auch Seidenreiher, Säbelschnäbler und Eisvogel.
Das Gebiet ist nur im Rahmen von Führungen zugänglich, die der NABU durchführt (Informationen: Tel. 075 31/788 70). Das Naturschutzzentrum im ehemaligen Bahnhof Reichenau präsentiert eine Ausstellung über das Ried.

Romanshorn

F 7

Staat: Schweiz
Einwohnerzahl: 9500
Höhe: 403 m ü. d. M.

Die am Südufer des Bodensees gelegene Stadt Romanshorn ist seit der Eröffnung der Trajektfähre 1855 ein bedeutender Verkehrsplatz und der größte Hafen am Bodensee.

Ansprechend ist das Stadtbild, das ansonsten von Hafenanlagen mit Lagerhäusern geprägt ist, nur im Bereich des Seeparks. Von der 779 erstmals urkundlich erwähnten Siedlung ist außer der Stadtkirche kaum etwas Mittelalterliches erhalten.

ROMANSHORN ERLEBEN

AUSKUNFT

Touristinformation
Im Bahnhof
CH-8590 Romanshorn
Tel. (071) 463 32 32
Fax 461 19 80
E-Mail: touristik@romanshorn.ch
www.romanshorn.ch

ESSEN UND ÜBERNACHTEN

► Erschwinglich

Inseli
Inseliweg 6
Tel. (071) 466 88 88
www.inseli.ch
Mit schönem Blick auf See und Segelhafen isst man in dem Restaurant mit Terrasse; empfehlenswert sind die Fleisch- und Flambéespezialitäten.

Schloss
Schlossbergstr. 26
Tel. (071) 466 78 00
Fax 466 78 01
E-Mail: info@hotelschloss.ch
www.hotel-schloss.ch, 22 Z.
Modern eingerichtetes Hotel in einem Schloss (1829) in ruhiger Lage mit Blick auf See und Berge; große Gartenterrasse.

Hafenanlagen prägen das Stadtbild von Romanshorn.

Sehenswertes in Romanshorn

Seepark Nördlich vom Hafen erstreckt sich der Seepark, von wo man einen Panoramablick über den See genießen kann. Ein hübsches Plätzchen ist der vom Park über einen Steg erreichbare Felsblock Inseli .

Schloss Das Schloss auf einer kleinen Anhöhe im Ortszentrum wurde 1829 errichtet; heute ist hier ein elegantes Hotel untergebracht.

Kirche Daneben erhebt sich der schlichte Kirchenbau St. Maria, Petrus und Gallus, dessen älteste Teile auf das 14. Jh. zurückgehen, mit beachtenswerten gotischen Wandmalereien.

Skaterpark Im großen Skaterpark am Hafen kommen Skater voll auf ihre Kosten. Sie können sich hier an Ramps und einer Quarterpipe austoben.

Umgebung von Romanshorn

Uttwil Das Dorf Uttwil 3 km nordwestlich eignet sich für einen ruhigen Ferienaufenthalt. Seit dem Ende des Ersten Weltkriegs entwickelte es sich zum bevorzugten Wohnort für Künstler. Hier lebten der Jugendstilarchitekt Henry van de Velde, die Schriftsteller René Schickele, Paul Ilg, Emanuel Stickelberger, außerdem der Dramatiker Carl Sternheim sowie die Maler E. Steinbach und E. Schlatter.

Rorschach

F/G 8

Staat: Schweiz **Höhe:** 398 m ü. d. M.
Einwohnerzahl: 9500

Die alte Hafenstadt Rorschach, an der weiten südlichen Bucht des Bodensees, am Fuß des Rorschacher Bergs gelegen, war einst ein bedeutender Güterumschlagplatz für das Kloster St. Gallen.

Bereits 937 erhielt sie vom St. Galler Abt das Markt-, Münz- und Zollrecht. Beachtlichen Aufschwung nahm die Stadt ab dem 17. Jh. durch den Handel von Leinwand, wovon heute noch die Bürgerhäuser in der Hauptstraße zeugen.

Sehenswertes in Rorschach

Kornhaus/ Heimatmuseum Das markanteste Gebäude am Hafen ist das von 1746 bis 1749 durch Giovanni Caspare Bagnato erbaute Kornhaus, das heute immer noch Lagerstätte für verschiedene Waren ist. Aber auch das Heimatmuseum ist hier untergebracht. Es widmet sich den Themen Urgeschichte, Natur, Stadtentwicklung, Wohnkultur, Textilindustrie und Kunst. Gezeigt werden rekonstruierte Hütten der Jungsteinzeit und Bronzezeit, ein Rokokoraum sowie ein Stadtmodell, das Rorschach im Jahr 1798 zeigt (wegen Renovierung nur für Gruppen n. V. geöffnet, Anmeldung bei der Tourist-Information).

Alte Garage In der Alten Garage daneben wird im Automobil-, Motorrad- und Automatenmuseum das Herz des Oldtimerfans höher schlagen. 50 historische Autos, 30 Motorräder und alte Automaten wie Musik- und Kinoautomaten lassen nostalgische Gefühle aufkommen. Außerdem werden Wechselausstellungen zu Themen rund um das Auto

RORSCHACH ERLEBEN

AUSKUNFT

Tourist-Information
Hauptstr. 23
CH-9401 Rorschach
Tel. (071) 841 70 34, Fax 841 70 36
E-Mail: info@tourist-rorschach.ch
www.tourist-rorschach.ch

ÜBERNACHTEN

► **Luxus**
Parkhotel Waldau
Rorschacher Berg
Seebleichstraße
Tel. (071) 855 01 80
Fax 8 55 10 02
E-Mail: info@parkhotel-waldau.ch
www.hotel-waldau.ch
42 Z.
Das Waldau ist ein Spitzenhotel in Bestlage in einem Park über dem Jachthafen; dem Gast wird im Hotelrestaurant hervorragende internationale und regionale Gerichte angeboten.

Neben dem Kornhaus kann man sich gleich in die Fluten stürzen.

gezeigt. Öffnungszeiten: Apr. – Juni, Sept., Okt. Mi., Sa. 13.30 bis 17.30, So. 10.00 – 17.30, Juli / Aug. tgl. 10.00 – 18.00 Uhr.

Hauptstraße

Westlich, parallel zum See verläuft die Hauptstraße. Die von hübschen Erkern gezierten Häusern des 18. Jh.s zeugen von dem einstigen Reichtum der Handelsstadt.

St. Kolumban

Auffallend an der Kirche St. Kolumban und Konstantius weiter südlich ist die konvex gestaltete Fassade. Sie wurde von 1645 bis 1667 im Barockstil erbaut, das Langhaus in den Jahren 1782 bis 1786 erweitert. Die Deckenmalereien sind Arbeiten von Andreas Brugger.

Kloster Mariaberg

Am Abhang über der Stadt steht das von 1484 bis 1519 erbaute große Kloster Mariaberg, in dem seit 1805 ein Lehrerseminar untergebracht ist. Sehr schön sind der spätgotische Kreuzgang (1519) mit filigranen Maßwerkfenstern und das Refektorium (heute Mensa). Ein weiteres kunsthistorisches Kleinod ist der gotische ehemalige Kapitelsaal (heute Musiksaal), dessen Netzgewölbe mit vielszenigen Malereien verziert sind.

Umgebung von Rorschach

Rossbüehel Oberhalb von Mariaberg hat man vom St.-Anna-Schloss (568 m) eine weite Aussicht. Von hier gelangt man zu Fuß in 1 Stunde auf den Rossbüehel (964 m), die höchste Kuppe des Rorschacher Bergs. Nahebei kann man den Fünfländerblick genießen.

Altenrhein Das Fischerdorf Altenrhein breitet sich 5 km östlich von Rorschach, am Mündungsdelta des Alten Rheins aus. Eine Attraktion ist die 2001 eröffnete Hundertwasser-Markthalle im Industriegebiet, das letzte Gebäude des im Jahr zuvor verstorbenen Künstlers. In ihr hat Friedensreich Hundertwassers die Idee vom »Leben in Harmonie mit der freien Kreativität der Natur« umgesetzt. Das Gebäude wird als Markthalle und Veranstaltungssaal für Kunstausstellungen und Konzerte genutzt. Am Samstagwird hier außerdem ein Bauernmarkt abgehalten.

Im Flugplatz St. Gallen-Altenrhein ist ein Fliegermuseum untergebracht, in dem flugtüchtige Luftfahrzeuge, Flugmotoren und Flugzeuge der Schweizer Luftwaffe zu sehen sind. Öffnungszeiten: Sa. 13.00 – 17.00 Uhr.

! Baedeker TIPP

Nostalgische Bahnfahrt

Etwas Besonderes ist die Fahrt mit der Rorschach-Heiden-Bergbahn (RHB), der einzigen Zahnradbahn am Bodensee, 30 Minuten nach Heiden. Von dort kann man entweder m dem Postauto oder zu Fuß in 2 ½ Std. entlang dem lustige Witzwanderweg nach Walzenhausen gelangen. Anschließe geht es mit der romantischen RHW-Bahn hinunter nach Rheineck und von dort mit dem Schiff durch das Naturschu gebiet Alter Rhein zum Hafen von Rorschach (Kartenverka den Bahnhöfen; Informationen 071/891 18 52).

Heiden

★ Biedermeierdorf Der traditionsreiche Kurort Heiden liegt 6 km südlich von Rorschach auf einer aussichtsreichen Sonnenterrasse eingebettet in die Hügellandschaft des Appenzeller Vorlands. Neben einem Mineralheilbad bietet Heiden Schrot- und Molkekuren an. Das »Biedermeierdorf« wurde nach einem Brand 1838 im klassizistischen Stil wieder aufgebaut und zeigt besonders am zentralen Kirchplatz ein einzigartig geschlossenes Architekturensemble jener Zeit. Der Begriff »Biedermeier« ist allerdings in der Architektur kaum gebräuchlich; die Bezeichnung »Biedermeierdorf« hängt vielmehr mit dem Wiederaufbau von Heiden in der Zeit des Biedermeier zusammen.

Im Postgebäude südlich des Kirchplatzes sind das Historische Museum und das Naturhistorische Museum untergebracht. Das Historische Museum zeigt Dokumente zu Heiden, wovon besonders die Sammlung von Osterschriften hervorzuheben ist. Außerdem sind Mobiliar, Uhren und Waffen zu sehen. Eine reichhaltige Sammlung von präparierten Vögeln, Wildtieren und Schmetterlingen sowie Mineralien ist im Naturhistorischen Museum ausgestellt, ferner eine völkerkundliche Sammlung aus Borneo. Öffnungszeiten: Apr. – Okt. So. 10.00 – 12.00, 14.00 – 16.00, Mi. 14.00 – 16.00, Fr. 10.00 – 12.00; Juni, Sept. auch Sa. 14.00 – 16.00; Nov. – März So. 14.00 – 16.00 Uhr.

Historisches Museum / Naturhistorisches Museum

Das Henry-Dunant-Museum (Asylstr. 2) südwestlich des Kirchplatzes erinnert an Henri Dunant (1828 – 1910), den Gründer des Roten Kreuzes, der in Heiden von 1887 bis zu seinem Tod lebte. Hauptthemen sind Dunant und sein weltumspannendes Hilfswerk. Öffnungszeiten: Apr. – Okt. Di. – Sa. 14.00 – 17.00, So. 10.00 – 12.00, 14.00 bis 17.00; Nov. – März Mi., Sa. 14.00 – 17.00, So. 10.00 – 12.00, 14.00 bis 17.00 Uhr.

Henri-Dunant-Museum

St. Margrethen

Zwischen Voralpen und altem Rhein, 12 km südöstlich von Rorschach liegt St. Margrethen. Bekannt ist es als Einkaufsort – der Rheinpark ist das größte Einkaufszentrum der Ostschweiz – und als Badeort mit einem von einer schwefelhaltigen Quelle gespeisten Mineralbad.

Einkaufs- und Badeort

In einen Felsausläufer zwischen St. Margrethen und Au wurde 1940 ein Artillerie-Kasemattenwerk gebaut, nachdem Österreich vom Deutschen Reich annektiert worden war. Es sollte einen deutschen Angriff auf die Schweiz vom Raum Lindau aus verhindern. Bis 1992 wurde die Festungsanlage militärisch genutzt und dann in ein Museum umgewandelt. In der Anlage mit 1000 m langem Stollen sind Geschützstand, Unterkünfte, Notspital, Telefonzentrale und Waffensaal zu sehen. Da die Innentemperatur nur 12 °C beträgt, sollte man warme Kleidung mitnehmen. Öffnungszeiten: Apr. – Okt. Sa. 13.00 bis 18.00 Uhr.

Festungsmuseum Heldsberg

★ Singen

F 8

Höhe: 429 m ü. d. M **Einwohnerzahl:** 40 000

Singen, zu Füßen des markanten Vulkankegels Hohentwiel gelegen, ist Hauptort und Wirtschaftszentrum des Hegaus sowie eine wichtige Einkaufsstadt.

SINGEN ERLEBEN

AUSKUNFT

Tourist-Information
Marktpassage
August-Ruf-Str. 13
D-78224 Singen
Tel. (077 31) 85-260
Fax 85-263
E-Mail: tourist-info.stadt@singen.de
www.singen.de

HOHENTWIELFEST

Alljährlich im Juli findet zwei Wochen lang in Singen das Hohentwielfest statt. Im malerischen Ambiente vor der Kulisse der Burgruine Hohentwiel werden Konzerte von international bekannten Künstlern sowie Theater und Kleinkunst geboten.

Beim Hohentwielfest ist die Burgruine eine stimmungsvolle Kulisse für Konzerte.

ESSEN

► Fein & Teuer

Flohrs Restaurant
Überlingen am Ried
Brunnenstr. 11
Tel. (077 31) 9 32 30, Geschl. So., Mo.
Überregional bekanntes, stilvoll eingerichtetes Gourmetrestaurant mit ungewöhnlicher Küche.

► Erschwinglich

Jägerhaus
Ekkehardstr. 86
Tel. (077 31) 6 50 97
Geschl. mittags., So.
Die Küche genießt einen guten Ruf; Spezialitäten sind Fisch und Wild.

ÜBERNACHTEN

► Komfortabel

Lamm
Alemannenstr. 42
Tel. (077 31) 40 20, Fax 40 22 00
E-Mail: info@hotellamm.com
www.hotellamm.com, 78 Z.
Das ruhig gelegene moderne Hotel ist das erste Haus am Platz; Restaurant mit guter bürgerlicher Küche.

Relax-Hotel
Byk-Gulden-Str. 2
Tel. (077 31) 9 95 00,
Fax 99 50 99, 24 Z.
Gepflegtes Business-Hotel mit zeitgemäßer Ausstattung.

Bekannt ist die Stadt auf industriellem Sektor durch die heute zum Nestlé-Konzern gehörende Firma Maggi, die seit 1887 hier die gleichnamige Suppenwürze produziert, aber in den letzten Jahren Arbeitsplätze abgebaut hat. Singen, in der bis auf eine Kirche keine historische Bausubstanz erhalten ist, hat auch als Einkaufsstadt einen guten Ruf.

★★ Hohentwiel

Westlich über der Stadt ragt der erloschene Vulkankegel des Hohentwiel (688 m) auf, der von einer mächtigen Burgruine, der größten Festungsruine Deutschlands, bekrönt wird. Er ist mit dieser imposanten Ruine, den schroffen Felswänden und dem urtümlichen Wald

Hohentwiel Orientierung

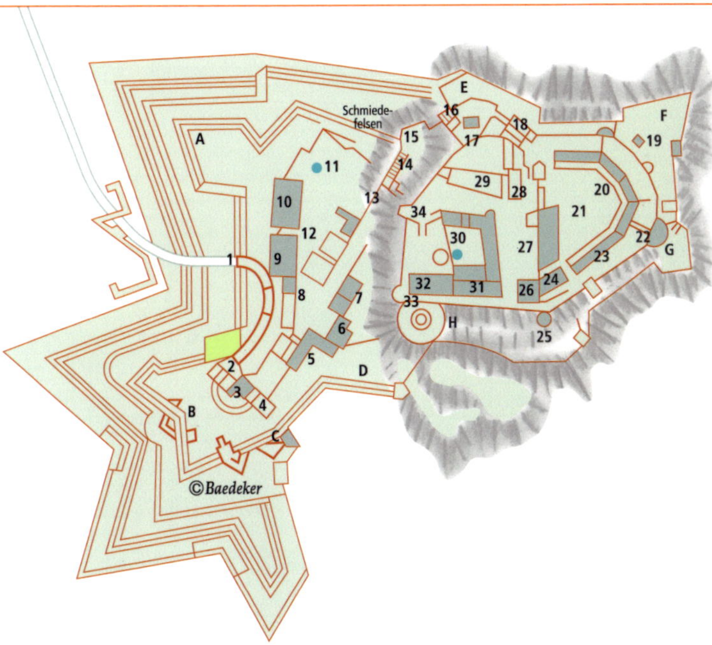

Bastionen
- A Alexanderbastion
- B Karlsbastion
- C Eugensbastion
- D Ludwigsbastion
- E Friedrichsbastion
- F Herzogsbastion
- G Kleine Bastion
- H Rondell Augusta

Untere Festung
1. Alexandertor
2. Ludwigstor
3. Kasernenwachhaus
4. Eugenstor
5. Stabsoffizierswohnung
6. Keltergebäude
7. Wohnhaus und Wagenremise
8. Apotheke, Regimentsarztwohnung, Stallungen
9. Marketenderei
10. Mannschaftskaserne
11. Zisterne (verdeckt)
12. Kommissbäckerei
13. "Salzbüchsle" (Warte zwischen unterer und oberer Festung)

Obere Festung
14. Zugbrücke
15. Postenschilderhaus
16. Brücke
17. Schmiede, Profossquartier
18. Neues Portal mit Brücke
19. Pulvertürme
20. Urspr. Kloster mit Kreuzgang, später Kasernenbau mit Laubenumgang, Mehlmagazinen und Munitionsgewölben
21. Paradeplatz (Waffenplatz)
22. Wilhelmswacht
23. Schul- und Pfarrhaus
24. Kanzlei (oder Backhaus)
25. Eberhardswacht
26. Neuer Bau
27. Kirche mit Turm
28. Arrestantengewölbe
29. Gouvernementsbau
30. Fürstenburg mit Innenhof, Zisterne, Wohnräumen und Stallungen
31. Bandhaus
32. Zeughaus
33. Altan (höchster Geländepunkt)
34. Hochwacht

HOHENTWIEL

★★ Der Hohentwiel, der sich auf dem gleichnamigen Vulkankegel erhebt, ist die größte Festungsruine Deutschlands. Die bis auf das 10. Jh. zurückgehende Burg hat eine wechselvolle Geschichte. Das heute als Naturschutzgebiet ausgewiesene Gelände ist ein besondere Mischung von Kultur- und Naturerlebnis.

Öffnungszeiten:
16. März – 31. März 10.00 – 18.00; Apr. – Sept. 9.00 – 19.30; 16. Sept. – 31. Okt. 10.00 – 18.00; Nov. – 15. März 11.00 – 16.00 Uhr

1 Kloster
Das Kloster wurde im frühen 10. Jh. von Herzog Burkhard III. gegründet. Nach dem Tod der Herzogs baute seine Witwe, Herzogin Hadwig, die Anlage zu einem kulturellen und religiösen Zentrum aus. In seinem Roman »Ekkehard« setzte der Dichter Josef Viktor von Scheffel der Herzogin ein literarisches Denkmal. König Heinrich II. verlegte jedoch bereits 1005 das Kloster nach Stein am Rhein. Die Anlage mit Kreuzgang wurde später zu Kasernen umfunktioniert. Auch als Vorrats- und Munitionslager dienten die Klostergebäude.

2 Fürstenburg
Zentrum der Burganlage ist die Fürstenburg, die von den wechselnden Herren – dazu gehörten die Zähringer, die Herren von Singen und die Familie von Klingenberg – als Herrschersitz genutzt wurde. Sie umfasst Wohnräume und Stallungen.

3 Gefängnis
Im 18. Jh. war die Burg ein gefürchtetes Gefängnis, in dem vor allem politische Gefangene in den Verliesen schmachteten.

4 Altan
Der Altan, der auch »Scharfes Eck« genannt wird, markiert den höchsten Punkt der Burg.

Der Aufstieg auf den Hohentwiel lohnt sich nicht nur wegen der Ruine, sondern auch wegen des herrliches Ausblicks.

ein besonderes Kultur- und Naturerlebnis und ein beliebtes Ausflugsziel. Der Dichter Victor von Scheffel hat die Ruine in seinem Roman Ekkehard (1855) anschaulich beschrieben. Die Anfänge der Burg reichen bis ins beginnende 10. Jh. zurück. Zu Anfang des 11. Jh.s gelangte der Hohentwiel in die Hand der Zähringer und im Verlauf des Investiturstreits dann an St. Gallen. Nach zahlreichen wechselnden Herren spielte der Hohentwiel als württembergische Landesfeste im Dreißigjährigen Krieg eine wichtige Rolle. Im 18. Jahrhundert war die immer mehr verfallende Festung Gefängnis für Verbrecher und politische Gefangene. Napoleon ließ schließlich im Jahr 1800 die Anlage schleifen. Der Zugang auf den Hohentwiel erfolgt von Singen aus über eine Fahrstraße bis zum Parkplatz auf halber Höhe und von dort zu Fuß in etwa 25 Minuten hinauf zur Burgruine. Am Parkplatz gibt ein Informationszentrum ein näheren Einblick in die Festungsanlage. Auf der Anhöhe steht der 14 m hohe Turm der zerstörten Kirche. Das gesamte Burggelände ist heute als Naturschutzgebiet ausgwiesen.

Öffnungszeiten: 16. März – 31. März 10.00 – 18.00, Apr. – 15. Sept. 9.00 – 19.30; 16. Sept. – 31. Okt. 10.00 – 18.00; Nov. – 15. März 11.00 – 16.00 Uhr.

? WUSSTEN SIE SCHON ...?

- Zur Erhaltung der Burg gab es in führerer Zeit das Steinetragen . Jeder Besucher musste zur Ausbesserung und Erweiterung der Anlage benötigte Steine als Gastgeschenk hinauftragen und erhielt dafür einen üppigen Willkommenstrunk. Bei berühmten Persönlichkeiten wurde der Name auf dem Stein eingraviert. Heute darf man glücklicherweise auch ohne diesen alten Beschwerlichen Brauch auf die Ruine.

Weitere Sehenswürdigkeiten in Singen

Kunstmuseum Das Kunstmuseum (Ekkehardstr. 10) im Stadtzentrum zeigt Werke des 20. Jh.s, die vorwiegend im westlichen Bodenseeraum entstanden sind. Arbeiten der namhaften Künstler, die auf der Höri lebten, wie Otto Dix und Erich Heckel, bilden neben Werken einheimischer Maler den Grundstock der Sammlung. Öffnungszeiten: Di. 10.00 – 12.00, 14.00 bis 18.00, Mi. – Fr. 14.00 – 18.00, Sa., So. 11.00 – 17.00 Uhr.

Hegaumuseum Neben dem modernen Rathaus (1960), das innen mit Fresken von Otto Dix geschmückt ist, steht das ehemalige Gräfliche Schloss (1810), welches das Hegaumuseum beherbergt. Das Museum zeigt archäologische Funde von der Altsteinzeit bis zu den Alemannen: Werkzeuge, Waffen und Kunstgegenstände der ersten Menschen im Hegau. Angeschlossen ist eine geologisch-paläontologische Abteilung, die eine Schmetterlings- und eine Mineraliensammlung umfasst. Öffnungszeiten: Di. – Sa. 14.00 – 18.00 Uhr, So. 14.00 bis 17.00 Uhr.

★★ St. Gallen

F 13

Staat: Schweiz
Einwohnerzahl: 72 000
Höhe: 429 m ü. d. M

St. Gallen, 15 km südwestlich vom Bodensee in einem schmalen Hochtal der Voralpen gelegen, ist als Hauptort des gleichnamigen Schweizer Kantons sowohl wirtschaftlicher Mittelpunkt als auch kulturelles Zentrum der Nordostschweiz.

Die seit dem ausgehenden 16. Jh. hier heimische Weberei und Stickerei entwickelte sich um 1830 zu einer bedeutenden exportorientierten Textilindustrie. Heute ist die Stadt vor allem bekannt durch die Benediktinerabtei.

Geschichte

Um 612 gründete hier der irische Wandermönch Gallus (►Berühmte Persönlichkeiten) eine Einsiedelei. Aus dieser entstand um 720 ein Kloster und bald darauf unter Abt Otmar die Benediktinerabtei, die vom 9. bis zum 11. Jh. eine Hochblüte erlebte, durch Schule und Bibliothek zum wichtigsten geistig-kulturellen Zentrum nördlich der Alpen wurde (►Baedeker Special S. 44/45). Die Äbte waren von 1206 bis zu der 1805 erfolgten Säkularisierung Reichsfürsten.
Im 10. Jh. entwickelte sich St. Gallen aus einer um das Kloster entstandenen Handwerkersiedlung zur Stadt (seit 1212 Reichsstadt), verbündete sich 1454 mit den Eidgenossen und löste sich 1457 vom Kloster. Im 16. bis 18. Jh. brachten die Leinenweberei und später die Baumwollweberei beträchtlichen Wohlstand. 1803 wurde die Stadt Hauptort des neu geschaffenen Kantons St. Gallen.

Stadtbildprägend: die Kathedrale von St. Gallen

★★ Benediktinerabtei

Die Hauptsehenswürdigkeit von St. Gallen ist die ehemalige bedeutende Benediktinerabtei, die von der UNESCO in die Liste des Weltkulturerbes aufgenommen wurde.

ST. GALLEN ERLEBEN

AUSKUNFT

St. Gallen-Bodenseetourismus
Bahnhofsplatz 1 a
CH- 9001 St. Gallen
Tel. (071) 227 37 37
Fax 227 37 67
E-Mail: info@st.gallen-bodensee.ch
www.st.gallen.ch

ESSEN

► Fein & Teuer

① ***Am Gallusplatz***
Gallusstr. 24
Tel. (071) 2 23 33 30
Geschl. So., Mo.mittag
Im Klosterviertel gelegen; Küche mit hohem Niveau, bekannt für Fischvariationen und Lamm; erstklassige Desserts und reichhaltige, aber teure Weinkarte.

► Erschwinglich

② ***Peter und Paul***
Kirchlistr. 99
Tel. (071) 245 56 44
Geschl. Mo.
Auf einem Hügel hoch über der Stadt gelegenes beliebtes Familienausflugslokal mit Blick auf den Bodensee; der Tierpark Peter und Paul liegt vor dem Haus; traditionelle Gerichte, aber auch hervorragende Fischspezialitäten und eine umfangreiche Weinkarte gehören zum Angebot.

ÜBERNACHTEN

► Komfortabel

① ***Dom***
Webergasse 22
Tel. (071) 2 23 20 44
Fax 223 38 21
E-Mail: reception@hoteldom.ch
www.hoteldom.ch, 31 Z.
Behagliches Hotel in der Altstadt; Kunst schmückt die öffentlichen Räume und die Zimmer; das Haus versteht sich als Hotelwerkstatt, in der Menschen mit leichten Behinderungen arbeiten; das Hotel besitz kein Restaurant.

② ***Einstein***
Berneggstr. 2
Tel. (071) 2 27 55 55
Fax 227 55 77
E-Mail: hotel@einstein.ch
www.einstein.ch
113 Z.
Das kleine elegante Grand Hotel im Klosterviertel ist in einer ehemaligen Stickereifabrik untergebracht.

③ ***Ekkehard***
Rorschacher Str. 50
Tel. (071) 22 04 44
Fax 22 04 74
E-Mail: info@ekkehard.ch
www.ekkehard.ch
29 Z.
Gutes Hotel der mittleren Kategorie in der Nähe der Altstadt.

Die umfangreichen Klostergebäude dienen heute als Sitz des Bischofs (seit 1846), der Domgeistlichkeit und der Kantonsregierung.

★ **Kathedrale**

Die Klosteranlage wird beherrscht von der monumentalen ehemaligen Stiftskirche, jetzt Kathedrale, mit ihren 68 m hohen Doppeltürmen. Das spätbarocke dreischiffige Gotteshaus wurde von 1755 bis 1766 vornehmlich von Peter Thumb und Johann Michael Beer unter Mitwirkung von Giovanni Gaspare Bagnato erbaut. Die reichen Stuckarbeiten stammen von Christian Wenzinger, darunter die acht meisterlich gearbeiteten Stuckreliefs an den Durchgängen, die das Leben den hl. Gallus darstellen. Die Stuckarbeiten im Chor wurden dagegen von Johann Georg und Matthias Gigl ausgeführt. Joseph Wannenmacher malte die dunkelfarbigen Deckengemälde (1722 bis 1780). Das formenreiche Chorgestühl mit Reliefs aus dem Leben des heiligen Benedikt und die Beichtstühle, die die Buße zum Thema haben, schuf Joseph Anton Feuchtmayer.
Beachten sollte man auch die Kanzel (1786) von Franz Anton Dirr. Öffnungszeiten: tgl. 10.00 – 18.00 Uhr. Durch den Westeingang der Kirche kommt man ins Lapidarium, eine Sammlung wertvoller mittelalterlicher Bauplastik. Öffnungszeiten: tgl. 14.00 – 16.00 Uhr.

★★ **Stiftsbibliothek**

Vom inneren Klosterhof hat man Zugang zu der berühmten Stiftsbibliothek mit beachtenswerter Innenarchitektur und überaus reichhaltigen Beständen (150 000 Bände). Die Bibliothek ist in einem reizvollen Barocksaal (1758 – 1767) von Peter Thumb untergebracht; der Saal ist mit Stuckaturen der Brüder Gigl und Deckengemälden von Joseph Wannenmacher geschmückt. Sie besitzt Werke der einstigen Klosterschule, die sich vom 9. bis zum 11. Jh. zu einer der ersten Gelehrtenschulen Europas entwickelte. Vor allem Buchmalerei, Dichtkunst und die Übersetzung lateinischer Schriftsteller in das Alemannische fanden hier eine Pflegestätte. Besonders wertvoll sind die 2000 Handschriften, die größtenteils aus der sanktgallischen Blütezeit stammen. Dazu kommt eine Sammlung seltener Wiegen- und Frühdrucke (1635 Bände). Die wertvollsten Stücke werden abwechselnd ausgestellt.

★★ ◄ Psalterium Aureum

Das kostbarste Buch der Bibliothek ist der Psalterium Aureum (um 860), ein karolingisches Meisterwerk, das vollständig mit Goldtinte geschrieben und mit herrlichen Illustrationen versehen ist. Zu den bedeutendsten Büchern gehören außerdem der Casus Monasterii Sancti Galli (um 1200), die Darstellung der Geschichte des Klosters; die Handschrift B des Nibelungenliedes (um 1250) und die Abrogans-Handschrift (um 790), das älteste deutsche Buch, ein lateinisch-althochdeutsches Synonymwörterbuch.
Von besonderem Interesse sind ferner ein auf der Insel Reichenau nach einem älteren Urbild gefertigter karolingischer Klosterplan (Kopie; 820), der auf vier aneinandergefügten Pergamentblättern eine nach den Regeln des heiligen Benedikt entworfene Klosteranlage zeigt, sowie in doppeltem Sarkophag aus Sykomorenholz eine weibli-

St. Gallen *Orientierung*

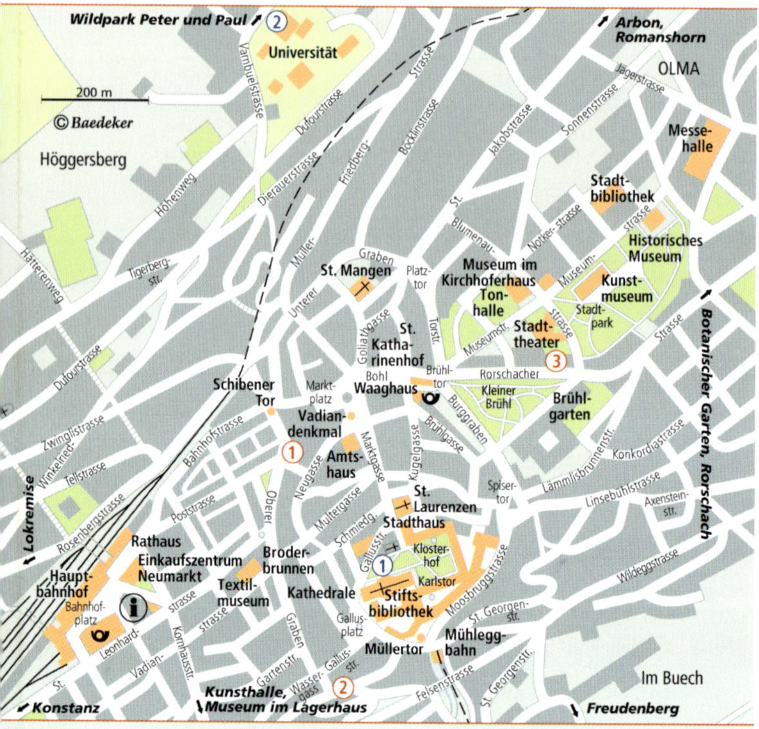

Essen

1 Am Gallusplatz
2 Peter und Paul

Übernachten

1 Dom
2 Einstein
3 Ekkehard

che Mumie aus Oberägypten (650 – 610 v. Chr.). Öffnungszeiten: Apr. – Mitte Nov. Mo. – Sa. 10.00 bis 17.00, So. 10.00 – 16.00; Dez. bis März tgl. 10.00 – 12.00, 13.30 bis 17.00 Uhr.

✶ Altstadt

Malerisch ist die Altstadt mit ihren erkerverzierten Bürgerhäusern des 17. und 18. Jh.s, wie sie am Gallusplatz und der Gallusstrasse zu sehen sind. Die Gassen verlaufen heute noch etwa so, wie sie nach dem großen Brand von 1418 angelegt wurden. Spisergasse, Multergasse, Marktgasse und Neugasse bilden heute die Einkaufszone und sind sozusagen das Herz der Stadt.

Die prachtvolle Innenausstattung der Stiftsbibliothek bildet den passenden Rahmen für die überaus kostbaren Bücher.

Textilmuseum

Im Textilmuseum (Vadianstrasse 2) nordwestlich vom Gallusplatz werden vor allem Stickereien und die berühmten St. Galler Spitzen vom 15. bis zum 20. Jh. gezeigt, daneben ägyptische Grabfunde aus koptischer Zeit. Angeschlossen ist eine Bibliothek. Öffnungszeiten: Mo. – Sa. 10.00 – 12.00, 14.00 – 17.00, So. 10.00 – 17.00 Uhr.

Broderbrunnen

Der Broderbrunnen (1896) am Oberen Graben nahebei erinnert an die Inbetriebnahme der Bodenseewasserversorgung im Jahr 1894. Das Bodenseewasser wird von Rorschach in die Stadt geleitet.

Waaghaus

Die Marktgasse führt zum Marktplatz, an den sich östlich der weite Bohl anschließt. Das Waaghaus (1584) diente vom Mittelalter bis zum 19. Jh. den Kaufleuten als Lagerhaus und zum Wägen ihrer Güter. Heute ist es Sitz des Großen Gemeinderates, zudem finden in dem Gebäude Ausstellungen und Konzerte statt. Das Buswartehäuschen hier entstand nach Plänen des zeitgenössischen Architekten Calatrava.

Die malerischen Altstadtgassen laden zum Bummeln und Verweilen ein.

Das ehemalige **Katharinenkloster** nördlich vom Bohl wurde 1228 gestiftet und rund 300 Jahre später aufgehoben. Beschaulich ist der gotische Kreuzgang (1504), in dem während des Sommers Konzerte stattfinden. In dem Kloster sind heute die Freihandbibliothek untergebracht sowie ein Ausstellungs- und Festsaal.

Vom Bohl nordostwärts verläuft die Museumsstrasse. Hier befindet sich das **Museum im Kirchhoferhaus** (Nr. 27), in dem Höhlenfunde aus prähistorischer Zeit, Kunstgegenstände, ein Münzkabinett und eine Silbersammlung (16. – 18. Jh.) sowie Werke Ostschweizer Künstler ausgestellt sind. Öffnungszeiten: Di. - Fr. 7.30 bis 11.30 Uhr; Anmeldung erforderlich, Tel. 0 71 / 2 44 75 21.

In der Museumsstrasse folgen das **Naturmuseum** und das **Kunstmuseum** (Nr. 32). Das Naturmuseum präsentiert eine Mineralien- und Edelsteinschau sowie eine paläontologische Sammlung, außerdem ist die einheimische Fauna vertreten. Vor dem Kunstmuseum wurde 1989 die Eisenplastik Trunk von Richard Serra aufgestellt. Schwerpunkte des Kunstmuseums, dessen Sammlungen in wechselnden Präsentationen gezeigt werden, sind die niederländische Malerei des 17. Jh.s sowie die deutsche und französische Malerei des 19. Jh.s. Zu den wichtigsten Beständen gehören die Werkgruppen von Carl Spitzweg und Ferdinand Georg Waldmüller sowie die Gemälde von Böcklin und Feuerbach. Die Malerei um 1900 kulminiert in den Meisterwerken von Ferdinand Hodler. Die Sammlung moderner Kunst umfasst herausragende Gemälde von Paul Klee, Pablo Picasso und Antoni Tàpies. Bedeutende Installationen von Jean Tinguely, Richard Serra, Donald Judd und Bruce Nauman vertreten die zeitgenössische Kunst. Öffnungszeiten beider Museen: Di. – Fr. 10.00 bis 12.00, 14.00 – 17.00, Mi. 14.00 – 20.00, Sa., So. 10.00 – 17.00 Uhr.

Die Reihe der Museen an der Museumsstrasse wird abgeschlossen durch das Historische Museum (Nr. 50). Es besitzt Sammlungen zu Ur- und Frühgeschichte, Stadtgeschichte sowie Völkerkunde. Die für St. Gallen bedeutende Textilindustrie ist ebenfalls dargestellt. Im Glasgemäldekabinett sind prachtvolle Zeugnisse der Altschweizer Glasmalerei zu bewundern. Die Appenzeller und Toggenburger Volkskunst ist mit typischen Objekten vertreten. Öffnungszeiten: Di. bis Sa. 10.00 – 12.00, 14.00 – 17.00, So. 10.00 – 17.00 Uhr.

Historisches Museum

In der Davidstrasse findet man zwei weitere Museen: die Kunsthalle (Nr. 40), wo zeitgenössische Kunst in Wechselausstellungen gezeigt wird. (Öffnungszeiten: Di. – Fr. 14.00 – 18.00, Sa., So. 12.00 – 17.00 Uhr), und das Museum im Lagerhaus (Nr. 44) für naive Kunst und Art brut (Öffnungszeiten: Di. – So. 14.00 – 17.00 Uhr). Im Lagerhaus sind zudem Ateliers und Institutionen untergebracht.

Kunsthalle, Museum im Lagerhaus

Die Universität, die Hochschule für Wirtschafts- und Sozialwissenschaften, nördlich oberhalb vom Stadtzentrum, ist ein von Walter Förderer in den Jahren 1960 bis 1963 erstellter, architektonisch bemerkenswerter Baukomplex. In den Gebäuden sowie im Freien gibt es zahlreiche Werke namhafter Künstler: von Joan Miró, Alexander Calder, Alberto Giacometti, Antoni Tàpies, Georges Braque, Gerhard Richter und Hans Arp.

Universität

Etwa 3 km nordöstlich der Stadtmitte erstreckt sich im Stadtteil Neudorf der Botanische Garten (Stephanshornstr. 4). Hier gedeihen 8000 Pflanzenarten aus allen Vegetationszonen der Erde. Herausragend ist die Orchideensammlung mit 1000 Wildarten. Neben einem Tropenhaus und einem Alpinenhaus gibt es geografisch geordnete Freilandabteilungen, wie z. B. das Alpinum Säntisgebiet, und die Nutzpflanzenabteilungen. Öffnungszeiten: 8.00 – 12.00, 13.30 – 17.00 Uhr; Führungen: 1. So. im Monat 10.15, 15.15 Uhr.

Botanischer Garten

Umgebung von St. Gallen

Der 4 km nordöstlich gelegene, in die reizvolle voralpine Landschaft eingebettete Wildpark Peter und Paul (789 m) wurde 1892 gegründet, um dem vom Aussterben bedrohten einheimischen Wild einen Lebensraum zu schaffen. Überregionale Bedeutung erhielt der Wildpark durch die Aufzucht des Alpensteinbocks (Capra ibex L.). Heute leben hier außerdem Wildschweine, Luchse, Wildkatzen, Hirsche, Gämsen, Murmeltiere und andere Alpentiere.
Eine besondere Attraktion des Parks sind die künstlichen Kletterfelsen, die der Bildhauer Urs Eggenschwyler zwischen 1902 und 1912 gestaltete.

Wildpark Peter und Paul

Das Dorf Teufen (837 m), rund 7 km südöstlich, gilt mit seinem schönen Ortsbild als bevorzugter Wohnort der Gegend. Sehenswert

Teufen

sind die 1778 von der Teufener Baumeisterfamilie Grubenmann erbaute Kirche am schönen Dorfplatz sowie das Grubenmann-Museum mit einer Sammlung von Modellen, Werkzeugen und Bildern von Hans Ulrich Grubenmann. Öffnungszeiten: Mo., Mi., Sa. 14.00 bis 16.00, Fr. 18.00 – 20.00 Uhr.

Freudenberg Etwa 3 km südlich erhebt sich der Freudenberg (887 m), von wo man einen schönem Blick auf die Stadt, den Bodensee und den Säntis hat.

Säntispark In Abtwil (6 km südwestlich) kann man sich im Säntispark, einem Freizeitpark und Einkaufszentrum, vergnügen. Der Park umfasst Badelandschaft, Saunadorf, Spielpark, Fitnesscenter und verschiedene Geschäfte.

Gossau Der 5 km westlich gelegene Ort Gossau ist Zentrum der landwirtschaftlichen Produktion des Kantons St. Gallen (Butterei, Käserei, Mühlen). Einen Besuch verdienen das Motorradmuseum und das **Abenteuerland Walter Zoo**. In dem Zoo werden 130 Tierarten in Freigehegen gehalten. Kinder können im Streichelzoo Tiere kennen lernen oder auf einem Kamel oder Pony reiten. Eine weitere Attraktion ist das Urwald-Tropenhaus. Öffnungszeiten: März – Okt. 9.00 bis 18.30; Nov. – Feb. 9.00 – 17.30 Uhr.

✶ Appenzeller Schaukäserei Von besonderem Interesse ist die Appenzeller Schaukäserei in Stein (8 km südlich). Hier kann man von einer Besuchergalerie aus die Arbeitsschritte der traditionellen Käseherstellung mitverfolgen. Wer daraufhin Appetit bekommen hat, kann in den Gaststuben verschiedene Käsespezialitäten probieren. Im Käse Shop gibt es den Käse auch zu kaufen. Öffnungszeiten: Mai – Okt. tgl. 9.00 bis 19.00, Nov. – Apr. 9.00 – 18.00 Uhr; Käseherstellung: tgl. 9.00 – 14.00 Uhr.

✶ Säntis

Der Säntis (30 km südlich von St. Gallen) ist mit 2502 Metern die höchste Erhebung des von drei Bergketten zwischen Rheintal, Toggenburg und Appenzeller Vorland gebildeten Alpsteinmassivs. Wegen der großartigen Aussicht vom Gipfel ist der Säntis ein bevorzugtes Ausflugsziel.

Ausgangspunkt für den Besuch des Säntis ist die **Schwägalp** (1360 m), die man von Urnäsch oder Nesslau auf gut ausgebauter Straße erreicht. Von hier kann der Wanderer auf einem Netz von Wanderwegen die Gegend erkunden. Im idyllischen

! *Baedeker* TIPP

Vollmondfahrt

Bei Vollmond kann man eine romantische Abendfahrt auf den Säntis unternehmen. Im Panoramarestaurant erwartet die Teilnehmer ein Buffet und musikalische Unterhaltung (Informationen: Tel. 071/365 66 66).

Bei klarem Wetter hat man vom See einen grandiosen Blick auf den Säntis.

Hochmoor rund um die Schwägalp entsteht der Naturforschungspark Schwägalp/Säntis. In unmittelbarer Nähe der Parkplätze erfährt man in der Alpschaukäserei Wissenswertes über die Herstellung von Alpkäse. Auf der Schwägalp befindet sich die Talstation einer Seilschwebebahn, die über nur zwei Stützen in sieben Minuten die 2307 m lange Strecke hinauf zum Säntis fährt (Betriebszeiten variieren je nach Jahreszeit von 7.30 – 18.30 Uhr; Informationen: Tel. 071/ 365 66 66). Die Wanderung auf den Säntis erfordert ab der Schwägalp 3½ Stunden, ab Wasserauen 5 Stunden.

★★ **Säntisgipfel**

Vom Gipfel des Säntis (2502 m) bietet sich eine überwältigende Rundsicht, die über die Vorarlberger, Bündner, Glarner und Urner Alpen sowie über den Bodensee hinaus bis weit ins schwäbische Land reicht, bei klarem Wetter im Winter sogar bis zu den Vogesen, zum Jura und zum Ulmer Münster. Auch vom Panoramarestaurant hat man eine herrliche Aussicht. Auf dem Säntisgipfel werden Wechselausstellungen zur Bergwelt gezeigt.

Steckborn

D 6/7

Staat: Schweiz
Einwohnerzahl: 4200
Höhe : 404 m ü. d. M

Das alte Städtchen Steckborn, dessen Ortsbild von malerischen Fachwerkhäusern bestimmt wird, erstreckt sich auf einer Halbinsel des Untersees.

Der Ort entstand aus einer Fischersiedlung, der 1313 durch Kaiser Heinrich VII. das Stadt- und Marktrecht verliehen wurde. Bekannt wurde Steckborn im 18. Jh. durch seine Hafner, die schön bemalte Fayenceöfen herstellten. Drei der einst sechs Türme der Stadtmauer haben sich erhalten.

Sehenswertes in Steckborn

Museum im Turmhof Das markanteste Gebäude am Seeufer ist der um 1320 von dem Reichenauer Abt Diethelm von Castell erbaute mächtige Turmhof, dessen Ecktürmchen und Kuppelhaube aus dem 17. Jh. stammen. Das hier untergebrachte Heimatmuseum präsentiert neben einer prähistorischen Sammlung schöne Beispiele für die bekannten Steckborner Fayenceöfen. Öffnungszeiten: Mai – Sept. Mi., Do., Sa., So. 15.00 bis 17.00 Uhr.

Rathaus Südwestlich vom Turmhof, an der Schiffslände, sieht man das Rathaus, ein schöner Riegelbau von 1667 mit einem achteckigen Turm. Besonders reich ausgestattet ist der Ratssaal mit Kassettendecke und einem Steckborner Fayenceofen.

Stadtkirche Die evangelische Stadtkirche (1766 – 1768) ist ein schlichter Barockbau von Franz Anton Bagnato. Das Innere ist mit feinen Stuckarbeiten geschmückt. Vom Kirchturm kann man einen weiten Ausblick genießen.

STECKBORN ERLEBEN

AUSKUNFT

Steckborntourismus
Postfach 11
CH-8266 Steckborn
Tel. (052) 761 10 55
Fax 770 25 55
E-Mail: info@steckborntourismus.ch
www.steckborn.ch

ÜBERNACHTEN

► **Komfortabel**

See &Park Hotel Feldbach
Seestrasse
Tel. (052) 762 21 21, Fax 761 27 30
www.hotel-feldbach.ch
Das ruhiges Hotel liegt direkt am Untersee und ist in einem ehemaligen Kloster mit Garten untergebracht.

In hübscher Lage am Untersee prsäentiert sich das Städtchen Steckborn.

Sehenswert ist das Nähmaschinenmuseum in der Nähmaschinenfabrik Bernina am südwestlichen Ortsende. Ausgestellt sind Originale und Modelle von Textilmaschinen (geöffnet täglich während der Geschäftszeiten). **Nähmaschinenmuseum**

Umgebung von Steckborn

Berlingen Unweit östlich von Steckborn erstreckt sich an der breitesten Stelle des Untersees (6 km) der ruhige Erholungsort Berlingen. An Sehenswürdigkeiten hat der Ort das Rathaus von 1780 und den Reichenauer Kehlhof von 1686 zu bieten. Berlingen ist die Heimat des Malers Adolf Dietrich (1877 – 1957), der die Bodenseelandschaft in vielen Bildern festgehalten hat. Zur Erinnerung an ihn wurde das Adolf-Dietrich-Museum (Seestr. 26) eingerichtet. Öffnungszeiten: Mai bis Sept. Mi., Sa., So. 14.00 – 18.00 Uhr.

Schloss Glarisegg Der Baumeister des klassizistischen Schlosses Glarisegg (1772 bis 1774), 2 km westlich gelegen, ist Franz Anton Bagnato. Hier ist heute eine Internatsschule untergebracht, so dass die Innenräume nicht zu besichtigen sind.

Mammern Der Erholungs- und Ferienort Mammern, auch als Kneippbad berühmt, liegt in parkartiger Landschaft am Untersee, 6 km östlich von Steckborn. In dem ehemaligen Schloss (17./18. Jh.) ist heute ein Sanatorium eingerichtet. In der barocken Schlosskapelle, die 1749 von Johann Michael Beer erbaut wurde, sind vor allem die illusionistischen Ausmalungen von Franz Ludwig Herrmann bemerkenswert (nur n. V. im Sanatorium zu besichtigen).

✶ Stein am Rhein

C 6/7

Staat: Schweiz
Einwohnerzahl: 3000
Höhe: 405 m ü. d. M.

Das städtebauliche Kleinod Stein am Rhein erstreckt sich am Ende vom Untersee, wo der Rhein den Bodensee verlässt. Mit seinen Stadttoren, erker- und freskengeschmückten, steilgiebeligen bemalten Häusern und stattlichen Fachwerkbauten gilt es neben Murten als die am besten erhaltene mittelalterliche Kleinstadt der Schweiz.

Diese Lage am Übergang vom See in den Rhein war entscheidend für die Geschichte des Orts, der aus einem römischen Kastell entstanden ist: hier mussten Waren von großen in kleine Schiffe verladen werden. Einen bedeutenden Entwicklungsschub erbrachte die Ansiedlung des Klosters St. Georgen im Jahr 1007.

STEIN AM RHEIN ERLEBEN

AUSKUNFT

Tourist-Service Verkehrsbüro
Oberstadt 3
CH-8260 Stein am Rhein
Tel. 742 20 90
Fax 742 20 91
E-Mail: tourist-service@steinamrhein.ch
www.steinamrhein.ch

ESSEN

► Erschwinglich

Adler
Rathausplatz 2
Tel. (052) 742 61 61
Das Hotel mit bemalter Fassade in zentraler Lage bietet ein Restaurant, das unten in rustikalem und oben in elegantem Stil gehalten ist sowie feine Meerestiere und Bodenseefische serviert.

Sonne
Rathausplatz 13
Tel. (052) 741 21 28
Geschl.: Di., Mi.
Eines der schönsten und ältesten Häuser der Altstadt, das schon im Mittelalter Gasthaus war; hervorragende französische Küche.

Zur Rheingerbe
Schiffslände
Tel. (052) 741 29 91
Historisches Haus mit Straßencafé; neuzeitliche Küche mit Fischspezialitäten; gute Weinauswahl; gehobene Preise.

ÜBERNACHTEN

► Komfortabel

Rheinfels
Rhigass 8
Tel. (052) 741 21 44
Fax 741 25 22
E-Mail: rheinfels@bluewin
www.rheinfels.ch
23 Z.
Großes historisches Gebäude, sehr hübsch direkt am Rhein gelegen; große Rheinterrasse, auf der man regionale Gerichte genießen kann.

Sehenswertes in Stein am Rhein

★ **Rathausplatz**

Der überaus malerische brunnengezierte Rathausplatz, das historische Herz und der belebte Mittelpunkt der Stadt, wird vom Rathaus (1539 – 1542) beherrscht, dessen drei Historienbilder im Jahr 1900 gemalt wurden. Alle übrigen Häuser an diesem Platz sind bis ins 15. Jh. nachweisbar, ihr heutiges Aussehen erhielten sie vom 16. bis zum 20. Jahrhundert. Das Haus »Zum Weissen Adler« gegenüber vom Rathaus besitzt die älteste und wertvollste Fassadenmalerei der Schweiz, die im Stil der Frührenaissance um 1530 entstanden ist. Sie stellt die Tugenden und Szenen aus Boccaccios »Decamerone« dar.

★ **Benediktinerkloster St. Georgen**

Die ehemalige Klosterkirche St. Georgen südöstlich vom Rathaus, ist eine romanische Säulenbasilika ohne Querschiff aus der Zeit um 1060. Bemerkenswert sind im Innern die Wandmalerereien im gotischen Stil im Chor und in der Liebfrauenkapelle. Das angrenzende

Rathausplatz: historisches Herz und beliebter Treffpunkt von Stein am Rhein

ehemalige Benediktinerkloster geht auf eine Gründung König Heinrichs II. und seiner Gemahlin Kunigunde um 1007 zurück, 1524 wurde es aufgehoben. Die heutigen Baulichkeiten stammen aus dem 14. bis 16. Jahrhundert. Das Kloster mit Zellen, Abtsräumen und Kreuzgang ist heute als Museum St. Georgen zugänglich. Eine kunsthistorische Kostbarkeit ist der Festsaal, der mit Grisaillewandmalereien (1515/1516) zu römischen Geschichtsthemen von Thomas Schmid und Ambrosius Holbein im Renaissancestil ausgeschmückt ist. Öffnungszeiten: März – Okt. Di. – So. 10.00 – 17.00 Uhr.

Museum Lindwurm An der vom Rathausplatz nach Nordwesten führenden Unterstadt (Nr. 18) befindet sich in einem Empiregebäude das Museum Lindwurm, das einen lebendigen Eindruck von der Lebensweise der bürgerlichen Oberschicht im 19. Jh vermittelt. Zu sehen ist eine vollständig eingerichtete bürgerliche Wohnung aus der Mitte des 19. Jh.s. Durch den Hof gelangt man zum Hinterhaus, einem Fachwerkbau (1712) mit Stallung, Tenne und Wagenremise. Außerdem ist das Atelier von Hermann Knecht (1893 – 1978) zu besichtigen, einem in Stein am Rhein geborenem Maler im Stil des Spätimpressionismus, der vor allem Landschaftsbilder seiner Heimat schuf. Öffnungszeiten: März – Okt. Mo., Mi. – So. 10.00 – 17.00 Uhr.

Tasgaetium Auf dem Burghügel im Stadtteil Burg am gegenüberliegen Rheinufer wurden die Reste des römischen Rheinkastells Tasgaetium (294 n. Chr.) freigelegt. Innerhalb des Kastells steht die Kirche St. Johann, die mit außergewöhnlichen Chorfresken aus der Zeit um 1400 geschmückt ist.

Umgebung von Stein am Rhein

Wagenhausen Vom ehemaligen Benediktinerkloster in Wagenhausen, ebenfalls am südlichen Rheinufer gelegen, ist die dreischiffige romanische Pfeilerbasilika (1083 – 1087), die »mittelalterlichste unter den Mönchkirchen am See«, erhalten. Die Konventsgebäude stammen aus dem 12. Jahrhundert. Im Kreuzgang steht ein originaler Pestsarg.

Burg Hohenklingen Nördlich über der Stadt thront auf dem bewaldeten Klingenberg (192 m) die aus dem 12. Jh stammende, gut erhaltene Burg Hohenklingen, die einst Sitz des Minnesängers Walther von Klingen (um 1215 – 1286) war. Vom Turm bietet sich ein bemerkenswerter Ausblick auf den Rhein und Stein am Rhein.

Stammheimertal Südwestlich von Stein am Rhein erstreckt sich jenseits des Stammerberges das reizvolle Stammheimertal. Zwischen waldbestandenen Hügeln eingebettet liegen idyllische Seen (Nußbaumersee, Hüttwilersee, Hasensee) und schmucke Dörfer mit typischen Riegelbauten. Der Gasthof zum Hirschen (1684) in Oberstammheim gehört zu den bemerkenswertesten Fachwerkhäusern der Ostschweiz.

Stockach

D 5

Höhe: 491 m ü. d. M **Einwohnerzahl:** 16 000

Stockach, das Tor zum Bodensee , breitet sich inmitten von Wiesen und Wäldern zwischen dem Überlinger See und dem Hegau aus.

Die Stadt war einst Kreuzungspunkt der Thurn- und Taxisschen Postrouten. Im Lauf einer leidvollen, von Kriegen geprägten Geschichte wurde Stockach mehrfach zerstört und geplündert, so dass kaum ältere Baudenkmäler erhalten sind.

Sehenswertes in Stockach

St. Oswald

Als Wahrzeichen der Stadt prägt der Turm mit der charakteristischen Zwiebelkuppel der von 1708 bis 1728 erbauten und 1932 abgerissenen Barockkirche das Stadtbild. Er wurde 1933 in den Neubau der mächtigen Kirche St. Oswald miteinbezogen.

Adler Post

Am Bürgerhaus Adler Post in der Nähe der Kirche kreuzten sich einst die Reiter- und Postlinien. Es ist heute ein Kultur- und Tagungszentrum.

STOCKACH ERLEBEN

AUSKUNFT

Tourist-Info
Salmannsweilerstr. 1
D-78333 Stockach
Tel. (077 71) 80 23 00
Fax 80 23 10
E-Mail: info@stockach.de
www.stockach.de

STOCKACHER NARRENGERICHT

In Stockach findet alljährlich am »Schmotzigen Dunschtig« (Fastnachts-Donnerstag) das »Hohe Grobgünstige Narrengericht zu Stocken« statt, bei dem eine politische Persönlichkeit »angeklagt« wird. Dieser Brauch geht auf eine Zusage zurück, die Erzherzog Leopold von Österreich 1315 nach der Schlacht bei Morgarten seinem aus Stockach stammenden Hofnarren Hans Kuony aus Dankbarkeit für einen guten Rat gemacht hat. Das Privileg zum Narrengericht wurde dann vom Bruder Leopolds, Herzog Albrecht dem Weisen, 1351 erteilt.

ÜBERNACHTEN

► **Komfortabel**

Zum Goldenen Ochsen (Ringhotel)
Zoznegger str. 2
Tel. (077 71) 91 84-0
Fax 918 41 84
E-Mail: info@ochsen.de
www.ochsen.de, 38 Z.
Gepflegtes Haus; die Zimmer sind mit Stilmöbeln eingerichtet; Weingewölbestube und Terrasse im Garten; überwiegend regionale Küche.

Stockach: das Tor zum Bodensee

Stadtmuseum Das Stadtmuseum (Salmansweilerstr. 1), das im Alten Forstamt (1706) untergebracht ist, beleuchtet in Themengruppen die Stadtgeschichte. Außerdem werden die berühmten Narrengerichtsverhandlungen anhand von Videos und Bildern zu neuem Leben erweckt. Öffnungszeiten: Di., Do., Sa. 9.00 – 12.00, Di., Fr. 14.00 – 17.00, Do. 14.00 – 19.00 Uhr.

Quellerlebniswege Quellerlebniswege erschließen die zahllosen schönen Quellen der Stockacher Aach. Die vier Themenwege, die eine Länge von 3,5 bis 6 km haben, führen durch Eschenwald, Feuchtwiesen und Weiden, begleitet von sprudelnden Quellbächen.

Umgebung von Stockach

Nellenburg Auf einem 45-minütigen Spaziergang erreicht man die westlich der Stadt gelegene Ruine Nellenburg (560 m). Die Nellenburg, nach der sich ein Grafengeschlecht nannte, geht mindestens auf das 10. Jh. zurück und wurde in den Jahren 1782/1783 zerstört.

★ Überlingen

E 8

Höhe: 404-700 m ü. d. M **Einwohnerzahl:** 21 000

Überlingen, Hauptort und kultureller Mittelpunkt im Linzgau, zeichnet sich durch eine malerische Lage am Überlinger See aus. Die historische Stadt wird als Ferienziel sowie als Kur- und Kneippbad viel

ÜBERLINGEN ERLEBEN

AUSKUNFT

Kur- und Touristik GmbH
In der Greth
Landungsplatz
D-88662 Überlingen
Tel. (075 51) 99 11 22
Fax 99 11 35
E-Mail: toristik@ueberlingen.de
www.ueberlingen.de

TRADITIONELLE FESTE

Überlingen gedenkt alljährlich zweimal im Frühling und Frühsommer mit Schwedenprozessionen der Belagerung der Stadt durch die Schweden während des Dreißigjährigen Krieges. Anschließend an den Umzug im Sommer wird der historische Schwertlestanz aufgeführt.

Traditionelle Schwedenprozession

ESSEN

► Erschwinglich

① ***Naturata***
Rengolgshauser Str. 21
Tel. (075 51) 94 16 13
Antroposophisches Restaurant in einem imposanten, architektonisch interessanten Holzgebäude von 1992, wo man kreative Küche mit vollwertigen frischen, kontrolliert biologischen Produkten erhält, vorwiegend vegetarisch, aber auch Fleisch und Bodenseefisch; angeschlossen ist ein Naturkostladen.

② ***Schäpfle***
Jakob-Kessenring-Str. 12 – 14
Tel. (075 51) 6 34 94
In Seenähe gelegenes gemütliches Lokal mit Außenbewirtschaftung; gut bürgerliche Küche mit frischen Fischen und Wild aus eigener Jagd.

③ ***Spitalkeller***
Steinhausgasse 1
Tel. (075 51) 660 20
Gemütliches originelles Weinkellerlokal in einem Fachwerkhaus in der Altstadt mit romantischem Innenhof; badisch-alemannische Spezialitäten; zahlreiche Weinsorten.

ÜBERNACHTEN

► Komfortabel

① ***Johanniter-Kreuz***
Andelshofen
Johanniterweg 11
Tel. (075 51) 610 91, Fax 6 73 36
E-Mail: johanniter-kreuz@romantikhotels.com
www.romantikhotel.com
25 Z.
Das Romantikhotel besitzt eine einzigartiges Ambiente in einem 300 Jahre alten Landhaus; große helle Zimmer; behagliches Restaurant mit Kamin und Wintergarten; deftige Gerichte aus regionaltypischen Produkten.

② ***St. Leonhard***
Obere St-Leonhard-Str. 71
Tel. (075 51) 80 81 00

Fax 80 85 31
E-Mail: info@parkhotel-sankt-leonhard.de
www.parkhotel-sankt-leonhard.de, 145 Z.
Das Parkhotel in ruhiger Lage besteht aus einem türmchenbewehrten Fachwerkhaus und einem modernen Trakt; fantastischer Panoramablick auf den See; schöne Terrasse; internationale Küche und regionale Spezialitäten.

③ ***Bad-Hotel mit Villa Seeburg***
Christophstr. 2
Tel. (075 51) 83 70
Fax 83 71 00
E-Mail: info@badhotel-ueberlingen.de
www.bad-hotel-ueberlingen.de, 64 Z.
Gepflegtes Hotel in schöner Lage am Badgarten in einem historischen Gebäude von 1896; Küche mit regionalen Spezialitäten und Bodenseefischen.

④ ***Rosengarten***
Bahnhofstr. 12
Tel. (075 51) 928 20
Fax 92 82 39
www.haus-rosengarten.com, 15 Z.
Jugendstilhotel in idyllische Lage unter Bäumen am Stadtgarten; gemütliche Zimmer und Gartenterrasse.

⑤ ***Sonnenbühl***
Andelshofen
Zum Brandbühl 19
Tel. (075 51) 830 00
Fax 83 00-80
E-Mail: info@hotel-lake-constance.com
www.hotel-lake-constance.com, 20 Z.
Umweltorientiertes Hotel mit familiärer Note, mitten im Grünen und trotzdem stadtnah gelegen; Liegewiese

besucht. Sie hat mit ihrer schönen Uferpromenade – der längsten am Bodensee –, wo viele Restaurants und Cafés zum Verweilen einladen und die Ausflugsschiffe an- und ablegen, geradezu mediterranes Flair.

Überlingen, das 770 erstmals urkundlich erwähnt wurde, hat sich aus der reichsstädtischen Zeit (13. Jh. – 1802), die durch den Handel mit Salz, Getreide und Wein Ansehen und Wohlstand brachte, stattliche Reste der einstigen Befestigung mit Wällen, Wehrtürmen und Stadtgräben sowie zahlreiche historische Bauwerke bewahrt. Seit 1954 wird alljährlich der Bodensee-Literaturpreis der Stadt Überlingen verliehen.

Sehenswertes in Überlingen

✶ **Landungsplatz**

Touristisches Herz von Überlingen ist der Landungsplatz, wo die Schiffe der Weißen Flotte anlegen und die schöne Promenade, die von zahlreichen Restaurants und Café gesäumt wird, beginnt. Ins Auge fällt sofort der Brunnen **»Bodenseereiter«** (1999) von dem Bildhauer Peter Lenk, der sich bei der Gestaltung von dem Gedicht »Der Reiter und der Bodensee« inspirieren ließ. Der Reiter mit Schlittschuhen trägt unverkennbar die Züge des am Bodensee leben-

Landungsplatz: das touristische Zentrum von Überlingen

den Schriftstellers Martin Walser, der darüber keineswegs erfreut war. Nach den Worten Lenks reitet der Schriftsteller »auf dem zugefrorenen See der Geschichte«. Die **Greth** am Landungsplatz, einst Handels- und Kornhaus, wurde 1788 von Franz Anton Bagnato im klassizistischen Stil umgebaut. Heute befinden sich hier die Tourist-Information, eine Markthalle sowie Restaurants und Geschäfte. In der **Städtischen Galerie »Fauler Pelz«** finden wechselnde Kunstausstellungen statt. Öffnungszeiten: tgl. 10.00 – 12.00, 15.00 – 18.00 Uhr. Außerdem gibt es hier ein Restaurant mit Seeterrasse.

Zeughaus / Waffenmuseum

Unweit westlich vom Grethgebäude, an der Seepromenade steht das spätgotische Zeughaus, in dem sich ein privates Waffenmuseum befindet. Öffnungszeiten: Mai – Sept. Mo. – Fr. 10.00 – 12.00 Uhr.

Badgarten, Stadtgarten

Entlang der westlichen Seepromenade erstreckt sich der hübsche Badgarten. Hier findet man den Dammturm, den Kursaal, wo Konzerte und Kunstausstellungen stattfinden, sowie die Kuranlagen mit

Überlingen Orientierung

Übernachten
- ① Johanniter-kreuz
- ② St. Leonhard
- ③ Bad-Hotel
- ④ Rosengarten
- ⑤ Sonnenbühl

Essen
- ① Naturata
- ② Schäpfle
- ③ Spitalkeller

dem Haus des Gastes. Der vom Gallerturm (16. Jh.) überragte, 1875 angelegte Stadtgarten nördlich am Hang lockt mit reicher Vegetation, einem Rosengarten, einer Kakteenfreianlage und einem Rehgehege.

✶ **Bodensee-Therme**

Die neueste Attraktion von Überlingen ist die 2003 eröffnete Bodensee-Therme am Ende der Promenade. Der architektonisch interessante Bau mit drei markanten Glaskuben zeichnet sich durch eine Traumlage direkt am See aus. So hat der Badegast einen schönen Ausblick auf See und Berge und dazu noch einen direkten Zugang zum See. Im Wellnessbereich ist Entspannung pur angesagt. Öffnungszeiten: tgl. 10 – 22.00, Fr., Sa. 10.00 – 23.00 Uhr.

Rathaus

Die Hofstatt nördlich vom Landungsplatz ist der zentrale Platz der hübschen mittelalterlichen Altstadt. Hier wird Mittwoch- und Samstagvormittag ein Markt abgehalten. In zwei aneinanderstoßenden Gebäuden (14. / 15. Jh.) an der Hofstatt befindet sich das Rathaus (Eingang vom Münsterplatz). Im neueren, in Rustikabauweise errichteten Teil (rechts) mit dem quaderverblendeten Pfennigturm

Hofstatt: der zentrale Platz der hübschen mittelalterlichen Altstadt

sollte man sich den berühmten Ratssaal (1492 – 1494) ansehen. Der Saal ist mit prachtvollen Holzschnitzereien ausgestattet; die 41 Statuetten, die 40 cm hoch sind, stellen die ständische Gliederung des Deutschen Reichs dar. Er wird heute noch als Sitzungssaal genutzt. Besichtigung nur mit Führung Mai – Sept. Mo. – Do. 11.00, 14.00, Fr. 11.00; Okt. – Apr. Mi. 11.00, Di., Do. 14.00 Uhr.

★ ◀ Ratssaal

Das gotische Münster St. Nikolaus neben dem Rathaus ist das Wahrzeichen von Überlingen. Es wurde im 14. Jh. als querschifflose Pfeilerbasilika begonnen, 1429 zur fünfschiffigen Hallenkirche erweitert, von 1512 bis 1563 zur Basilika umgebaut und 1586 vollendet. Der südliche kleinere der beiden Türme, der seit 1444 unverändert blieb, trägt die 8850 kg schwere Osannaglocke. Der nördliche höhere Turm (78 m) verfügt über sieben Glocken. Der fünfschiffige Langhaus ist mit Seitenkapellen mit Altären ausgestattet, die von Überlinger Bürgerfamilien gestiftet wurden.

★ **Münster**

Ein Meisterwerk des Manierismus ist der viergeschossige, aus Holz geschnitzte Hochaltar (1613 – 1616) von Jörg Zürn und seinen Brüdern; er besteht aus einer Fülle figürlicher und ornamentaler Schnitzerei. Der Altar zeigt folgende Darstellungen: im unteren Teil die

★ ★ ◀ Schnitzaltar

Überlingen: Münster Orientierung

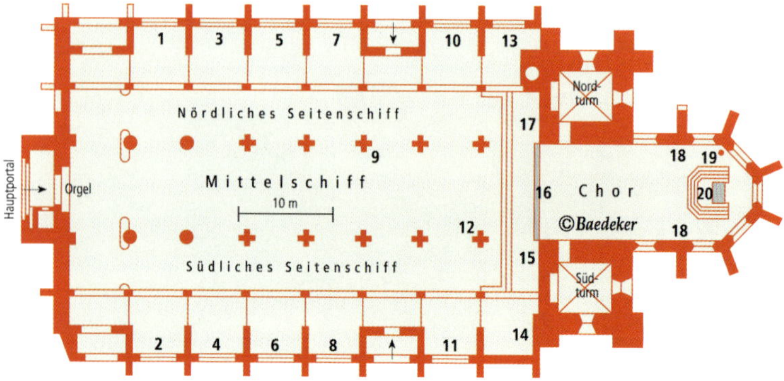

1 Cajetanaltar (1723)
2 Heiligkreuzaltar (1592)
3 St.-Anna-Altar (1697)
4 Bernhardusaltar (1650; Mittelschrein 1913)
5 Caritasaltar (1937)
6 St.-Elisabeth-Altar (Fresko 1490)
7 Altar der Hl. Familie (1883)
8 Marienaltar (J. Zürn, 1607–1610)
9 Kanzel (urspr. 1551)
10 Schutzengelaltar (1634)
11 Kriegergedächtniskapelle (Wandbild 1489)
12 St. Nikolaus (Anfang 14. Jh.)
13 Dreikönigsaltar (1689)
14 Rosenkranzaltar (M.+D. Zürn, 1631)
15 Kinderfreundaltar (1880)
16 Chorgitter (nach 1753)
17 Ölbergaltar (1871)
18 Chorgestühl (um 1430)
19 Sakramentshaus (J. Zürn, um 1611)
20 Hochaltar (Holzschnitzerei der Familie Zürn, 1613–1616)

Verkündigung an Maria, im Hauptfeld die ausdrucksvolle Anbetung der Hirten, in der dritten Zone die Krönung Mariens und in der vierten Zone den hl. Nikolaus. Ein weiteres bedeutendes Werk ist der ebenfalls von der Bildhauerfamilie Zürn geschaffene Rosenkranzaltar (1631) vorne im rechten Seitenschiff, der auch mit reichen Schnitzereien verziert ist. Vor der Südwestecke des Münsters steht eine gotische Ölbergkapelle (1495), eine Bildhauerwerk von Lorenz Reder.

Das **Stadtarchiv** am Münsterplatz, 1600 als Stadtkanzlei erbaut, weist ein schönes Portal und ein Relief des Stadtwappens am Giebel auf.

! *Baedeker* TIPP

Hörgenuss

Kultureller Höhepunkt der Stadt ist der Überlinger Orgelsommer. Viermal im Sommer sorgen namhafte Interpreten auf den beiden hervorragenden Orgeln des Münsters für großen Hörgenuss. Informationen: Tel. 075 51/685 57.

Westlich vom Münster stößt man auf den **Salmansweilerhof** (1835), den städtischen Hof des nahegelegenen bekannten Zisterzienserklosters Salem, mit sterngewölbter Hauskapelle, und gegenüber aud das **Steinhaus** (1416/1420), ein treppengiebeliger mittelalterlicher Bau, der heute von der Stadtbücherei genutzt wird.

Franziskanerkirche

Nordwestlich vom Münster, an der nördlich durch das gotische Franziskanertor (1495) abgeschlossenen malerischen Franziskanerstraße, trifft man auf die spätgotische Franziskanerkirche, die 1348 geweiht und 1752 nach Plänen von Johann Michael Beer barockisiert wurde. Von der harmonischen Innenausstattung ist vor allem der Hochaltar (1760) hervorzuheben, den Joseph Anton Feuchtmayer zusammen mit seinem Werkstattmitarbeiter Franz Anton Dirr gestaltete. Das Altargemälde stammt von Gottfried Bernhard Göz. Öffnungszeiten: Mo. – Sa. 10.00 – 17.00 Uhr. Angeschlossen ist das ehemalige Franziskanerkloster, ein Bau des 18. Jh.s, der heute als Altersheim genutzt wird.

Städtisches Museum

Vom Münsterplatz steigt man durch die schmale Luziengasse nordöstlich hinauf zu dem 1462 im Rustikastil erbauten ehemaligen Reichlin-von-Meldeggschen Patrizierhof (Krummebergstr. 30), in dem das Städtische Museum untergebracht ist. Das Museum zeigt Sammlungen zur Vor- und Frühgeschichte, Malerei und Plastik sowie eine Kollektion von Krippen. Hervorragende Werke sind die drei Statuen von Joseph Anton Feuchtmayer und Schnitzereien der Brüder Zürn.

Besondere Beachtung verdienen die 50 Puppenstuben von der Renaissancezeit bis zum Jugendstil. Der prächtige Barockfestsaal ist mit Stuckaturen (1695) von Franz Schmuzer geschmückt. Vom Terrassengarten des Museums kann man eine prächtige Aussicht auf Stadt, See und Alpen genießen. Öffnungszeiten: Di. – Sa. 9.00 bis 12.30, 14.00 – 17.00, Apr. – Okt. auch So., Fei. 10.00 – 15.00 Uhr; Führungen: Fr. 11.00 Uhr.

Susohaus

Im ursprünglich aus dem 13. Jh. stammenden, im 16. Jh. neu erbauten Susohaus nordwestlich vom Städtischen Museum soll 1295 der Dominikanermönch und Mystiker Heinrich Suso (► Berühmte Persönlichkeiten) geboren worden sein (nicht zugänglich).

Sternwarte

Wer auch einmal in die Sterne schauen möchte, der sollte sich am Abend bei klarem Wetter in die Sternwarte (Wiestorstr. 31) begeben. Auch Vorträge sind im Programm. Öffnungszeiten: Apr. – Sept. 21.00, Okt. – März 20.00 Uhr.

Schloss Rauenstein

Das östlich der Altstadt gelegene Schloss Rauenstein, das um 1910 errichtet wurde, ist heute eine Landwirtschaftsschule mit öffentlichem Park.

St. Sylvester

In Goldbach, dem zwischen Weinbergen gelegenen westlichen Ortsteil, gibt es ein kunsthistorisches Kleinod, die frühromanische Kapelle St. Sylvester (10./11. Jh.). Im Innern sind noch Reste von Fresken der Reichenauer Malerschule erhalten, die wohl ins 9. Jh. zu datieren sind (Schlüssel im ehemaligen Amtshaus des Konstanzer Spitals (1658), im Haus Nr. 15, ein Stück bergauf).

Überlinger/ Goldbacher-Stollen In dem 3 km langen Stollen beim Campingplatz in Goldbach mussten während des Zweiten Weltkriegs Häftlinge aus dem KZ bei Aufkirch Grabarbeiten verrichten. Zahlreiche Gefangene sind dabei an Entkräftung und Misshandlungen gestorben; 97 Häftlinge sind auf einem kleinen Friedhof nahe der Kirche Birnau bestattet. Jeder ersten Freitag im Monat im findet um 17.00 Uhr eine Führung statt; Treffpunkt ist der Eingang in der Oberen Bahnhofstraße.

Salem International College Die berühmte Salemer Internatsschule hat nach Auseinandersetzungen mit dem Markgrafen von Baden, dem Eigentümer von Schloss Salem, einen Neubau in Überlingen (oberhalb der Altstadt), das Salem International College, erstellt, wo die Oberstufe der Schule unterrichtet wird. Der postmoderne Bau im Westteil der Stadt ist ein Werk des Architekten Arno Lederer.

Helidrome Freunde der Fliegerei sollten das Helidrome (Abigstr. 2) im Industriegebiet besuchen. Hier wird die Geschichte des Hubschraubers anhand von Modellen und Originalteilen dargestellt. Besonderer Anziehungspunkt ist der russische Hubschrauber Mi 8 (z. Zt. geschl.).

Nußdorf Der im Osten von Überlingen gelegene Ortsteil Nußdorf wird als Ferienort geschätzt. In der spätgotischen Nußdorfer Kapelle sind ein Schnitzaltar (15. Jh.) sowie Wandmalereien des ausgehenden 16. Jh.s bemerkenswert.

Umgebung von Überlingen

Gletschermühle, Heidehöhlen Etwa 1 km nordwestlich von Goldbach kann man die Gletschermühle, ein großes eiszeitliches Strudelloch in Molassefelsen, besichtigen. Ernst Jünger, der von 1936 bis 1939 in Überlingen lebte, hat die Landschaft in seinem Roman »Auf den Marmorklippen« beschrieben. Noch weiter nordwestlich sind die spärlichen Reste der in frühgeschichtlicher Zeit in die Felsen gehauenen Heidenhöhlen zu sehen, die in Victor von Scheffels Roman Ekkehard erwähnt werden (unzugänglich).

Haustierhof Reutemühle Ein empfehlenswertes Ausflugsziel für Familien mit Kindern ist der idyllische Haustierhof Reutemühle bei Bambergen unweit nördlich von Überlingen. Im artenreichsten Bauernhof Deutschlands leben 160 Arten einheimische und vom Aussterben bedrohte Haustierrassen sowie einige exotische Arten. Viele Tiere dürfen von den Kindern gefüttert und gestreichelt werden. Auch eine Gaststätte ist angeschlossen. Öffnungszeiten: tgl. 10.00 Uhr bis Einbruch der Dunkelheit.

Owingen In dem 5 km nördlich von Überlingen gelegenen Ort Owingen (533 m) ist die spätgotische Kirche **St. Petrus und Paulus** mit einem Rosenkranzaltar von Martin Zürn sehenswert.

★★ Uhldingen-Mühlhofen

E 6

Höhe: 399–410 m ü. d. M **Einwohnerzahl:** 7200

Der Erholungsort Uhldingen-Mühlhofen, der aus den Ortsteilen Unteruhldingen, Oberuhldingen und Mühlhofen besteht, ist vor allem bekannt für das berühmte Unteruhldinger Pfahlbaumuseum, eine der Attraktionen am Bodensee.

Die einzelnen Ortsteile sind durch einen Spazierweg entlang der Seefelder Aach, die hier in den Bodensee mündet, verbunden. Fast das gesamte, über 3 km lange Seeufer ist frei zugänglich. Uhldingen-Mühlhofen wurde mehrfach für umweltfreundlichen Tourismus ausgezeichnet.

UHLDINGEN-MÜHLHOFEN ERLEBEN

AUSKUNFT

Touristinformation
Schulstr. 12
D-88690 Uhldingen-Mühlhofen
Tel. (075 56) 92 16-0, Fax 92 16 20
E-Mail: tourist-info@uhldingen-bodensee.de
www.seeferien.de

ESSEN

► **Erschwinglich**

Knaus
Unteruhldingen
Seestr.
Tel. (075 56) 80 08
Restaurant/Café mit Terrasse, das gut bürgerliche Küche mit badisch-schwäbischen Spezialitäten und Bodenseefischen sowie Kuchen aus eigener Konditorei anbietet.

Seehof
Seefelder Str. 8
Tel. (075 56) 929 30
Gartenlokal mit Blick auf den Jachthafen; regionale Küche mit leckeren badischen Fischgerichten und vegetarischen Gerichten, aber auch karibische Küche.

ÜBERNACHTEN

► **Komfortabel**

Pilgerhof und Rebmannshof
Maurach 2
Tel. (075 56) 93 90
Fax 65 55
www.hotel-pilgerhof.de
48 Z.
Rebmannshof aus dem 17. Jh. in idyllischer Lage auf Seegrundstück mit altem Baumbestand, von Weinbergen umgeben; urgemütliches Gaststubenambiente mit regionaler und internationaler Küche; Gartenlokal; sehr komfortable Zimmer, größtenteils mit Balkon oder Terrasse; Liegewiese.

Seehof und Seevilla
Seefelder Str. 36
Tel. (075 56) 933 70
Fax 93 37 70
E-Mail: info@seevilla.de
www.seevilla.de
27 Z.
Kleines komfortables Jugendstilhotel mit Restaurant/Café in schöner ruhiger Lage; große Terrasse unter Kastanienbäumen am Jachthafen

Geschichte

Das Gebiet um Uhldingen ist reich an urzeitlichen Funden, die belegen, dass sich hier schon früh Menschen niedergelassen haben. In diesem Gebiet wurden bereits um 4000 v. Chr. Bauern und Fischer in **Pfahlbausiedlungen** sesshaft, fertigten Tonwaren und Werkzeuge an. Aus der Spätbronzezeit stammen eine große befestigte Pfahlbausiedlung (975 – 850 v. Chr.) und ein Urnenfeld (um 1000 v.Chr.) bei Oberuhldingen.

In den Pfostenhäusern mit Flechtwänden und Lehmverputz auf der einen und den Blockbauten auf der anderen Seite spiegeln sich die beiden bestimmenden Holzbautechniken der Bronzezeit wider. Ein starker Anstieg des Seespiegels zwang die Menschen im 9. Jh. v. Chr. zum Verlassen und zum Aufgeben der Ufersiedlung (► Baedeker Special S. 257.). Zur Zeit der Römer bestand wahrscheinlich eine Hafenanlage vor der Uhldinger Mole. Im »römischen Gutshof«, nahe dem heutigen Wasserreservoir, fand man Reste von Fresken. Ein alemannisches Gräberfeld aus dem 6. bis 8. Jh. liegt im Osten Unteruhldingens am Siechenholz , wo ein Gedenkstein mit dem eingemeißelten Skramasax, einem kurzen Kampfmesser der Alemannen, aufgestellt ist. Uhldingen, das schon im frühen Mittelalter an die Reichsgrafschaft Fürstenberg-Heiligenberg kam, wurde Ausfuhrhafen für die landwirtschaftlichen Produkte von Heiligenberg. Im Jahr 1806 schlug man den Ort dem Großherzogtum Baden zu. Nach dem Zweiten Weltkrieg entwickelte sich Uhldingen rasch zu einem beliebten Urlaubszentrum.

Mühlhofen gehörte bis zum Anschluss an das Großherzogtum Baden im Jahr 1806 zum Besitz von Kloster Salem. An diese Zeit erinnert noch das heutige Gasthaus Sternen , das 1788 als klösterliches Gutshaus erbaut wurde.

> **! Baedeker TIPP**
>
> **Mit der Sonne fahren**
>
> Wie wär's mit einer stimmungsvollen und geräuschlosen Fahrt am Abend auf einem Solarschiff zur Insel Mainau? Im Sommer werden Fahrten mit dem Ökoschiff ab Unteruhldingen zu verschiedenen Zeiten zur Mainau angeboten. Informationen erhält man bei der Bodensee-Solarschifffahrt, Tel. 075 3499 87 53, www.bodenseesolarschifffahrt.de.

√ May 2008

★★ Pfahlbaumuseum Unteruhldingen

Praktische Informationen

Zum Besuch des Pfahlbaumuseums müssen Autofahrer ihr Fahrzeug am Dorfrand stehen lassen und entweder in 10 Minuten zum Museum gehen oder mit einem Pendelbus fahren. Das Museum hat die folgenden Öffnungszeiten: Feb. So. 10.00 – 16.00, März Sa., So. 9.00 – 17.00, ab der Karwoche tgl. 9.00 – 17.00, Apr. – Sept. tgl. 8.00 – 18.00, Okt. tgl. 9.00 – 17.00; Nov. Sa., So., Fei. 9.00 – 17.00 Uhr. Die Besichtigung des Freilichtmuseums erfolgt im Rahmen einer interessanten Führung, die einen anschaulichen Einblick in das Leben der Menschen aus der Frühzeit vermittelt.

Spannend für Jung und Alt: das Pfahlbaumuseum Unteruhldingen

Das außergewöhnlich interessante Pfahlbaumuseum ist schon ein besonderes Erlebnis, das man sich nicht entgehen lassen sollte. Auch wenn das 1922 gegründete Pfahlbaugelände nicht für Unteruhldingen authentisch ist: So wurde die Steinzeitsiedlung nach der in Sipplingen ausgegrabenen gestaltet und die Bronzezeitsiedlung am Federsee gefunden. In den letzten Jahren wurden beim Bau weiterer steinzeitlicher Häuser die neuesten Grabungsergebnisse vom Bodensee umgesetzt. Das Forschungsinstitut für Vor- und Frühgeschichte, das im Museum seinen Sitz hat, ist verantwortlich für die wissenschaftliche Betreuung der Anlage.

Umsetzung neuester Grabungsergebnisse

In fünf rekonstruierten Pfahlbausiedlungen aus der Zeit zwischen 4000 und 850 v. Chr. wird das Leben der stein- und bronzezeitlichen Fischer und Jäger anschaulich und lebendig dargestellt. Bei den geführten Rundgängen werden Erläuterungen gegeben und einige lie-

Pfahlbauten

Pfahlbaumuseum Orientierung

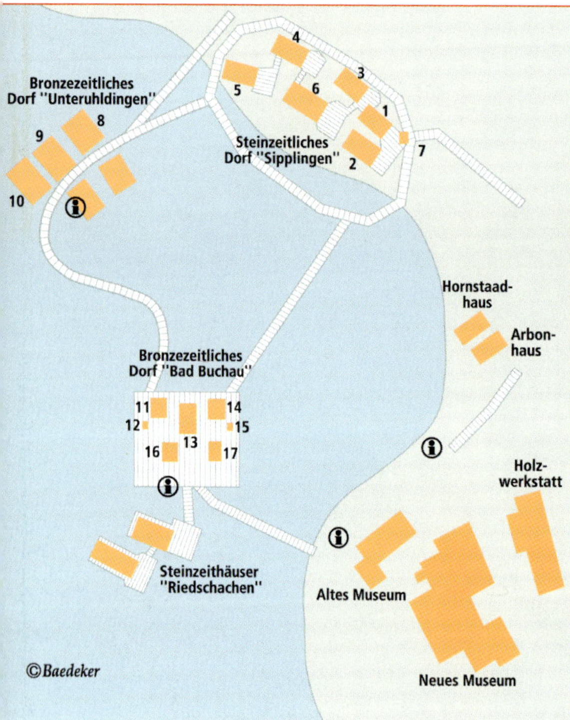

Dorf Sipplingen
1 Haus des Fischers
2 Haus des Töpfers
3 Weberhaus
4 Haus des Steinhauers
5 Haus des Holzschnitzers
6 Dorfhalle
7 Wehranlagen

Dorf Unteruhldingen
8 Wohnen und Handwerk
9 Umwelt und Tiere
10 Kult und Religion

Dorf Bad Buchau
11 Haus des Bronzegießers
12 Schmelzofen
13 Haus des Dorfoberhauptes
14 Haus des Töpfers
15 Töpferofen
16 Haus des Hirten
17 Vorratshaus

bevoll eingerichtete Häuser der Pfahlbausiedlungen exemplarisch gezeigt. In den Häusern sind Einrichtungsgegenstände, Gerätschaften, Gefäße, Schmuck und Kultobjekte zu sehen. Drei Häuser sind zudem mit authentischen Figuren ausgestattet. Man erfährt, wie die Pfahlbauer ihre Häuser errichteten, sich ernährten und ihre Werkzeuge anfertigten. Neuer Anziehungspunkt ist das 2002 eröffnete Bronzezeitdorf mit lebendig inszenierten Szenen aus dem Alltagsleben der Pfahlbauer. Angeschlossen ist ein Garten, in dem vorgeschichtliche Nutzpflanzen angebaut werden. 2005 entsteht der neue Erlebnispfad »Zeitinseln«.

Ausstellungen

Das neue Museum, das Ausstellungs- und Vortragsräume sowie Archiv und Bibliothek umfasst, präsentiert die Geschichte und die neuesten Ergebnisse der Pfahlbauarchäologie. Anziehungspunkt hier ist das große Aquarium mit der Darstellung einer Unterwasserausgrabung im Untergeschoss. Das alte Museum daneben zeigt Originalfunde der Stein- und Bronzezeit insbesondere der frühen Ausgrabungen von Unteruhldingen und Sipplingen bis 1930.

So könnten die Menschen der Vorzeit ausgesehen haben.

WOHNEN AUF PFÄHLEN

Zu den größten touristischen Attraktionen am Bodenseeufer zählen die rekonstruierten Pfahlbaudörfer der Jungsteinzeit (um 3500 v. Chr.) und späten Bronzezeit (um 1050 v. Chr.) im Freilichtmuseum Unteruhldingen.

Orientiert an Beispielen aus dem pazifischen Raum, interpretierte man die im Bodenseegebiet aufgefundenen Pfahlstümpfe im ausgehenden 19. Jh. als Reste einer ehemals in Ufernähe im freien Wasser stehenden Siedlung. Man dachte sich die Holzhäuser auf einer ausgedehnten Plattform und eingesäumt von einem Palisadenzaun. Spätere Funde führten zur Revision dieser Vorstellung. Der Standort der Pfahlhäuser wurde nunmehr am Ufer angenommen. **Neuere Grabungsfunde der Pfahlbauarchäologie** setzten nun aber die alte Theorie zumindest fallweise wieder in Kraft. Es hat sowohl im Wasser stehende Pfahlsiedlungen gegeben als auch Siedlungen, die des Untergrunds wegen auf hochwassersicherem Platz am Ufer auf Pfähle gegründet wurden.

Datierung

Mit Hilfe der Dendrochronologie, der Jahresringforschung, am Bauholz und der Radiokarbonmessung, ließ sich das Alter des Holzes und damit der Siedlungen relativ genau bestimmen. Von der Jungsteinzeit ab ca. 4400 v. Chr. bis zur Eisenzeit um 850 v. Chr. hat es an zahlreichen Seen und in den Moorgebieten des Bodenseeraums **Feuchtbodensiedlungen** gegeben, bei denen 20 bis 30 Häuser auf Pfählen standen. Trotz einer mehr als hundertjährigen Forschungstradition bleiben noch immer viele Fragen offen. Es ist auffälllig, dass am Bodensee derartige Siedlungen bislang nur an den Ufern der westlichen Seeteile nachgewiesen werden konnen; am östlichen Ufersaum wurden keine nennenswerten Funde gemacht. Trotz mancher Erwägungen gibt nach wie vor auch die Wahl der Siedlungsplätze Rästel auf. Gewiss bot das Pfahlhaus Schutz gegen plötzlich auftauchende Feinde und wilde Tieren und war ein günstiger Ausgangspunkt für den Fischfang. Auch brauchte man den Siedlungsplatz nicht erst aus dem damaligen Eichenmischwald herauszuroden. Dafür mussten die Siedler andrerseits manchmal weite Wegstrecken zu ihren Feldern in Kauf nehmen. Zudem war es notwendig, die rasch verrottenden Holzpfähle alle 15 Jahre zu erneuern. Die Pfahlbausiedlungen geben also bis heute Rästel auf.

★★ Birnau

»Tanzsaal des lieben Gottes«

Die Wallfahrtskirche St. Maria beeindruckt durch ihre Lage inmitten von Weinbergen mit prächtigem See- und Alpenblick. Sie gilt als schönste Barockkirche am Bodensee und ist damit ein Besuchermagnet ersten Ranges. Viele Wallfahrer kommen zur Kirche wegen des Gnadenbilds der Gottesmutter von Birnau, die aus dem 1222 erstmals erwähnten Marienheiligtum in die neue Kirche übertragen wurde. Die zwischen 1746 und 1750 von Peter Thumb erbaute Wallfahrtskirche bildet eine bauliche Einheit mit dem Propsteigebäude, das bis zur Säkularisierung 1803 den Äbten von Salem als Sommerresidenz diente. Im Jahr 1919 überließ Prinz Max von Baden Birnau den Zisterziensern von Mehrerau bei Bregenz, deren Priorat jetzt im alten Propsteigebäude untergebracht ist.

Kirche ► Die Saalkirche ist durch kleiner werdende Räume gestaffelt, wodurch Langhaus und Chor eine vollendete Einheit bilden. Das Langhaus schwingt leicht aus, Chorraum und Apsis sind mit Bogendurchgängen schmal gegliedert. Die zweigeschossige Wandgliederung leitet über in das mit Stichkappen versehene Spiegelgewölbe im Langhaus sowie in die Kuppeln von Chor und Apsis.

Das mit seinen vielfach geschwungenen Linien und den harmonisch abgestimmten Farben der Deckenfresken und Altären in reichstem Rokokostil ausgestattete, überaus malerische Innere wurde von Gottfried Bernhard Götz ausgemalt: Über der Orgel musiziert das Engelkonzert, im Langhaus werden die Gründungsgeschichte von Birnau und Maria als Helferin der Menschheit dargestellt, in der Kuppel tritt Maria als Mutter der schönen Liebe auf, und über dem Hochaltar erscheint Esther vor dem babylonischen König. Joseph Anton Feuchtmayer und seine Mitarbeiter verzierten den Raum mit Stuckaturen sowie unzähligen Engeln und Heiligenstatuen. Auf dem im Frühklassizismus veränderten Hochaltar thront das Gnadenbild der »Lieblichen Mutter von Birnau« (um 1450). Eine der köstlichsten Figuren ist der Barockputto **»Der Honigschlecker«** am rechten Seitenaltar des hl. Bernhard von Clairvaux als Verweis auf dessen Beredtsamkeit.

KZ-Friedhof Unweit der Birnau liegt jenseits der B 31 ein Friedhof für die Opfer aus Aufkirch, einer Außenstelle des Konzentrationslagers Dachau.

★ Schloss Salem

May 2008

Ehemaliges bedeutendes Zisterzienserkloster

In Salem (6 km nördlich von Uhldingen-Mühlhofen) befindet sich das 1134 gegründete ehemalige Zisterzienserkloster Salem, im Mittelalter das bedeutendste des Ordens in ganz Süddeutschland, 1487 bis 1802 reichsunmittelbare Abtei, seitdem markgräflich-badischer Besitz. Das Bild der Klosteranlage wird bis auf das hochgotische Münster, das das Mittelalter präsentiert, durch die barocken Gebäude des 18. Jh.s bestimmt.

Salem Orientierung

Langbau
1 Burs (Schulverwaltung)
2 Zehntscheuer (Weinkeller)
3 Küfereimuseum

Schloss (ehem. Konventgebäude)
A Feuerwehr-museum, Kaisersaal, Prälatur
B Bernhardusgang
C Betsaal (ehem. Sommer-refektorium)
D Schule (ehem. Priorat)

Die wichtigsten Sehenswürdigkeiten wie das Münster und das Schloss sind nur im Rahmen von Führungen zu besichtigen, deren Termine vor Ort zu erfragen sind (Tel. 075 53/75 54-814 37).

★ **Münster**
Öffnungszeiten:
Apr. – Okt.
Mo. – Sa.
9.30 – 18.00, So.,
Fei. 10.30 – 18.00

Mittelpunkt der ausgedehnten Anlage ist das ab 1285 als Basilika errichtete Münster Mariä Himmelfahrt, der bedeutendste Sakralbau der Hochgotik im Bodenseeraum. Die turmlose, aber mit vielen Fenstern versehene Westfassade erhielt einen schmuckreichen Dreiecksgiebel und das nördliche Querschiff ein großes schönes Maßwerkfenster als Abschluss. Die Kirche verfügt im Innern über eine klassizistische Alabasterausstattung mit 27 Altären, die Johann Georg Dirr und Johann Georg Wieland von 1771 bis 1794 schufen. Der Chor wurde um 1750 von Giovanni Gaspare Bagnato umgebaut. Vom südlichen Münsterquerhaus führt der von Franz Joseph Feuchtmayer und Michael Wiedemann stuckierte Bernhardusgang, ein Teil des ehemaligen Kreuzganges, in den Konventbau.

Konventgebäude

An das Münster schließt das Konventgebäude des ehemaligen Klosters an. Der mächtige Gebäudekomplex gliedert sich in mehrere, um drei Innenhöfe gruppierte Trakte, die jetzt u. a. auch als Schloss der Markgrafen von Baden dienen. Das Konventgebäude wurde nach einem Brand (1697) bis 1706 von Franz Beer wieder aufgebaut und innen in reichem Barockstil ausgestaltet.

Schule Schloss Salem ►

Im ehemaligen Priorat befindet sich die 1920 vom Prinzen Max von Baden gegründete und von Kurt Hahn konzipierte weltbekannte Internatsschule Salem mit der Zweigschule auf der Burg Hohenfels und dem Salem International College in Überlingen. Sie hatte so prominente Schüler wie Prinz Philip, Prinzgemahl von Königin Elisabeth II. von England.

Schlossmuseum ►

Die übrigen Schlossräume sind bis auf die markgräfliche Wohnung als Museum eingerichtet. Das Sommerrefektorium (heute Betsaal) im Südflügel ist prunkvoll mit Stuckaturen (1710) von Michael Wiedemann ausgeschmückt und weist einen großen kunstvollen Fayenceofen (1733) von Daniel Meyer auf. Besonders sehenswert in der Prälatur, dem östlichen vierflügeligen Gebäudekomplex der Klosteranlage, sind der 1708 von Franz Joseph Feuchtmayer prächtig dekorierte Kaisersaal und das Rokoko-Arbeitszimmer von Abt Anselm II., das von Johann Georg Dirr ausgestaltet wurde.

Im Konventgebäude ist die berühmte Schule von Salem untergebracht.

◂ Feuerwehrmuseum

Ferner kann man sich in der Prälatur das interessante Feuerwehrmuseum ansehen, das eine beachtliche Sammlung von historischen Feuerwehrfahrzeugen, Löschgeräten und Uniformen den Besuchern präsentiert.

Weitere Gebäude

Beachtenswert sind auch weitere zum ehemaligen Kloster gehörende Bauten: Den weiten ehemaligen Wirtschaftshof begrenzt nach Nordosten das barocke **Untere Tor** (1735) und nach Norden der ehemalige **Marstall** (1737 – 1750). Anschließend, jenseits des Stockacher Tors, folgt im so genannten Langbau, einem Renaissancegebäude aus dem Jahr 1620, die noch in Betrieb befindliche **Schmiede** und das **Küfereimuseum** mit mächtigem Torkel von 1706.
Den Südwestteil der Anlage nehmen die folgenden Gebäude ein: das **Obere Tor** (1791); das **Gotische Haus**; der **Sennhof** (1562) mit einem **Brennereimuseum**, in dem man Einblick in die Verarbeitung von Obst zu Edelbränden und Branntwein früher und heute erhält; das **Neue Museum**, das Wechselausstellungen zeigt und schließlich in einem 1790 als Stiftsgymnasium erbauten Gebäude die markgräflich-badische Verwaltung (**Rentamt**).

Umgebung von Uhldingen-Mühlhofen

Mauracher Schloss

Das so genannte Mauracher Schloss im Ortsteil Maurach war seit dem 13. Jh. Gutshof des Zisterzienserklosters Salem und wurde von dessen Äbten zum Schloss ausgebaut. Schließlich wurde es zu einem Fortbildungszentrum umgestaltet. Das Innere ist mit schönen Stuckdecken und Fresken aus dem 18. Jh. ausgestattet.

Feuchtmayer-Museum

In dem Salemer Ortsteil Mimmenhausen betrieb Joseph Anton Feuchtmayer über Jahrzehnte die größte Bildhauerwerkstatt Süddeutschlands. Im Mittelpunkt des Museums stehen Arbeitstechniken des Künstlers vor dem Hintergrund seiner Zeit. So kann beispielsweise verfolgt werden, wie ein Puttenkopf entsteht. Öffnungszeiten: Apr. – Okt. Mi. 13.30 – 17.00, Sa. 14.00 – 17.00, So. 11.00 – 17.00 Uhr.

May 2008

★ **Affenberg Salem**

Im Affenberg Salem. westlich von Salem, leben in einem naturnahen Gehege 200 Berberaffen (Macaca sylvana) wie in freier Wildbahn. Auf einem 600 m langen Rundweg kann der Besucher die Tiere »hautnah« beobachten und auch füttern. Berberaffen leben in Marokko und Algerien in Höhen bis über 2000 m. Da sie an das raue Klima in ihrer Heimat angepasst sind, haben sie im Winter hier keine Probleme mit der Kälte. Auch in der Damwildanlage ist man mitten unter den Tieren.
Am Storchenweiher beim Eingang befinden sich Brutkolonien frei fliegender Störche (Storchenfütterung: tgl. 11.00, 16.00 Uhr). Vor dem Eintrittsbereich gibt es einen Informationsraum zu den vom Aussterben bedrohten Berberaffen und eine Affengalerie, die verschiedene Affendarstellungen zeigt. Einen Schwerpunkt der Galerie

bildet Südostasien, wo eine positive Einstellung zu Affen besteht. Hübsch sind die Affenschattenspielfiguren aus Java und Indien. Öffnungszeiten: Mitte März – Okt. tgl. 9.00 – 18.00 Uhr.

Heiligenberg

Der Höhenluftkurort Heiligenberg liegt 19 km nördlich von Uhldingen-Mühlhofen am Steilrand des Oberen Linzgaus in herrlicher Aussichtslage, der Aussichtsterrasse des Bodensees , mit Blick zum Bodensee und zu den Alpen.

★★ Schloss ►

Am südlichen Ortsrand erhebt sich weithin sichtbar das Fürstlich Fürstenbergische Schloss Heiligenberg, das in der Mitte des 16. Jh.s im Stil der Renaissance erbaut wurde. Seit 1567 leitete Jörg Schwartzenberger die Bauarbeiten, und ihm besonders verdankt das Schloss sein heutiges Gesicht. Schloss Heiligenberg wurde niemals verwüstet oder zerstört, von seinen Besitzern nur selten bewohnt und dann im jeweiligen Zeitgeschmack neu gestaltet. Es gilt heute als eines der besterhaltenen Beispiele deutscher Schlossbaukunst des 16. Jh.s. In dem überaus reich ausgestatteten Innern ist vor allem der von Jörg Schwartzenberger geschaffene **Rittersaal** sehenswert, der wohl mit der schönsten holzgeschnitzten Renaissancedecke Deutschlands geschmückt ist. 22 Jahre haben der Schnitzer und seine Helfer an die-

Heiligenberg: ein hervorragendes Beispiel der Schlossbaukunst den 19. Jh.s

sem Prachtstück gearbeitet. Die beiden Sandsteinkamine an den Schmalseiten des Saals schuf 1584 wahrscheinlich Hans Morinck. Beachten sollte man außerdem die doppelstöckige **Hofkapelle** (1584 – 1586) mit einer Decke von Hans Dürner, Eine prächtige Aussicht auf den Bodensee bietet sich vom Schloss aus. Führungen: Apr. bis Okt. Di. – So. 11.00, 14.00, 15.30 Uhr.

Illmensee

Die Drei-Seen-Gemeinde Illmensee liegt rund 30 km nördlich vom Bodensee im Oberen Linzgau. Die in Wälder und Wiesen eingebettete Gemeinde mit ihren drei Seen, dem Illmensee, Ruschweiler See und Volzer See, wird als ruhiger Ferienort geschätzt.

Wilhelmsdorf

Der Schulort Wilhelmsdorf (5 km östlich von Illmensee) wurde von der Herrnhuter Brüdergemeine Korntal gegründet und nach König Wilhelm I. von Württemberg benannt. Den Mittelpunkt der kreuzförmigen Ortsanlage bildet ein quadratischer Platz mit dem Betsaal. Sehenswert sind das Heimatmuseum im Benedikt-Nimser-Haus und das Museum für bäuerliches Handwerk.

Pfrunger-Burgweiler Ried

Nördlich von Wilhelmsdorf breitet sich das 2600 ha große schöne Naturschutzgebiet Pfrunger-Burgweiler Ried aus. Über 1600 Tier- und Pflanzenarten sind hier beheimatet. Das Naturschutzzentrum des Rieds bietet Führungen durch das Gebiet an. Öffnungszeiten: So., Fei. 13.30 – 17.00 Uhr; Tel. 0 75 03 / 7 39.

Von ganz eigener Schönheit: das Pfrunger-Burgweiler Ried

REGISTER

VERZEICHNIS DER KARTEN & GRAFISCHEN DARSTELLUNGEN

BILDNACHWEIS

AKG S. 59, 62, 63 (2x), 148, 166, 227 (re. 3x), 261 (li. o., re. u.)
ap S. 58 (u.), 60
Beck S. 11 (o.), 152, 169
Dieterich S. 14, 20, 25, 28, 40, 43, 74, 81, 119, 151, 159 (2x o.), 160, 193, 205, 217, 221
dpa S. 56, 58 (o.), 64, 73, 139, 226
Fieselmann S. 78
HB-Verlag/Krüger S. 11 (Mitte, u.), 12 (u.), 23, 48, 51, 77, 91, 93, 100, 102/103, 125, 140,142, 143, 147, 159 (u.), 161, 170, 173, 175, 191, 212, 214, 216, 222, 224, 228, 233, 234, 245, 247, 264
Herman-Hesse-Höri-Museum S. 146
Huber S. 10, 61, 66/67, 85, 114/115, 117, 145, 165, 182/183, 196, 198, 201, 202, 206, 241, 249, 262
ifa S. 18, 120, 122, 208, 239
laif/Heeb S. 230, 237, laif/Heuer S. 12 (o.), 260, laif/Hub S. 187, laif/Raach S. 12 (Mitte), U 4 (Mitte)
laif/Tueremis S. 94, 105, 189
Mauritius S. 8/9, 111, 127, 129, 155, 219, 227
Otto S. 79, 115
Pfahlbaumuseum Unteruhldingen S. 254, 257
Stadler S. 178, 265
Stadler Verlag S. 35
Strüber S. 44, 45, 46, 133, 261 (u.)
Touristeninformation Friedrichshafen S. 39, 52
Touristeninformation Stockach S. 244
Zeppelin Museum S. 134

Titelbild: Mauritius/G. Beck, Seepanorama bei Langenargen

IMPRESSUM

Ausstattung:
123 Abbildungen, 28 Karten und grafische Darstellungen, ein große Reisekarte
Text:
Carmen Galenschovski mit Beiträgen von Jutta Buness, Helmut Linde und Reinhard Strüber
Bearbeitung:
Baedeker Redaktion
(Carmen Galenschovski)
Kartografie:
Christoph Gallus, Hohberg;
Franz Huber, München;
MAIRDUMONT, Ostfildern (Reisekarte)
3D-Illustrationen:
jangled nerves, Stuttgart
Gestalterisches Konzept:
independent Medien-Design, München
(Kathrin Schemel)

Chefredaktion:
Rainer Eisenschmid,
Baedeker Ostfildern

9. Auflage 2007

Urheberschaft:
Karl Baedeker Verlag, Ostfildern

Anzeigenvermarktung:
MAIRDUMONT MEDIA
Tel. 0049 711 4502 333
Fax 0049 711 4502 1012
media@mairdumont.com
http://media.mairdumont.com

Printed in China
Gedruckt auf 100% chlorfrei gebleichtem Papier

BAEDEKER VERLAGSPROGRAMM

- Ägypten
- Algarve
- Amsterdam
- Andalusien
- Athen
- Australien
- Bali
- Baltikum
- Barcelona
- Belgien
- Berlin
- Bodensee
- Brasilien
- Bretagne
- Brüssel
- Budapest
- Bulgarien
- Burgund
- Chicago • Große Seen
- China
- Costa Blanca
- Costa Brava
- Dänemark
- Deutsche Nordseeküste
- Deutschland
- Djerba • Südtunesien
- Dominikanische Republik
- Dresden
- Elba
- Elsass • Vogesen
- Finnland
- Florenz
- Florida
- Franken
- Frankfurt am Main
- Frankreich
- Fuerteventura
- Gardasee
- Gomera
- Gran Canaria
- Griechenland
- Griechische Inseln
- Großbritannien
- Hamburg
- Harz
- Hongkong
- Indien
- Irland
- Island
- Istanbul
- Istrien • Kvarner Bucht
- Italien
- Italien • Norden
- Italien • Süden
- Italienische Adria
- Italienische Riviera
- Japan
- Jordanien
- Kalifornien
- Kanada • Osten
- Kanada • Westen
- Kanalinseln
- Kenia
- Köln
- Kopenhagen
- Korfu • Ionische Inseln
- Korsika
- Kos
- Kreta
- Kroatische Adriaküste • Dalmatien
- Kuba
- La Palma
- Lanzarote
- Lissabon
- Loire
- Lombardei • Mailand • Oberitalienische Seen
- London
- Madeira
- Madrid
- Malaysia
- Malediven

- Mallorca
- Malta • Gozo • Comino
- Marokko
- Mecklenburg-Vorpommern
- Menorca
- Mexiko
- Moskau
- München
- Namibia
- Nepal
- Neuseeland
- New York
- Niederlande
- Norwegen
- Oberbayern
- Österreich
- Paris
- Peking
- Piemont
- Polen
- Portugal
- Prag
- Provence • Côte d'Azur
- Rhodos
- Rom
- Rügen • Hiddensee
- Sachsen
- Salzburger Land
- St. Petersburg
- Sardinien
- Schottland
- Schwäbische Alb
- Schwarzwald
- Schweden
- Schweiz
- Sizilien
- Skandinavien
- Slowenien
- Spanien
- Sri Lanka
- Stuttgart
- Südafrika
- Südengland
- Südtirol • Dolomiten
- Sylt
- Syrien
- Teneriffa
- Tessin
- Thailand
- Toskana
- Tschechien
- Tunesien
- Türkei
- Türkische Mittelmeerküste
- Umbrien
- Ungarn
- Usedom
- USA
- USA • Nordosten
- USA • Südstaaten
- USA • Südwesten
- Venedig
- Vietnam
- Washington DC • Capital Region
- Weimar
- Wien
- Zypern

LIEBE LESERINNEN, LIEBE LESER,

ein herzliches Dankeschön, dass Sie sich für einen Baedeker Allianz Reiseführer entschieden haben. Er wird Sie zuverlässig auf Ihrer Reise begleiten und Sie nicht im Stich lassen.
Natürlich beschreibt er die wichtigen Reiseziele, aber er empfiehlt auch Hotels für den großen und kleinen Geldbeutel, gibt Tipps für Bootsausflüge, Restaurants, Shopping und für vieles mehr, was eine Reise zum Erlebnis macht. Dafür hat Redakteurin Carmen Galenschovski Sorge getragen. Sie ist für Sie regelmäßig an den Bodensee gereist und hat all ihre Erkenntnisse in diesen Reiseführer gepackt.

Trotzdem: Die Erfahrung zeigt, dass Fehler und Änderungen nach Drucklegung, für die der Verlag keine Haftung übernehmen kann, nicht ausgeschlossen werden können. Für Kritik, Berichtigungen und Verbesserungsvorschläge sind wir Ihnen außerordentlich dankbar. Schreiben Sie uns, mailen Sie uns oder rufen Sie an:

▶ **Verlag Karl Baedeker GmbH**
Redaktion
Postfach 3162
D-73751 Ostfildern
Tel. (0711) 4502-262, Fax –343
E-Mail: info@baedeker.com

Besuchen Sie uns auch im Internet unter www. baedeker.com. Hier finden Sie jeden Monat den aktuellen Reisetipp der Redaktion und das gesamte Verlagsprogramm. Hier können Sie auch lesen, wer Karl Baedeker war und wie er seinen ersten Reiseführer geschrieben hat. Mit seinen über 175 Jahren ist der Karl Baedeker Verlag der älteste Reiseführer-Verlag der Welt.

www.baedeker.com

ZU GEWINNEN: STADTREISE NACH LONDON

Unter allen Einsendungen verlost der Verlag am Jahresende – unter Ausschluss des Rechtswegs – eine Städtekurzreise für zwei Personen nach London.
Freuen Sie sich auf ein spannendes Wochenende in London. Natürlich ist ein Baedeker Allianz Reiseführer London auch dabei!